Dioses, creencias y neuronas

Ramon Maria Nogués

DIOSES, CREENCIAS Y NEURONAS

UNA APROXIMACIÓN CIENTÍFICA A LA RELIGIÓN

FRAGMENTA EDITORIAL

Título original DÉUS, CREENCES I NEURONES
UN ACOSTAMENT CIENTÍFIC A LA RELIGIÓ

Publicado por FRAGMENTA EDITORIAL, SLL
Plaça del Nord, 4, pral. 1.ª
08024 Barcelona
www.fragmenta.es
fragmenta@fragmenta.es

Colección FRAGMENTOS, 9

Traducción del catalán SILVIA SENZ

Primera edición NOVIEMBRE DEL 2011

Producción editorial IGNASI MORETA
Producción gráfica INÊS CASTEL-BRANCO

Impresión y encuadernación ROMANYÀ VALLS, SA

© 2007 RAMON MARIA NOGUÉS CARULLA
por el texto

© 2011 SILVIA SENZ BUENO
por la traducción del catalán

© 2011 FRAGMENTA EDITORIAL
por esta edición

Depósito legal B. 37.390-2011
ISBN 978-84-92416-50-9

Esta obra ha sido publicada con una subvención
de la Dirección General del Libro, Archivos
y Bibliotecas del Ministerio de Cultura, para
su préstamo público en bibliotecas públicas, de
acuerdo con lo previsto en el artículo 37.2
de la Ley de Propiedad Intelectual.

PRINTED IN SPAIN

RESERVADOS TODOS LOS DERECHOS

ÍNDICE

Prefacio   9

I   PANORAMA CONCEPTUAL
DE LA TRASCENDENCIA   13

   1   Dios   15
   2   La fe   17
   3   La espiritualidad   19
   4   Las creencias   20
   5   Las religiones   24
   6   «Aiguabarreig»   26

II   UN CEREBRO PARA VIVIR   29

   1   Un cerebro en un organismo   29
   2   Un cerebro adecuado al momento evolutivo   31
   3   Las funciones del sistema nervioso   35
   4   ¿Lo entendemos todo?   37
   5   Somos parte del problema   38
   6   Indagadores apasionados y contenidos   44

III   CEREBRO Y TRASCENDENCIA   47

   1   Mente y evolución   47
   2   El cerebro arcaico   48
   3   El cerebro emocional   53
   4   Conciencia reflexiva o razonamiento lógico   55
   5   Tratamiento hemisférico   57
   6   La trascendencia   59

IV UNA MENTE POLIFACÉTICA   63

1 Complejidad y colaboración interdisciplinar   64
2 Damasio y la sensación de lo que ocurre   66
3 Una mente ágil y abierta   73
4 Neurobiología y neuroespecialidades: la trascendencia   79

V TRASCENDENCIA: DEL CUARTO OSCURO A LA PLAZA PÚBLICA   85

1 Las dificultades de la religión   86
2 La crítica excesiva de la religión   86
3 ¿Calma después de la tormenta? La recuperación antropológica de la trascendencia   101
   a Pensar sobre Dios   102
   b Un nuevo lenguaje   103
   c El Misterio sigue vivo   104
   d La restauración antropológica de la trascendencia   106
   e La reparación psicológica   106
   f La nueva visión de la sociología religiosa   107
   g Religión en femenino   109
   h ¿Un nuevo tiempo eje?   110
   i Nuevas instituciones   110

VI RELIGIÓN E INTERPRETACIÓN: LA TRAMPA DEL LENGUAJE   113

1 La palabra, especificidad humana   113
2 ¿De qué podemos hablar? ¿Hablamos de Dios?   115
3 Los niveles de la interpretación   120
   a Interpretar las expresiones   121
   b Grandes modelos religiosos culturales   122
   c Reinterpretación global del modelo religioso: ¿Dios sin religión?   126
4 Lenguaje descriptivo-experimental y lenguaje poético-simbólico   131

VII VALOR EVOLUTIVO DE LAS CREENCIAS   133

1 Un nuevo posicionamiento hacia la experiencia religiosa (William James)   134

2	Arqueología de la mente y religión: ¿defensa neurótica o clave del progreso?	137
3	Religión y psicología evolucionista	139

VIII NEURORRELIGIÓN 147

1 ¿Un programa neural para trascender? 148
2 Genes y espiritualidad 150
3 El cerebro religioso 156
   a Estructuras cerebrales 157
   b Operadores cognitivos 161
   c Funciones mitógenas 163
   d Estados mentales místicos 164
4 Registros neurobiológicos en actividades descritas como religiosas o espirituales 168
   a Variables neurofisiológicas 169
   b Análisis de experiencias mentales y estados de conciencia específicos 172

IX EL DESAFÍO DEL PLURALISMO RELIGIOSO 177

1 Las religiones, fenómenos evolutivos 177
2 En el inicio, fenómenos locales 179
3 Algunos precedentes de cambios de estado 182
4 El peso de la globalización: nueva situación, nuevo «ethos» 184
   a Pluralismo 185
   b Relativización 187
   c Secularización 189
   d Ciencia y técnica en sinergias sociales asociadas 191
5 El proceso del pluralismo en el mundo católico 193
6 Atención al discernimiento 200
7 Tender puentes y pasarelas 202
   a Puentes en el pensamiento 202
   b Puentes en la acción 206

X ¿ESPIRITUALES O RELIGIOSOS? 209

1 Dios, un «obstáculo» para la religión: el mal y la imposible teodicea 210

2 El Dios perverso y la teología contaminada — 218
3 Quedémonos con la espiritualidad — 222
4 Espiritualidades-religiones: balance en tiempos de incertidumbre — 227
5 Una pequeña propuesta sin reducción de escala — 230

XI SEXO, GÉNERO Y RELIGIÓN — 233

1 Humanos y sexo — 236
2 La religión y el sexo — 238
3 El ámbito cristiano — 241
4 Perspectivas católicas — 249
    a Datos doctrinales y diferencias de género — 251
    b Cambio urgente — 254
5 Tradiciones no católicas — 259

XII ORGANIZACIÓN PARA SERVIR O ESTRUCTURA DE PODER — 263

1 La connaturalidad de las instituciones — 263
2 La institucionalización cristiana — 269
3 El panorama y los escenarios de futuro — 275
    a Conversión mental — 276
    b Pistas concretas — 278
4 Institucionalización en otras tradiciones religiosas — 283

Epílogo: catástrofes y reelaboración de la religión — 287
Referencias bibliográficas — 295
Índice analítico — 307
Índice onomástico — 311

PREFACIO

La religión es, sin duda, una de las grandes dimensiones mentales y culturales de los humanos. Hoy es también, en nuestra cultura occidental, una de las dimensiones más controvertidas. La extensión universal del hecho religioso es evidente: hay poquísimas sociedades en el mundo que, preguntadas sobre sus opiniones religiosas, no exhiban una mayoría de individuos, a menudo amplísima, que afirma creer en Dios. Qué quiere decir eso o en qué hechos concretos se traduce es lo que suscita controversia. Esta situación aconseja aproximarse al hecho religioso no solo desde la óptica creyente, sino también desde observaciones externas al hecho de creer. Este tipo de aproximación ya lo hizo la filosofía de una forma tradicional y espléndida a partir de la Ilustración europea (con un tono crecientemente crítico); también lo hicieron la psicología (en el caso de Freud, por ejemplo, con un tono muy negativo) y la sociología (desde una actitud más observacional).

Actualmente les ha llegado el turno a las ciencias de la vida, especialmente a la antropología evolutiva, la genética y la neurología. Se trata de tres plataformas de observación recientes, pero en desarrollo rápido y brillante. También se trata de recursos de conocimiento más «duros» que la filosofía o las ciencias humanas. Sus conclusiones empiezan a llamar la atención por el hecho de ser a menudo más positivas en lo que respecta a la religión que las viejas deducciones de grandes sectores de la filosofía o de las ciencias humanas. Digo más positivas con respecto a la religión —y no digo nada de Dios— porque, a diferencia de la situación anterior, las conclusiones de las ciencias de la vida no opinan sobre Dios (tal como corresponde a toda ciencia). En el Antiguo Régimen, la acusación o desautorización de la religión iba seguida por la negación de Dios. En la nueva sensibilidad observadora, según el estilo de lo que corresponde a las ciencias experimentales, de las conclusiones sobre la religión no se deduce nada con respecto a Dios. Es un tema demasiado solemne como para intentar debatirlo o solucionarlo desde observaciones experimentales bien acotadas en el ámbito de la experimentación.

Muchos de los autores que opinan hoy sobre la religión y sus ventajas son no creyentes. De hecho, para una buena observación científica es irrelevante ser creyente o no serlo, aunque no hay ninguna actividad mental con neutralidad garantizada. Quien escribe este libro es personalmente creyente, pero tiene la confianza de que esta condición no afecte de forma muy notable al texto. Aspiro a hacer un recorrido sobre la dimensión religiosa fundamentalmente desde la óptica de las ciencias de la vida y con la intención de ser más bien neutral. Sin embargo, querría también unir a esta pretensión la de intentar expresar la posibilidad de ser creyente —dentro de la amplia variedad de confesiones religiosas personales— en el seno de una cultura crítica que ha confiado en la ciencia, y de serlo sin mayores complejos. Hoy, ser religioso puede ser una manifestación tranquila, libre y liberadora, e incluso un punto provocativa (en el sentido más original del término, es decir, como llamamiento hacia un objetivo interesante).

En el trasfondo de una confesión religiosa siempre hay una viva sospecha o sugerencia dirigida a Dios. Pero, aquí, de este tema hablaré poco. Mejor, porque es más fácil hablar de religión que hablar de Dios. Escribo, pues, una serie de consideraciones religiosas que pueden ayudar a creyentes y no creyentes a precisar sus respectivos puntos de vista. Estas páginas no son de neuroteología, ni de antropoteología, ni de teogenética; en todo caso, son simplemente un conjunto de ensayos que pueden hacer referencia a la neurorreligión o a la antroporreligión.

Tomarse seriamente el tema religioso, se sea o no religioso, es un signo de respeto a la realidad. Más aún teniendo en cuenta que la religión, como todas las grandes experiencias humanas (el arte, la política, la economía, etc.), es capaz de lo más eminente y de lo más deficiente. Me gustaría que este libro fuera un homenaje a la religión bien constituida y un antídoto contra la religión degradada. Una manifestación religiosa digna, culturalmente compatible e intelectualmente cualificada puede ser un referente interesante y sugerente del eterno y difícil vislumbre de Dios.

I

PANORAMA CONCEPTUAL
DE LA TRASCENDENCIA

Pocas personas pondrán en duda que nos encontramos en una fase de cambio cultural inédita a escala mundial. La humanidad ha pasado por diversos momentos que se pueden considerar singulares por el hecho de coincidir con algunas importantes discontinuidades en los procesos de evolución cultural. El momento actual se caracteriza por una alteración generalizada e intensa de muchos parámetros, hecho que lo sitúa en una llamativa discontinuidad. La explosión demográfica, el fulgurante progreso científico y técnico, la espectacular generalización de las tecnologías de la información, la movilidad acelerada de bienes y personas, la intervención dirigida en las bases moleculares de la vida, la generalización del pluralismo en las sociedades, la explotación desaforada y contaminante de la Tierra —que compromete la sostenibilidad del sistema—, y el cambio de modelos mentales que todo ello implica, dibujan un nuevo estado del mundo que hace que todas las estabilidades clásicas se tambaleen. Lógicamente, en este nuevo panorama es imprescindible volver a considerar qué quiere decir Dios, la fe, la religión, el ateísmo, las creencias, las Iglesias... Estos conceptos se referían tradicionalmente a nociones condicionadas históricamente y geográficamente, moduladas por sociedades cerradas y estables, con estructuras sociales bien jerarquizadas, que configuraban un mundo de referencias indiscutibles. En el nuevo escenario hay que reformular presuposiciones y lenguajes, conceptos de referencia y parámetros de comparación, relaciones personales y sociales e instituciones de pertenencia. ¿De qué hablamos cuando decimos «Dios»? ¿Qué autoridad poseen los clérigos? ¿Qué significado conservan las palabras? ¿Cuál es el estatuto de las expresiones simbólicas? ¿A qué imperativo neurológico responde la religión? ¿Cómo podemos restaurar los lenguajes que han quedado a la intemperie al desarbolarse las viejas síntesis religiosas y culturales?

Las referencias religiosas que habitualmente utilizamos se pueden referir a cinco ámbitos fundamentales: Dios, la fe, la espiritualidad, las creencias y las religiones. Dios es el nombre que damos a una realidad trascendente respecto de las realidades que pueden ser objeto de percepción y observación sensorial; la fe hace referencia a una actitud de la persona que se inclina a la confianza más o menos razonable en la realidad suprasensible; la espiritualidad designa el cultivo del mundo interior para liberarlo y cualificarlo; las creencias son un amplio grupo de realidades mentales que ilustran, visten o disfrazan las actitudes de fe; finalmente, las religiones son construcciones institucionales, mentales, doctrinales, rituales, administrativas, etc., que intentan dar vertebración social a las experiencias de trascendencia. Tradicionalmente, todas estas realidades se presentaban integradas en el seno de cada una de las situaciones o tradiciones religiosas. La movilidad y transculturalidad que nos caracterizan han evidenciado que se trata de aspectos diversos que pueden convivir o contraponerse, tanto en la vida personal como en el despliegue social. De aquí la necesidad de precisar su alcance y su significado.

1 DIOS

Esta palabra pertenece al repertorio central de la humanidad, lo que no deja de ser curioso dado que designa una realidad que por definición es inobservable. Las grandes tradiciones espirituales o bien la eluden (es el caso, por ejemplo, de toda la tradición buddhista, aunque apunta hacia ella y la vive en una praxis ritual equivalente sin nombrarla), o bien la declaran en general oculta, huidiza, evanescente, etc. Quien la intenta observar, manipular o concretar queda desautorizado, y solo círculos religiosos más bien dudosos o sectarios se atreven a mostrar signos concretos de ella. Hay importantes sectores de pensamiento que consideran que no se puede afirmar nada de lo que la palabra representa.

Dios es objeto de ciertas afirmaciones de orden filosófico que compiten con desautorizaciones muy argumentadas de tal figura. Las reflexiones más fiables en todos los ámbitos culturales hablan con preocupación y discreción, como de algo tan central que resulta inalcanzable. A la idea de Dios nos referimos como continente y como contenido a la vez; como al todo de la existencia, pero que no es ninguna pieza del mundo observable; como dinámica central del ser, pero que no está en competencia con las fuerzas que mueven los universos; como referencia central de las relaciones amorosas humanas, pero cuidadosamente diferenciada de las atracciones e inclinaciones más observables; como origen de todo lo que es, pero situado muy precisamente antes de cualquier inicio temporal del devenir del cosmos; como consumación de todo lo que existe, pero sin determinar ninguna ubicación temporal para su existir. La convicción de que existe ha puesto en marcha dinámicas de la más alta calidad, pero también ha generado conductas y proyectos terroríficos. Casi todo el mundo habla de él sin referirse directamente a él con la intención de describirlo, sino para —de una forma indirecta— atribuirle beneficios, amenazas, maravillas, castigos, sorpresas, manifestaciones, normas, mensajes... Pero él, en concreto, ¿quién es o qué es? Carecemos de un recurso satisfactorio que nos permita definirlo o designarlo. Queda, pues, claro que la pieza fundamental de todo el edificio religioso, aquella pieza que en el lenguaje de la tradición neotestamentaria se denomina, con toda justificación, *clave de bóveda*, no es más que un vacío lleno, una palabra silenciosa, un consuelo ausente, algo que ya se ha obtenido y sigue siendo una simple promesa, una presencia invisible, una esencia central que no parece necesaria, una incandescencia evanescente..., justamente aquello que Juan de la Cruz describía como el recuerdo de un personaje huidizo que se ha escondido y que, después de enamorarnos, nos ha dejado gimiendo:

> ¿Adónde te escondiste,
> Amado, y me dejaste con gemido?
> Como el ciervo huiste,
> habiéndome herido;

Este misterio de unidad en la multiplicidad, del cual san Juan de la Cruz comenta que «cuanto más tenerlo quise, con tanto menos me hallé», acaba a menudo en un vacío que el mismo san Juan describe como «nada, nada, nada», en una de las más fascinantes y paradójicas orgías de profundización.

2 LA FE

La fe es una actitud humana y, por lo tanto, es —al menos en parte— perfectamente asequible y descriptible. Puede ser, sin embargo, una actividad mental previa al lenguaje, lo que no es fácil de precisar, dado que sin lenguaje probablemente no se puede pensar. La capacidad lingüística caracteriza a los humanos muy específicamente, al igual que la capacidad de razonamiento, pero eso no quiere decir que todas las actividades mentales humanas requieran explícitamente lenguajes y razonamientos. Hay estados mentales intuitivos con contenidos lingüísticos o razonadores mínimos. La fe, en sus estados centrales, puede ser previa al lenguaje, y el origen ontogenético de la fe puede radicar en arquetipos emocionales previos a la adquisición del lenguaje formal. Se puede creer, pues, con contenidos específicos muy reducidos, de la misma manera que pueden coexistir una gran credibilidad con una ausencia de fe seria.

Siendo así que la fe, igual que muchas experiencias importantes, moviliza dimensiones mentales humanas de tipo emocional, hay que buscar raíces muy importantes de la fe en las capacidades emocionales humanas. La fe implica primariamente una entrega general a la vida y a aquello que la expresa, y solo secundariamente se concreta en un conjunto de afirmaciones o formulaciones precisas y determinadas.

La fe, pues, corresponde en gran parte a la biografía emocional. Las actitudes que en el itinerario vital de cada uno han acompañado la existencia van configurando la capacidad de entregarse a la vida y pronunciar un «sí» que en principio no necesita muchas palabras, y que en sus primeros estadios no necesita ni poder hablar. En este sentido, las situaciones embrionarias de la fe se configuran en medio de un conflicto emocional temprano en el cual situaciones de miedo, amenazas, ansiedad o catástrofe tienen que poder ser adecuadamente manejadas para lograr integrarlas positivamente en una dinámica en que la afirmación de la vida y la confianza básica puedan sobreponerse a las impresiones negativas mencionadas. Como las relaciones humanas maduras hacen siempre referencia a un *tú*, las estructuras emocionales básicas tienen que ir abriéndose a la alteridad, saliendo de uno mismo, superando el egocentrismo, para asomarse al mundo externo en el cual los elementos más significativos son los otros *yos,* dado que *las cosas* no son capaces de suscitar una alteridad profundamente alteradora como la que sí pueden suscitar las personas. La fe me hace salir de mí y me sitúa en una cierta forma de seducción alteradora. Yo quedo modificado al salir fuera de mi ego, y este verterme hacia fuera es lo que me abre a alteraciones creadoras, una de las cuales —la central— es la que llamamos *amor.* De aquí que la fe y el amor estén muy cercanos como experiencias mentales en las tradiciones religiosas serias. En cambio, en tradiciones de magia o de religiosidad degradada el punto central de la fe se encalla en cuestiones de tipo ritual, formulario, doctrinal, etc.

Confianza, esperanza, fe y amor son áreas con muchas intersecciones enriquecedoras. La fe acaba siendo así un *sí* a la realidad, con un trasfondo de confianza relacional que abre a la convicción de que la vida va más allá y tiene más profundidad que los datos observables por los estímulos limitados que activan nuestro cerebro. De esta convicción se deriva la capacidad de la persona que tiene fe de observar una cierta «fosforescencia» en la realidad. La realidad pide ser interpretada, y la fe la interpreta en una perspectiva de agradecimiento y creatividad que le da un sentido y una dirección; sentido que no está en contradicción con los datos observables, pero que tampoco se limita a ellos.

3 LA ESPIRITUALIDAD

En la cultura occidental, la espiritualidad ha estado tradicionalmente vehiculada por la fe. Pero estos dos conceptos ni se sobreponen exactamente ni son tratados de la misma manera en todas las culturas. En según qué ámbitos se privilegia la fe sobre la espiritualidad, mientras que en otros ámbitos pasa al contrario. Por medio hay seguramente una cuestión de malentendidos y de rivalidades sociales.

Si hemos presentado la fe como una respuesta de aquiescencia a la realidad y de entrega a ella, podemos entenderla como una dinámica de emigración del egocentrismo, en un movimiento centrífugo desde el yo autocentrado. La espiritualidad podría ser entendida como una tarea de cultivo interior, de iluminación, de superación de los engaños internos, un proceso de sabiduría, una dinámica más bien centrípeta. Partiendo de esta contraposición sería fácil simplificar: quien privilegiara la fe destacaría el riesgo que corre la espiritualidad de convertirse en una tarea de autocontemplación y de olvido de la experiencia central de la madurez y de la fe, que no es otra que asomarse al exterior; contrariamente, quien pretendiera privilegiar la espiritualidad sobre la fe podría llamar la atención sobre el riesgo de que la exigencia de salir afuera de uno mismo favorezca la heteronomía y la alienación personal, al centrarse en la dependencia de la persona ante instancias exteriores.

Seguramente ninguna de estas dos visiones es lo bastante respetuosa con la otra ni matiza suficientemente sus valoraciones, pero sí que se da hoy una utilización de las dos expresiones (fe y espiritualidad) que relaciona la fe más bien con dinámicas mentales religiosas, y la espiritualidad más con actitudes de sabiduría personal e, incluso, de higiene mental. Concretamente, la fe quedaría más ligada a tradiciones culturales vinculadas a las religiones a menudo llamadas *del Libro*, mientras que la espiritualidad se encuentra mejor expresada en tradiciones culturales relacionadas con disciplinas de adquisición de la sabiduría, como es el buddhismo.

Al comparar fe y espiritualidad conviene ser muy consciente del punto de vista del que se parte y de los condicionamientos, fuerzas y prejuicios que lo pueden acompañar, para no crear una oposición artificial entre realidades que merecen un esfuerzo de compatibilidad e integración porque no están en oposición, sino en sinergia, en la historia de la cultura y de la mente.

4 LAS CREENCIAS

Podemos entender las creencias como aquellas piezas mentales (desde ideas hasta conductas rituales o relacionales) que intentan dar forma a la fe y la hacen aterrizar en las relaciones concretas, de manera que se convierten en mediaciones expresivas de las realidades internas más nucleares. Como experiencias mentales complejas, las creencias no se reducen a la dimensión noética o intelectual, sino que están constituidas también por aspectos instintivos, emocionales, inconscientes. A menudo se habla solo de creencias como *ideas*, pero las creencias se manifiestan también, y a menudo principalmente, en forma de adhesiones, convicciones, conductas, prácticas rituales, todas además dependientes de dimensiones mentales preconscientes o inconscientes que actúan en el mundo interior. Ya veremos más adelante (capítulo III) que la neurociencia actual ha evidenciado y estudia con un gran interés un concepto de la mente que desautoriza su visión fundamentalmente racionalista. Así pues, incluso situaciones de fe con poco contenido noético explícito, que se expresan en forma de vacío o silencio, están de hecho llenas de creencias en forma de adhesiones inconscientes. (Y, correlativamente, personas que se creen ancladas con seguridad en un perfecto racionalismo, dependen mucho más de lo que creen de actitudes que son de hecho muy poco racionales.)

Algún tipo de creencias es, pues, prácticamente inevitable en un planteamiento realista de la fe. Pretender la fe pura solo puede ser el caso puntual de algunas personas muy singularizadas en ciertos momentos concretos y privilegiados. Otra pretensión indicaría poco conocimiento de las limitaciones del cerebro y de la mente, limitaciones de las cuales ya hablaremos más adelante. Las creencias son inevitables.

El mundo en que vivimos manifiesta una gran complejidad y a menudo aspectos caóticos, y las personas y las culturas observan el mundo a partir de la pretensión y la necesidad de ponerle orden y darle sentido. Por eso, cualquier fe, en el sentido de una aquiescencia a la realidad, se acompaña inevitablemente de unos parámetros o red de lectura, de una interpretación y de unas normas de manipulación de esta realidad: las creencias se generan en esta perspectiva.

Si nos movemos en el ámbito de la fe religiosa, la creencia central es Dios, y esta creencia es una construcción mental y cultural extraordinariamente compleja y densa, dado que pretende designar una realidad trascendente y, por principio, inefable. La impertinencia asociada necesariamente al lenguaje de la fe sobre Dios puede considerarse rota si hay *revelación*, pero es obvio que la admisión de una revelación por parte de Dios queda también englobada en las dificultades hermenéuticas, cosa demostrada, cuando menos, por la multiplicidad de tradiciones —con dependencias culturales muy concretas— que reivindican revelaciones de Dios. La actitud más razonable, pues, es la de analizar y criticar las formas de construcción de las imágenes de Dios para garantizar de la mejor manera posible la corrección y la fiabilidad. Es también obvio que eso solo se puede hacer, una vez más, mediante el recurso y la trampa que es el lenguaje, pues —como decía Lacan— más que hablarlo, a menudo somos hablados por él.

Algunos autores han trabajado de forma muy interesante la génesis de esta aventura humana de nombrar a Dios. Ana-María Rizzuto (2006), por ejemplo. Esta autora analiza la génesis de la idea de Dios y explica cómo esta idea se despliega como simbolización más o menos lograda desde los deseos centrales de la persona en busca de lo trascendente de la vida.

I PANORAMA CONCEPTUAL DE LA TRASCENDENCIA

Existe una gran variedad de temas que en los creyentes religiosos —y también en los no religiosos— acompañan la creencia en Dios y se convierten en convicciones arraigadas. En este proceso de concreción tiene mucho que ver la credulidad de las personas, que es necesario distinguir de la credibilidad de las propuestas. Hay credulidades que se desautorizan por sí mismas. Hay, en cambio, convicciones que pueden ir acompañadas de una credibilidad muy aceptable, aunque siempre provisional o relativa tratándose de temas trascendentes.

El ámbito de las creencias afecta a un amplísimo campo que abarca desde las opiniones sobre realidades suprasensibles hasta la calificación de personas, la utilización de símbolos y ritos, la aceptación de normas de comportamiento, etc. Es obvio que todas estas realidades se presentan dentro de una amplísima variabilidad condicionada por la geografía, la historia y la cultura. Las creencias dependen, pues, de la cultura que las ha visto nacer (y en cada persona, de su minicultura familiar o educativa) y evolucionan a los ritmos propios del desarrollo personal y de la evolución cultural. Esta situación hace que las creencias tengan que ser sometidas a un delicado discernimiento y comparación que permitan establecer no su certeza (que siempre es relativa), sino más bien su credibilidad razonable y su funcionalidad con respecto a la madurez y la liberación humana (que se convierte así en el criterio más fiable para contrastar una cierta autenticidad), dado que se trata de construcciones mentales inevitables para el equilibrio psíquico de las personas y el equilibrio colectivo de los pueblos.

5 LAS RELIGIONES

Las religiones son impresionantes constructos culturales que coordinan las creencias, las prácticas rituales y las normas de conducta de los grandes grupos humanos que sintonizan con una determinada visión compartida de la trascendencia. Muchas están centradas explícitamente en Dios, y otras están más bien orientadas hacia el trabajo de la interioridad. Todas funcionan, sin embargo, de una manera relativamente comparable si prescindimos de las calificaciones teológicas, en la medida en que generan dinámicas relativamente comparables con respecto a la construcción de doctrinas, clerecías, monasterios, ritos, normas de conducta, etc.

El núcleo central de las religiones son sus instituciones, que abarcan textos de referencia para fijar posiciones doctrinales, estructuras organizativas, sistemas de normas de conducta, códigos de expresión ritual, etc. Todo ello da lugar a lo que suele ser patrimonio de todas las religiones o tradiciones espirituales: libros sagrados, textos fundacionales, clerecías más o menos jerarquizadas o autentificadas por algún tipo de tradición, templos o estructuras equiparables, actos rituales de diversos tipos y códigos de conducta personal y social. El material cultural al que dan lugar las religiones impone por su volumen, su calidad y su poder, expresados en mil formas a lo largo de la historia humana, constituyendo uno de los fenómenos culturales mundiales de mayor alcance.

Las religiones organizadas institucionalmente tienen en relación con la sociedad un papel similar al que las creencias tienen con respecto a la mente. Son la expresión de realidades muy importantes a las que se refieren, pero a menudo asumen una dinámica propia que deja de referirse a aquellas realidades y las constituye en fuerzas autónomas que acaban condicionando, modificando y eventualmente negando su procedencia. Posibilitan, pues, pero también canalizan; facilitan, pero también limitan; expresan, pero también deforman. Las descripciones de la evolución de las religiones a lo largo de la historia humana han dado lugar a una inmensa literatura de estudios generales o monográficos. Entre los generales, se puede aludir, simplemente a modo de ilustración, a descripciones como las de Delumeau (1993) o Woodhead (2002).

Como en el caso de las creencias, las religiones se configuran en relación con el sustrato cultural en el que surgen. Las culturas modulan profundamente las formas de pensar y sentir. Nisbett (2003) ha estudiado de forma detallada cómo el estilo agrario de Oriente relacionado con la cultura del arroz ha configurado un pensamiento más colectivista y comunitario que en Occidente, y algunos autores piensan que eso ha podido concretarse a lo largo de milenios en determinadas selecciones genéticas que condicionan el funcionamiento cerebral. Lógicamente, las religiones también registran estas influencias culturales dando lugar a tradiciones diferentes y complementarias. En Occidente, por ejemplo, la visión del sentido de la historia marca las tradiciones mitológicas griegas (visión cíclica de la historia) o la tradición judeocristiana (visión progresiva y direccional); en Oriente, en cambio, la religión se orienta más hacia la mirada interior, dado que en gran parte las manifestaciones de la historia son vistas como un avatar engañoso de la realidad.

Hay que señalar que, en la medida en que la religión pretende dar una interpretación global de la realidad, tiende a ocupar todo el espacio social, lo que a menudo la acaba llevando a gestionar el poder político. Muchas religiones tienen así la tentación de la teocracia. Tanto en Roma en su versión de la divinidad imperial, como en Egipto en situaciones comparables, la religión invade todo el espacio social y se apropia del conjunto de la sociedad por la vía del poder político. Es curioso que una tradición religiosa como la cristiana, originariamente en las antípodas del poder y proclamadora de un igualitarismo y una fraternidad revolucionarios, haya acabado también conectando perfectamente con el monopolio del poder y la jerarquía social y, cosa aún más curiosa, defendiéndolo como elemento central de su mensaje, siendo así que cualquier estudio medianamente informado detecta con facilidad que la situación de control del poder en nombre del seguimiento de Jesús de Nazaret es una aberración grotesca.

6 «AIGUABARREIG»

'Confluencia' o, más literalmente, 'mezcolanza de aguas' es la traducción al castellano del nombre que damos en Cataluña al lugar de convergencia de distintos caudales de agua en un solo curso: *aiguabarreig*. Así se denomina, emblemáticamente, la confluencia del Segre y del Cinca en el Ebro. Todos los elementos que se han descrito hasta ahora (Dios, fe, espiritualidad, creencia, religión) confluyen en la experiencia religiosa personal en un *aiguabarreig* en el cual es difícil discernir la parte que aporta cada uno. La fe genera una dinámica espiritual; las religiones se mezclan con las creencias; hay espiritualidades alérgicas a las religiones; a algunos les parece que perciben a Dios y a menudo se habla de Dios como objeto de la fe —aunque Dios no es objeto de nada—, etc. Todo ello hace que, en la observación y la valoración concreta de las experiencias de trascendencia, tanto personales como grupales, haya que estar dispuestos a discernir muy atentamente entre situaciones muy diversas y condicionadas. Por ejemplo, una fe muy honda y muy libre puede quedar vinculada a creencias en milagros —cuando nos encontramos con culturas con un tipo de credibilidad poco científica—, o bien puede rehusar el milagro precisamente por respeto a Dios, porque es una fe que se produce en una cultura que ha separado el lenguaje científico descriptivo del lenguaje simbólico. Todo son formas expresivas y hay que acercarse sin prejuicios interpretativos a cada situación para tratar de entenderla a fondo.

Conviene observar atentamente y hacer valoraciones con sumo cuidado. La religión, como la política o el sexo, es un asunto típicamente pasional que puede quedar al servicio de filigranas espirituales o chapucerías de bajo perfil. Solo una atención interpretativa respetuosa y crítica podrá hacer una valoración adecuada.

II

UN CEREBRO PARA VIVIR

Casi nadie duda de que la referencia central de nuestras experiencias y conductas es el cerebro. Pensamientos, afectos, pasiones, intuiciones, creencias, instintos, conductas, creaciones artísticas..., todo acaba referido al cerebro, a pesar de que, de vez en cuando, y muy acertadamente, algunos autores advierten de la importancia de dimensiones no precisamente cerebrales en nuestra vida, como es el conocido caso de Pascal cuando hablaba de «razones del corazón que la razón no comprende», o de la expresión popular castellana «Pensar con las tripas».

1   UN CEREBRO EN UN ORGANISMO

Uno de los errores históricos constantes de los analistas del cerebro y de la mente es el de considerar que este órgano y esta función son entidades delimitadas y exclusivas que «residen» en el interior el cráneo, constituyendo el cerebro una especie de manipulador exclusivo de la vida psíquica, y la mente, una especie de pantalla donde proyectaríamos nuestros pensamientos. Tal cosa constituye una mala observación de la realidad neural y mental.

Efectivamente, el cerebro, a pesar de ser el centro, es solo una parte del sistema nervioso, que está disperso por todo el cuerpo en forma de red y de pequeños centros distribuidos más o menos cerca de las vísceras y de otras estructuras; centros que conocemos con los nombres de *núcleos*, *ganglios nerviosos* y otras denominaciones similares. Es, pues, todo el organismo el que siente y actúa, y lo que llamamos *conciencia* o *pensamiento* es una ínfima parte de la actuación del cerebro. La mayor parte del funcionamiento cerebral y las competencias más imprescindibles para la vida están relacionados con el mundo visceral y se realizan en una dimensión a la que prácticamente no tiene acceso la conciencia. Y aquellas dimensiones a las que sí tiene acceso solo tienen una parte propiamente cerebral, ya que comparten con redes extracerebrales y con vísceras sus campos de sensibilidad y expresión mental, motriz, conductual, etc.

Sea cual sea la concepción que se tenga de la vida mental y, específicamente, de los aspectos no conscientes de esta vida, hoy, neurológicamente hablando, resulta obvio que existen grandes sectores de la vida mental que escapan al control de la conciencia, y que la vida de la mente hace falta referirla a todo el sistema nervioso y no atribuirla solamente al cerebro (BARRAQUER 1995; DEHAENE 2006). Todo lo que acabamos de decir es muy pertinente —aunque pueda no parecerlo— con respecto a la experiencia religiosa, como por otra parte lo es con respecto a todas las otras experiencias humanas.

2 UN CEREBRO ADECUADO AL MOMENTO EVOLUTIVO

Si damos por bueno el origen evolutivo de la especie humana (la única propuesta que describe de una forma unitaria y coherente todos los datos de observación paleontológica, histórica, molecular, comparativa, etc., de este género biológico original), hay que contemplar nuestro cerebro en la perspectiva de una carrera singular producida en el último millón de años, pero perfectamente integrada en un modelo evolutivo general que nos puede ayudar a comprender nuestro cerebro en el contexto de la evolución que nos mueve.

Tenemos un cerebro que, a pesar de su singularidad y su centralidad orgánica, funcional y evolutiva, *solo* es el cerebro que corresponde a una especie en evolución, cuyo origen conocemos relativamente mal y del que tenemos muy pocas previsiones de futuro. Es este cerebro el que piensa, siente, coordina, trasciende, cuestiona..., pero únicamente al nivel que le corresponde y con los recursos de los cuales disfruta. El conocimiento de la aventura evolutiva de nuestra especie sufre periódicas sacudidas con los descubrimientos y los cálculos que corrigen y modifican los datos acumulados. Hay, sin embargo, algunos elementos de acuerdo muy compartidos. Con mucha probabilidad, hace entre seis y ocho millones de años una rama de grandes simios (hominoides) se independizó de otras dos ramas constituidas por los chimpancés y los gorilas. La rama homínida, que podría estar representada a sus inicios por *Orrorin tugenensis* y *Ardipithecus ramidus*, se diferenció en un numeroso grupo de especies que hicieron avanzar el proceso de hominización. Hace unos cuatro millones de años existieron *Australopithecus anamensis*, un poco posteriormente *Australopithecus afarensis* (especie a la cual pertenecía la conocida Lucy), y hace unos tres millones de años los australopitécidos siguieron su camino hasta extinguirse, y se separó la rama del género *Homo*, primero como *Homo rudolfensis*, después como *Homo habilis*, al que siguieron *Homo georgicus*, *Homo ergaster*, *Homo antecessor*, *Homo erectus* y, más modernamente, *Homo neanderthalensis* y *Homo sapiens*. Estas especies más modernas que convivieron hasta cierto punto, se desplegaron desde su origen africano hacia Europa y Asia, probablemente en tres principales oleadas, una de ellas tal vez hace más de un millón de años, una segunda hace unos 700 000 años, y una tercera hace unos 150 000 años, de forma que la sapientización de *Homo* ha sido una historia de sucesivas relaciones de grupos que intercambiaron genes y protoculturas durante milenios. Esta larga marcha fue acompañada de un progresivo crecimiento y estructuración del cerebro: *Homo habilis* tenía una capacidad craneal de 550 a 690 cm^3; *Homo georgicus*, de 700 a 800 cm^3, y *Homo sapiens*, de 1350 a 1650 cm^3. Hoy empezamos a disponer de datos sobre genes concretos que han participado de forma específica en la evolución del cerebro de los homínidos (SIKELA 2006).

Aunque no hay correlación estricta entre volumen cerebral e inteligencia, sí sabemos que en el panorama evolutivo de los homínidos la aceleración del crecimiento cerebral correspondió, a grandes rasgos, con una creciente complejidad y aceleración de la capacidad mental. Pero este proceso fue muy lento, y su lentitud nos alecciona sobre la limitación histórica y presente de la capacidad intelectual humana. ¿Qué debían de pensar los prehumanos y humanos durante los centenares de miles de años en los que empezaron a pensar, pero pensando poco? ¿Qué quiere decir *pensar poco* o *solo un poco*? ¿Nosotros pensamos poco o mucho, y en relación con qué? Ignasi Agustí evocaba en *El País* el 4 de junio del 2006, recordando al eminente paleontólogo J. Desmond Clark, las frases de Esquilo en *Prometeo encadenado* que bien pueden aplicarse a las preguntas que acabamos de hacer: «De niños que eran antes he hecho unos seres inteligentes [...]. Al principio miraban sin ver y escuchaban sin oír, y semejantes a las formas de los sueños, en su larga vida todo lo mezclaban al azar.» ¿Acaso es de aquí de donde venimos?

Aunque nuestra suficiencia no suela estar dispuesta a admitirlo, hay que aceptar que ha habido muchos estadios diferentes de capacidad de pensar, y nada hace pensar que nuestro estadio sea ni el superior ni el definitivo. Es más bien juicioso considerar que, aunque debemos estar entre los animales que han pensado más y mejor, nada permite afirmar que lo podamos *pensar todo*. Más bien hay que admitir que pensamos *lo que podemos* teniendo en cuenta nuestro estadio evolutivo, que es una etapa en un larguísimo camino evolutivo. Este tipo de consideración lleva a quien no sea muy egocentrista o etnocéntrico a pensar que podríamos pensar más o menos, y que eso relativiza mucho el carácter absoluto y definitivo que a menudo aplicamos a nuestra capacidad mental. Propiamente, nos toca ser proporcionadamente agnósticos, tanto con respecto a las cuestiones *próximas* (ciencias experimentales, ciencias humanas, cuestiones sociopolíticas) como con respecto a las cuestiones *últimas* (teología). El catedrático de ecología Jaume Terrades hacía en el 2006 unas confesiones personales en esta tesitura proporcionadamente agnóstica: «¿Qué lo maravilla?», le preguntaban. Y respondía: «Todo, pero no existe nada tan complejo y sutil en el universo como el cerebro humano.» Y cuando le decían que a la complejidad del universo algunos la llaman *Dios*, respondía: «Hay cosas que no sabremos nunca. Este universo empezó con el *big bang*; sin embargo, ¿hubo alguno antes?, ¿ha habido millones de universos?, ¿fue Dios quien lo decidió? Dios empieza donde acaba la ciencia.» Y añadía aún: «El hecho de que un ser marginal en un planeta marginal se plantee la explicación del universo no es más que un afán poético. Y creo que el arte es también un instrumento de descubrimiento que, a veces, se ha adelantado a la ciencia.» Son unas modestas y sabias consideraciones la mar de pertinentes cuando uno se plantea la eventual solemnidad máxima de nuestra capacidad mental.

La progresiva hominización del mundo mental debería ser, pues, un proceso continuado en el cual es difícil marcar estadios definidos. Seguramente pasa aquí lo que sucede en otros procesos vitales, y lo podríamos comparar al proceso de constitución de la propia persona a lo largo del desarrollo embrionario. La filogenia y la ontogenia, tanto en el aspecto mental como en el aspecto morfológico, dejan claro un momento inicial en el cual todavía no se puede hablar de humano y un punto final en el cual el carácter humano está bien definido; pero hay una serie de estadios intermedios difíciles de precisar. Puede ser, pues, que, como especie, estemos en una etapa dada de un proceso abierto, ya plenamente humano, pero con unas capacidades susceptibles de progresos que nos cuesta prever. Una buena razón para ser modestos y no creer que disponemos de recursos insuperables.

3 LAS FUNCIONES DEL SISTEMA NERVIOSO

¿Qué hace el cerebro? Como primerísima función, regula todos los procesos vegetativos, cosa que significa controlar en tiempo real millones de variables fisiológicas a partir de las informaciones que recibe de todas las partes del cuerpo. La mayor parte de estos procesos se realizan al margen de la consciencia. También se ocupa del control en tiempo real del estado de contracción o distensión de toda la musculatura esquelética, que, pese a ser de contracción voluntaria, en la mayor parte de ocasiones se regula automáticamente. Las situaciones posturales y dinámicas del cuerpo requieren una regulación constante del tono muscular (por ejemplo, mantenerse en pie o mantener un desplazamiento). Ello implica mantener adecuadamente y con tensiones variables centenares de músculos. Además, el cerebro recibe a través del mundo sensorial interno y externo datos de algunas variables del medio que podemos detectar: algunas zonas del espectro electromagnético dentro de una determinada longitud de onda (luz visible), presiones táctiles, temperaturas, vibraciones recibidas a través del aire o moléculas que llegan a los sensores del gusto o el olfato. Esta recepción da lugar a estados mentales conscientes frecuentes, aunque la mayor parte de estas sensaciones son seleccionadas hacia fuera del campo de atención para no molestar. Así, por ejemplo, solo captamos concretamente, según la atención que prestemos, algunos de los roces que la ropa que llevamos produce en la piel, o solo vemos de forma explícita algunos de los innumerables datos que la visión periférica nos proporciona, o solamente oímos algunas de las vibraciones del tímpano.

Hay que recordar que, con respecto a la captación de datos del medio, hay muchos animales que detectan mejor que nosotros variaciones determinadas de las ondas que nos rodean por todas partes. Sabemos con certeza que los murciélagos detectan —con un sistema que los radares han reproducido— los relieves entre los que se mueven a través de una ecolocalización. También conocemos la existencia de sistemas sensoriales de captación de los campos eléctricos o magnéticos de los que nosotros carecemos. Los peces selacios, por ejemplo, captan los campos eléctricos producidos por la contracción muscular de sus víctimas potenciales a través de las llamadas *ampollas de Lorenzini*. Esta capacidad de captar ondas electromagnéticas fue, al parecer, un sentido que existió en los vertebrados inicialmente y que posteriormente se perdió en especies más evolucionadas. Todo indica, pues, una adaptación en marcha que puede avanzar o retroceder.

Este raudal de datos conscientes e inconscientes es organizado bajo la guía de los sistemas neurales en forma de percepciones que se interconectan para ser retenidas en registros de memoria, estados afectivos..., y que sitúan al individuo en las coordenadas del mundo en el que se mueve. Algunas de estas funciones constituyen fenómenos que identificamos bien pero de los cuales prácticamente no conocemos ningún aspecto estructural, como es el caso de la consciencia o el razonamiento.

De la percepción, organización y tratamiento de los datos, el cerebro es capaz de pasar a las actuaciones sobre el medio. Las decisiones motrices, por ejemplo, son absolutamente vulgares y continuadas, pero tenemos una idea muy pobre, de momento, sobre la naturaleza de lo que es, desde el punto de vista neural, una decisión motriz.

El conjunto inmenso de actividades mentales mantiene una gran similitud en la mayoría de humanos, en la medida en que los circuitos o centros que los producen están constituidos sobre patrones de construcción genéticos similares que se despliegan en respuesta a los estímulos ambientales seleccionados que vamos detectando. Todos los humanos somos sensibles a los mismos sectores de las ondas electromagnéticas detectadas por la retina, o captamos las variaciones de presión del aire dentro de la misma gama, o reímos de una misma manera, digerimos igual, copulamos igual o nos defendemos de formas muy similares. Hay pequeñas variantes de despliegue debidas a la influencia educativa o ambiental, pero tales variantes solo afectan a estrategias de comportamiento, que son las últimas conclusiones aplicadas del funcionamiento de los sistemas neurales.

4 ¿LO ENTENDEMOS TODO?

Vista esta situación, comprendemos que lo que captamos y comprendemos del mundo real es la pequeña parte de este mundo que «necesitamos» percibir para espabilarnos en la biosfera. Es verdad que, en comparación con vegetales y animales en general, exhibimos unas inquietantes habilidades de elaboración de datos y decisión, pero seguramente son menos omnicomprensivas de lo que pensamos. Como solo entendemos lo que captamos y por medio de algunas capacidades de tratamiento de datos, tenemos a menudo la sensación de que lo captamos todo y lo podemos elaborar todo, del mismo modo que tenemos tendencia a reducir el mundo real al sector de autopercepción consciente, cosa evidentemente errónea. Tener eso presente es de una gran trascendencia a la hora de valorar la magnitud de nuestro potencial cognoscitivo. Por eso los «yo sé» con pretensiones omnipotentes son puras fantasías, aunque a menudo nuestro carácter poco reflexivo tiende a considerar que nuestras apreciaciones y conclusiones tienen valor definitivo.

Comparados con los animales —incluso con los mentalmente más dotados—, resultamos de una riqueza sorprendente. El más sencillo «¿por qué?» de un niño da mil vueltas a los discretísimos vislumbres de predicción de futuro o a las sospechas de alguna decisión causal o predictiva que —como descubrimiento espectacular— se refieren en los más adelantados primates u otros animales (MULCAHY Y CALL 2006; CLAYTON Y DICKINSON 2006). Ahora bien, esta espectacularidad no nos autoriza a creer que no son posibles capacidades sustancialmente superiores a las nuestras, con sistemas o algoritmos mucho más perfectos y eficaces.

5 SOMOS PARTE DEL PROBLEMA

Si el problema es, pues, poder captar toda la realidad y poder elaborar los datos de la mejor forma posible, nos encontramos —en el caso de nuestro cerebro— con que resultamos ser no observadores externos a la realidad con competencias cognoscitivas completas, sino una parte de la realidad y una parte del problema que pretendemos resolver, disponiendo además de un instrumento (el cerebro) con competencias contingentes. Hay algunas dimensiones de nuestro conocimiento, justamente en el campo de las ciencias más exactas, en las que esta limitación constitucional se hace patente. Examinemos algunas formuladas por sus especialistas.

Empezaremos citando las matemáticas. John Horgan (1993) expresó de una forma concisa e incisiva la paradójica y a veces poco conocida situación de esta prestigiosa rama de la ciencia. En contra de lo que muchos creen, la fundamentación de las matemáticas, emblema de las ciencias exactas, constituye una situación que, a juicio de Thurston, reviste un cierto aire de irrealidad. Dice Horgan que las matemáticas han acabado invadidas por las mismas dudas que angustian el pensamiento moderno, siendo sus afirmaciones, en el mejor de los casos, provisionalmente verdaderas o, si se quiere, verdaderas mientras no se demuestre lo contrario. Todo el mundo matemático ha entrado en una nueva deriva con la computación mecanizada. En esta dimensión, ya dicen muchos matemáticos que «ver no es creer». Por otra parte, nos acostumbramos a las dinámicas caóticas o no lineales —sistemas gobernados por reglas sencillas que dan lugar a fenómenos complicados por retroalimentación— o a las lógicas difusas. Se desfigura aquella *precisión* —real pero mítica— que, en el conocimiento vulgar, acompaña a la noción de matemática. Todo ello ya había sido anunciado y advertido por Kurt Gödel (1906-1978), el genial e hipocondríaco profesor de las cátedras de matemáticas más prestigiosas del mundo, amigo personal de Einstein, con quien paseaba a diario en Princeton. Desde el prestigioso Círculo de Viena, que contrastaba con el platonismo de Gödel, hasta el Instituto de Estudios Avanzados de Princeton, admiraron las sorprendentes y críticas afirmaciones de Gödel, especialmente las que dejaban claras cosas tan sorprendentes como que cualquier sistema de axiomas genera enunciados cuya verdad es evidente por sí misma y no puede ser demostrada a partir del citado sistema de axiomas; o que las ecuaciones de Einstein eran compatibles con universos donde se pudiera viajar retrógradamente en el tiempo. Todo ello dejaba el mundo teórico más «evidente» en una situación de angustiosa provisionalidad. Naturalmente, este tipo de reflexiones matemáticas evidenciaban limitaciones importantes en relación con las capacidades mentales de nuestros cerebros, y con lo que en la vida corriente entendemos como evidencias.

Otra área de conocimiento que suscita perplejidades es la física, otro de los emblemas del conocimiento exacto. Dejemos de lado la perplejidad filosófica, física y espiritual que implica el darnos cuenta de que hay algo: de golpe, nos encontramos existiendo. La falta de justificación que experimentamos ante esta evidencia nos deja cautivados, y solo el hábito de no reflexionar sobre ello nos familiariza con esta sorpresa que se acaba convirtiendo en rutina. Las maravillas más fundamentales de la realidad se convierten en banalidades.

La física siempre ha partido de la base de que el mundo que observamos —desde su interior— presenta ciertas regularidades que pueden ser formuladas en forma de leyes más o menos matemáticas. Se trata, pues, de creer que el mundo responde a una situación de inteligibilidad. La física, sin embargo, parte de unas nociones básicas que consideramos banales pero que son de una profundidad inmensa, como por ejemplo la materia, la energía, el espacio o el tiempo. En realidad, estas clasificaciones de la realidad son extraordinariamente abstrusas. Materia o energía, cuerpo o espíritu, son conceptos binarios utilizados para poner orden en el mundo. Nadie sabe a fondo qué son unos u otros, y sabemos que esta clasificación binaria no tiene mucho sentido. La mecánica cuántica ha exacerbado esta situación de imprecisión. La gente que no es especialista cree que cuando habla de materia sabe lo que dice; los que lo han estudiado a fondo ya saben que eso no es así. Habitualmente se llega a creer que el mundo es finalmente inteligible después de una buena observación, pero los mayores especialistas lo ponen en duda. Stephen Hawking, hace unos años, decía al final de las conclusiones de un conocido texto suyo (2007: 139):

> Si descubrimos una teoría unificada completa, tendría que ser con el tiempo comprensible para todos en sus grandes líneas, y no solamente para unos cuantos científicos. Entonces podríamos, filósofos, científicos y gente corriente, tomar parte en la discusión de por qué nosotros y el Universo existimos. Si encontráramos la respuesta, sería el triunfo definitivo de la razón humana, porque habríamos llegado a conocer el pensamiento de Dios.

Posteriormente, sin embargo, el mismo prestigioso físico, profesor en la cátedra lucasiana de Cambridge —la que ocupó en su día Issac Newton—, se retractó de sus afirmaciones y, con un tono más filosófico y en la senda wittgensteniana o godeliana, en marzo del 2003, en la Universidad de Davis (California), dijo:

> Hasta ahora muchos han admitido implícitamente que existe una última teoría que eventualmente descubriremos, y yo mismo había sugerido que podría encontrarla pronto. Puede ser que no sea posible formular una teoría del Universo con un número finito de proposiciones. Nosotros y nuestros modelos formamos parte del Universo que intentamos describir. No somos ángeles que podamos ver el Universo desde fuera.

Hawking ha vuelto sin embargo otra vez sobre el tema, esta vez en una clara toma de posición contra la idea de un Dios creador precedida de una sorprendente y desconsiderada proclamación sobre la muerte de la filosofía y en una mal disimulada confesión de cientismo duro (HAWKING 2010).

No solo no somos observadores neutrales y omnicompetentes porque estamos formando parte del mundo que queremos observar, sino que este mundo es sorprendentemente flexible en relación con el espacio y el tiempo, de forma que no hay propiamente historia del Universo, ni hay pasado inmutable, y todos juntos nos encaminamos hacia una nueva y paradójica forma de cosmología (GEFTER 2006). La física nos deleita a menudo con explicaciones tan paradójicas y sorprendentes de la realidad que inevitablemente nos sentimos llamados a sobrepasar nuestras modestas capacidades cognoscitivas, ejercicio bien adecuado para ensanchar nuestros espacios mentales. Pongamos un par de ejemplos. Dicen los cosmólogos que la materia observable (todo lo que normalmente entendemos por *materia*) no es más que un pequeño porcentaje del total. El resto, es decir, casi todo, es materia oscura (que no sabemos propiamente qué es) y energía oscura (que todavía conocemos menos). Joan Ignasi Cirac, el manresano director del Instituto Max Plank de Óptica Cuántica en Alemania, decía:

> La mecánica cuántica dice que las propiedades de los objetos no están bien definidas y que, solo cuando los observamos, las vamos definiendo. Es decir, el observador es alguien que modifica el mundo y va definiendo sus propiedades a medida que lo observa. Y esta propiedad tan curiosa de la mecánica cuántica se utiliza precisamente para construir ordenadores cuánticos o sistemas de comunicación. Nos hemos dado cuenta en los últimos diez años

de que esta propiedad tan extraña, y que parece más filosófica que física, se puede utilizar para producir cosas nuevas.

Ya hemos recordado cómo el mismo Hawking afirma que no es posible formular una teoría del Universo con un número finito de afirmaciones (BROOKS 2003). Más aún: algunos autores muy serios afirman que, según las últimas teorías de la gravedad cuántica, podría haber 10 elevado a 500 realizaciones del Universo, en las cuales diferirían las constantes fundamentales de la naturaleza. En este Multiverso todos los universos son iguales, aunque solo podemos aspirar a explorar el nuestro (SILK 2006). La historia de la materia labra nuestro pensamiento, y quedamos así condicionados para poder investigar lo que nos constituye. Hoy incluso se propone la idea de que las mismas leyes de la física —en tanto que regularidades que se observan en la dinámica de la realidad experimental— son objeto de una selección evolutiva. Lee Smolin (2006) plantea la posibilidad de que las leyes físicas no sean «eternamente verdaderas», sino simplemente una sucesión evolutiva de aproximaciones a la realidad.

Si la física —que trabaja con un número relativamente reducido de variables— ya plantea tantas cuestiones sorprendentes, ¿qué no podremos decir del análisis de los seres vivos que se produce a partir de un número muy superior de factores? No es extraño que cueste tanto a la biología definir con cierta precisión qué es un ser vivo. Y si eso pasa con la vida, ¿qué no podremos decir de la mente? Hablamos en neurociencia de los núcleos del hipotálamo, pongamos por caso algunos de los que, como el supraóptico o el paraventricular, parece que concentran competencias notables relativas al comportamiento sexual; pero ¿qué es un núcleo del hipotálamo? Es un pequeño cúmulo de neuronas; sí, pero ¿cuál es su estructura o su funcionamiento preciso? No sabemos nada al respecto. Esta es la verdad.

6 INDAGADORES APASIONADOS Y CONTENIDOS

A pesar de la fascinación que suscita la idea de que pudiéramos conocerlo todo, la convicción creciente es que no solamente no lo conoceremos todo, sino que muy probablemente estamos constitucionalmente incapacitados para hacerlo. Estamos en una etapa concreta de una marcha evolutiva que se produce dentro de un cosmos del que formamos parte, y nunca podremos asomarnos «desde fuera» a una observación completa de nosotros mismos. No hace falta alegrarse de esta situación ni celebrarla ni argumentar a partir de ella para frenar la pasión por el conocimiento. Simplemente hay que reconocerla. Y hay que desear que, dentro de nuestras posibilidades constitucionales, lleguemos tan lejos como nos sea posible. Pero no será posible llegar más lejos de los límites de la mente y la razón (CHAITIN 2006). La conclusión es que resulta deseable que seamos indagadores firmes pero contenidos, ya que incluso aquellas funciones mentales que nos parecen más comunes y objetivables —como es el caso de la lógica— quedan sometidas a condicionamientos locales o geográficos. Kühnen ha analizado cómo esta función lógica, que parece igual en todos los humanos, sufre de hecho modulaciones culturales (KÜHNEN 2004). Los grandes principios de la lógica (identidad, contradicción, etc.) responden a formulaciones que podríamos calificar de *locales*. Hay diferencias importantes entre Oriente y Occidente en el planteamiento de estos principios. Incluso las formas de construir el propio yo mental parecen diferentes en las diferentes culturas, y estas diferencias son integradas en formas concretas de registro neurológico (ZHU 2006).

Las afirmaciones sobre Dios se encuentran en el corazón de este huracán relativista. No es fácil hablar de materia o energía, y todavía lo es mucho menos hablar de Dios. De la limitación del conocimiento humano se deduce tanto la gran precaución que hay que mantener en formular afirmaciones sobre Dios, como la necesaria apertura a un conocimiento abierto a una realidad más amplia —olvidémonos de la palabra que la designe para no ser víctimas del peso histórico asociado al término *Dios*. Es desde esta apertura respetuosa que se puede hablar de trascendencia y de sus versiones concretas, como las religiones, las creencias, las espiritualidades, etc.

Esta juiciosa actitud de modestia y apertura es la que, en sociedades normales —no en la nuestra, todavía marcada tremendamente por anticuerpos anticlericales que enmarañan cualquier debate serio sobre religión—, permite que científicos de gran talla presentados por John Maddox, durante veintidós años director de *Nature* (una de las más prestigiosas revistas científicas del mundo), no se sientan ofendidos cuando se les pide la opinión sobre las grandes preguntas de la ciencia, y se publiquen todas sus aportaciones en una recopilación que presenta como primera cuestión «¿Existe Dios?» (SWAIN 2006)

III

CEREBRO Y TRASCENDENCIA

Admitido de forma global el hecho de que las actividades mentales tienen como referencia básica las estructuras neurales —hecho que no admite ningún tipo de duda—, tiene un gran interés intentar relacionar —hasta donde sea posible— las estructuras neurales concretas con las actividades mentales correspondientes. En nuestro caso, el interés se centra específicamente en las actividades mentales relativas a la trascendencia, la fe, las creencias, las actividades religiosas o de cultivo espiritual, etc. En este capítulo, intentaré relacionar algunas estructuras cerebrales con algunos aspectos de la experiencia de trascendencia.

1 MENTE Y EVOLUCIÓN

Sin prejuzgar el carácter progresivo que a la evolución biológica se le quiera atribuir en su conjunto, es indiscutible la existencia de estructuras concretas que se pueden situar en una línea clara de progreso, midiendo tal progreso según parámetros calculables. Es el caso de la evolución de las estructuras encefálicas. Quizás la línea de progreso no es absolutamente uniforme, pero es claramente identificable un aumento progresivo de la capacidad de recibir y tratar información que manifiestan los cerebros a medida que avanzamos en los últimos millones de años de evolución de la vida. En los primates superiores, este progreso llega a dar lugar a unas cualidades psíquicas muy destacables, y concretamente en el género *Homo* se manifiesta una espectacular discontinuidad psíquica en relación con sus predecesores, concretada en la aparición de la conciencia reflexiva y la capacidad de razonamiento, preludiados por algunos atisbos de ello en especies anteriores.

Estos procesos se pueden seguir en el estudio de las sucesivas estructuras y competencias que se van conformando durante la evolución de los primates. Tanto las capacidades craneales globales como la evolución de estructuras neurales concretas o el análisis de las formas de expresión genética en células neurales, nos llevan hoy a admitir que el cerebro humano es la estructura biológica más compleja que podemos contemplar en la naturaleza. Observando los sucesivos sedimentos evolutivos que esta estructura presenta podemos entender las competencias mentales de que es capaz.

2 EL CEREBRO ARCAICO

La competencia más esencial de todo ser vivo es que el organismo funcione. Eso comporta la regulación de la homeostasis (equilibrio compensado en el funcionamiento de todas las variables fisiológicas) y de todos los comportamientos que sean imprescindibles para asegurar la supervivencia individual y específica. Estas son las competencias del cerebro arcaico.

En términos anatómicos se puede considerar que la estructura correspondiente al cerebro arcaico está constituida por el tronco encefálico (bulbo raquídeo, cerebelo, protuberancia anular y mesencéfalo) y el diencéfalo (hipotálamo, hipófisis y tálamo). En estas zonas del encéfalo se reúnen una gran diversidad de estructuras o centros que controlan las funciones básicas de supervivencia. Así, por ejemplo, hay centros responsables de mecanismos más o menos automatizados que controlan la respiración o la circulación de la sangre, y reacciones estereotipadas como la tos, el vómito, el estornudo, etc. En el cerebelo está el control de muchos aspectos de la postura y el movimiento, y otros que hoy se van descubriendo en este importante centro. En el diencéfalo, especialmente en el eje hipotalámico-hipofisiario, se encuentran los centros y los programas responsables de las grandes conductas instintivas y de las programaciones hormonales correspondientes. En el hipotálamo en concreto hay una serie de núcleos de una importancia capital en el control de las conductas referentes a la alimentación, la sexualidad y la respuesta agresiva, así como en algunos aspectos de las conductas jerárquicas y territoriales (implicadas también en los comportamientos alimentarios, sexuales o agresivos). El hipotálamo está también muy relacionado con las importantes respuestas afectivas implicadas en estas conductas.

A primera vista podría parecer que estas estructuras arcaicas no son especialmente significativas en relación con los comportamientos religiosos, pero no es el caso. El análisis histórico y fenomenológico de las religiones muestra que las conductas instintivas forman parte, de manera muy relevante, de la infraestructura de muchísimos rituales centrales de todas las religiones. Recordemos algunos ejemplos.

Los convites rituales están en el corazón de muchísimas tradiciones religiosas, y no solo como rituales accesorios sino como piezas centrales del simbolismo. Es el caso de toda la tradición bíblica centrada en la cena ritual de la Pascua, heredada en la tradición cristiana de la eucaristía. Es fácil encontrar este tipo de ritual en muchísimas otras tradiciones religiosas. A esta cita ritual central pueden añadirse otros comportamientos accesorios también alimentarios con sentido de pertenencia, como son la selección de determinados alimentos declarados puros o impuros, o bien los periodos de abstinencia alimentaria regulada —como es el caso del ayuno del ramadán en la tradición musulmana, o del ayuno cuaresmal vigente de forma importante hasta hace poco en la tradición cristiana.

Para comprender bien el papel expresivo central que en el orden religioso tiene el convite sagrado, hay que tener presente la importancia del convite simplemente en el orden de la relación humana festiva (que en el fondo siempre tiene una raíz sagrada). De hecho, constituyen ejemplos abundantes los ritos humanos de iniciación o tránsito, o tantas otras celebraciones que conllevan algún tipo de conducta alimentaria (nacimientos, rituales de iniciación adolescente, matrimonios, celebraciones funerarias, inauguraciones diversas, entrega de galardones o premios, etc.). En todas ellas hay algún tipo de comida colectiva que queda integrada en la celebración. Una fiesta sin convite parece tener una carencia notoria, y por una razón tan arcaica y escondida en el cerebro antiguo que nadie sabe explicar exactamente el porqué.

Las abluciones o purificaciones son una conducta presente en prácticamente todas las tradiciones religiosas, y expresan seguramente una íntima conexión entre la purificación exterior (realizada normalmente con agua) y la purificación de la conciencia, consciente de debilidades y acciones éticamente deficientes. Todo ello se traduce en rituales muy similares, entre los cuales destaca, en el mundo judeocristiano, el bautismo, y en muchas otras tradiciones, diversas formas rituales que tienen el agua como elemento de referencia. En todos estos casos resulta clarísima la relación entre la práctica ritual y alguna obvia tendencia a lavarse con agua para limpiar el cuerpo, lógicamente programada en los niveles más elementales. En relación con este tema, algunos autores hablan del *efecto Macbeth* (ZHONG Y LITJENQUIST 2006).

Otra conducta central para la supervivencia es la sexual, y también esta constituye un argumento importante en la dimensión religiosa. Muchas tradiciones religiosas se han sentido seducidas por la oportunidad de expresarse a través de simbologías sexuales. Uno de los casos más conocidos es el del tantrismo. Esta tradición espiritual representa una extensión concreta de la enseñanza de los Vedas que se expande en el mundo hindú a partir de los primeros siglos de la era cristiana y establece una práctica sexual ritualizada a través de la cual considera que puede alcanzarse al despertar espiritual. En la mitología griega y romana también tienen vigencia costumbres muy relacionadas con la tradición religiosa de la práctica sexual, como la prostitución sagrada. En la tradición cristiana original el sexo no merece ninguna atención específica en relación con Dios: se presenta como una cuestión humana importante que hay que vivir según los criterios éticos comunes, pero sin prevenciones específicas ni seducciones religiosas. La tradición posterior, sin embargo, se desarrolló en una actitud de miedo y desprecio hacia el sexo que acabó con una condena «religiosa» del sexo, asociada a un menosprecio de la mujer, actitudes que la tradición cristiana tomó del paganismo más que de la tradición original de Jesús.

Muchos místicos se han inspirado simbólicamente en la imagen de las bodas para explicar las relaciones con Dios. San Juan de la Cruz, por ejemplo, dedica todo su célebre *Cántico espiritual* a una nada disimulada evocación amorosa entre el alma y el esposo:

> ¿Adónde te escondiste,
> Amado, y me dejaste con gemido?
> Como el ciervo huiste,
> habiéndome herido;
> salí tras ti clamando, y eras ido.
>
> Pastores los que fuerdes
> allá por las majadas al otero,
> si por ventura vierdes
> aquel que yo mas quiero,
> decidle que adolezco, peno y muero.
> ....
> En la interior bodega
> de mi Amado bebí, y cuando salía
> por toda aquella vega,
> ya cosa no sabía
> y el ganado perdí que antes seguía.
>
> Allí me dio su pecho,
> allí me enseñó ciencia muy sabrosa,
> y yo le dí de hecho
> a mí sin dejar cosa;
> allí le prometí de ser su esposa.
>
> «Canciones entre el alma y el esposo», I, 2, 26 y 27

Con respecto a la conducta agresiva en su versión violenta, muchas tradiciones religiosas, especialmente las monoteístas —pero no solo estas, y hoy lo podemos observar en las crisis entre hinduismo e islam—, se han visto arrastradas al uso de la violencia en la pretendida defensa de su verdad. En el caso tanto del cristianismo como del islam, sus cruzadas y guerras santas son poco justificables con los textos originales en mano; a pesar de todo, ha prevalecido el imperativo *hipotalámico* sobre cualquier otra consideración. El mundo grecorromano divinizó la guerra (Marte) como lo había hecho con el sexo (Venus).

Valgan estas referencias para evocar la trascendencia que sorprendentemente tienen en el contenido de las convicciones religiosas los aspectos más arcaicos de los registros neuronales.

3 EL CEREBRO EMOCIONAL

Las estructuras cerebrales que se relacionan con las experiencias emocionales son las que se conocen agrupadas bajo la denominación de *sistema límbico*. Se trata de un conjunto de estructuras constituidas por el giro angular, el hipocampo y la amígdala. Son estructuras específicamente activas en las experiencias emocionales y que se relacionan muy particularmente tanto con el hipotálamo como con las vísceras, que aportan una contribución central a las respuestas emotivas. Las emociones son la resonancia que las experiencias más significativas suscitan en el organismo, sobre todo en forma de una viva alteración visceral (respiración, circulación, respuestas hormonales...) que intensifica la experiencia y la fija en la memoria, cosa que la destaca en el panorama mental para ser repetida, si es agradable, o bien para ser evitada, si es adversa. La memoria emocional refuerza las conductas y evolutivamente es una ganancia evidente en relación con la fijación de relaciones conductuales en general y sociales en particular. Consecuentemente, la emoción acompaña a las conductas o a las experiencias más significativas en la vida humana. Cabe subrayar que la riqueza emocional crea situaciones mentales de adhesión o rechazo a determinadas situaciones o conductas de forma previa a la actuación del razonamiento (las emociones son más básicas y arcaicas que el razonamiento, y eso tanto desde el punto de vista filogenético como en cuanto al orden secuencial en que se producen, ya que, para ser eficaz, un estado emotivo se instaura previamente a la actuación de la razón, como es evidente en asuntos como el enamoramiento o el miedo). A causa de este régimen neural y mental, hay que estar siempre muy atentos a la primacía emocional en las relaciones sociales humanas, en contra de lo que se suele considerar. La razón juega en estos temas un papel de segunda instancia, en contra de lo que creemos y nos parece experimentar. Las emociones son, en este sentido, un determinante esencial de las conductas, mucho más determinantes que la lógica o las razones, aunque a menudo la «claridad» de la razón frente de la «confusión» emocional nos haga preferir la formulación «racionalista», que reviste una apariencia más tranquilizadora que el análisis emocional. En el capítulo siguiente se ampliarán algunos de estos aspectos.

Es bueno recordar aquí que la expresión religiosa conocida como *fe* es definida tradicionalmente en la teología escolástica del Occidente cristiano —pero también de forma equivalente en otras tradiciones— como un *obsequium rationale*. En esta expresión, la palabra *obsequium* indica un asentimiento emocional o afectivo dirigido no a una fórmula sino a una propuesta, mensaje o persona que se intuye o adivina como válida para solicitar nuestra aquiescencia. Se trata de una disponibilidad emocional que se configura en un marco de razonabilidad, cosa que introduce un elemento de asistencia crítica que debería volvernos precavidos ante las credibilidades o entregas entusiastas y acríticas que a menudo se dan en situaciones de deriva afectiva que escapan al juicio de la razonabilidad. Incorporado el marco de razonabilidad, tanto la fe religiosa como tantas otras adhesiones emocionales suficientemente críticas (personal, políticas, etc.) constituyen el motor principal de las conductas más dignas, cualitativas, dinamizadoras y eficaces de la aventura humana. La definición que hemos citado (*obsequium rationale*) corresponde a denominaciones similares de otras épocas o autores. Pensamos en el *amor intellectualis* de Spinoza, el *saber sentiente* de Zubiri o el *chosen knowledge* de Patricia Churchland.

4 CONCIENCIA REFLEXIVA O RAZONAMIENTO LÓGICO

Las competencias reflexivas y las capacidades de razonamiento son de una intrigante originalidad. Tan intensa, que hemos expresado a menudo la sorpresa que el hecho implica, postulando que tales capacidades responden a la presencia de una entidad no material difícil de precisar y que convencionalmente denominamos *espíritu*. Antes, por *material* entendíamos aquello que es directamente accesible a los sentidos, y por *espiritual*, aquello que nos resultaba menos accesible y más trascendente. Hoy, que tenemos sobrada certeza de que no sabemos qué quiere decir *material* y que todavía tenemos menos idea de qué quiere decir *espiritual*, nos da un poco igual hablar de *material* y *espiritual* a la vez. Los *materialistas* clásicos y los *espiritualistas* clásicos han quedado sobrepasados por los acontecimientos. Y eso no solo con respecto a la interpretación de lo que significa la consciencia reflexiva y la razón, sino también con respecto a la realidad *tout court*. Si la física se permite hacer auténticas piruetas filosóficas y míticas para intentar acercarse a la realidad, no considero que tengamos que pedir excusas por el hecho de intentar denominar, acercarnos mentalmente, etc., al significado provisional de palabras como *materia, espíritu, mente* o *consciencia*, con la modesta intención de acercarnos a realidades difíciles pero a las que no consideramos positivo renunciar por la sola dificultad de denominarlas o comprenderlas.

La naturaleza mental humana nos ha permitido éxitos muy notables con respecto al conocimiento, la reflexión filosófica, la previsión de futuro, el ordenamiento de las relaciones sociales, el aumento del confort en la vida diaria, etc. Uno de los aspectos de este éxito es la gran capacidad de comunicación y de regulación social que ha adquirido el cerebro humano, capacidad muy probablemente relacionada con los lóbulos frontales del cerebro y quizás, de forma muy concreta, con algunas estructuras peculiares como las neuronas espejo, sobre las cuales hoy existe una creciente documentación científica (IACOBONI 2005; RIZZOLATTI Y CRAIGHERO 2004; RIZZOLATTI Y SINIGAGLIA 2006). De esta peculiaridad mental humana se deduce la capacidad de interrogarse sobre el sentido de la existencia y sobre los orígenes o el destino de la realidad. Es más: los interrogantes sobrepasan la cuestión del sentido y se lanzan al terreno desconocido del más allá, de la *otredad*, como diría Octavio Paz. En esta *otredad* radican las cuestiones centrales de la religión. El desaforado interés que las religiones han manifestado por controlar las vidas personales y las instituciones sociales ha propiciado una deformación de la función que les corresponde, que es la de asistir la capacidad de interrogación de los humanos, y ha generado un rechazo desproporcionado a sus legítimas e interesantes funciones. Movidos por este rechazo, muchos han reclamado equivocadamente la reducción de la originalidad mental humana en el ejercicio de la lógica, cosa extremadamente empobrecedora dado que lo que es original no es la capacidad de razonamiento aislada —tal cosa es un racionalismo estéril—, sino la capacidad de razonamiento ejercida sobre una base o urdimbre arcaica, instintiva y emocional, que expresa la originalidad humana en conjunto y no solo la dimensión lógica aislada. De ahí la necesidad de hacer una valoración conjunta e integrada de todas las potencialidades mentales humanas sin oponer las unas a las otras como si fueran competidoras, sino colaboradoras en la construcción de una experiencia que integre proporcionadamente todos los aspectos.

5 TRATAMIENTO HEMISFÉRICO

Las diversas estructuras progresivamente integradas en el cerebro humano, cada una con sus competencias, pueden aún ser observadas desde otro punto de vista que las matiza y enriquece. El cerebro tiene dos hemisferios que se distinguen de diversas maneras, anatómica y fisiológicamente. Los datos técnicos sobre este tema son abundantísimos (HUGDAHL Y DAVIDSON 2003). Un balance de la vasta literatura científica en torno a esta cuestión llega a la conclusión de que los dos hemisferios cerebrales constituyen dos unidades complementarias de tratamiento de los datos que captamos del mundo externo.

En la mayoría de personas, el hemisferio izquierdo trata los datos desde el punto de vista de la formalización, el análisis, el lenguaje verbal... Es el hemisferio «apolíneo», que da forma ordenada a la multiplicidad de estímulos que recibimos. El hemisferio derecho, más bien «dionisíaco», trata los datos por tratamiento sintético, desde un punto de vista «holístico», intuitivo, artístico, expresado en lenguaje no verbal, etc. El eminente neuropsicólogo Gazzaniga llega a hablar de dos «subpersonalidades» que actúan sinérgicamente (GAZZANIGA 1993). Gazzaniga presenta el hemisferio izquierdo como el que intenta justificar y darnos razones para explicar nuestras conductas, que son, más de lo que pensamos, iniciativas poco razonadas del hemisferio derecho. Esta dualidad hemisférica se traduce en estilos personales y también en modelos culturales —o de civilización— (ISRAËL 1995) de tratar la experiencia vital.

Los diferentes niveles neurales y mentales de vivir la realidad quedan, pues, afectados por el «color» que les da el tratamiento hemisférico. Aún no sabemos gran cosa de las razones y formas de estas diferencias, ni por qué estas diferencias hemisféricas funcionan de manera relativamente distinta en diestros y zurdos, pero no hay ninguna duda de que estos matices condicionan nuestras percepciones y experiencias. Esta lateralidad hemisférica y sus variabilidades son un motivo más de enriquecimiento de la mente. Estamos venturosamente sometidos a una inmensa complejidad de captación y tratamiento de estímulos en la vida mental. No hay experiencias puras, lo que nos obliga a ser extremadamente cautos en la interpretación de la psicología personal más allá de los datos que nos parece que controlamos. Una razón más para atender a una comprensión integradora y variada de nuestra vida interior. Este es el planteamiento que hacía Eric Frömm cuando analizaba las experiencias humanas, entre las cuales concedía importancia a la de trascendencia, que es la que nos ocupa particularmente en este texto.

6 LA TRASCENDENCIA

Erich Frömm, conocido psicosociólogo que hizo interesantes aportaciones a la cultura del siglo XX, presenta en una de sus obras una atinada observación sobre la complejidad mental precisamente en la perspectiva de la trascendencia. En el capítulo 4 de una conocida obra suya, *La revolución de la esperanza* (1970), titulado «¿Qué significa ser hombre?», se plantea de forma muy acertada los estilos de integración del funcionamiento mental humano.

En primer lugar aborda la experiencia humana a partir de sus diversas manifestaciones, y habla de *homo faber*, *homo sapiens*, *homo ludens*, *homo negans* y *homo sperans*. Trata después de las diferentes condiciones de la existencia humana, insistiendo en el hecho de que en los humanos se debilita la fuerza del determinismo instintivo mientras que va creciendo en complejidad y en la posibilidad de generar elementos simbólicos que estructuran el mundo mental humano.

Pasa después a considerar la importancia de lo que denomina «cuadros de orientación y devoción», es decir, aquellas imprescindibles estructuras sociales que sostienen la mente humana desde las redes relacionales y convivenciales y en relación con las cuales se estructura la persona. Insiste después en la distinción entre «necesidades de conservación» y «necesidades de trascendencia», dibujando las perspectivas dentro de las cuales tiene sentido la experiencia humana, y concretamente en este horizonte que invita a superar el mundo de las necesidades de supervivencia hacia una dinámica mental lujosa e imprescindible que nos revierte hacia los demás, hacia el futuro y hacia intereses que van más allá de nuestras necesidades egocéntricas.

En el quinto punto del mencionado capítulo 4 trata específicamente el tema por el cual nos referimos aquí a Frömm, al plantear lo que denomina «las experiencias humanas». Se trata de experiencias de cualquier ser humano, pero Frömm pone énfasis en un tipo de experiencias que son más específicamente humanas, auténticos «productos singulares» de la mente humana. Dice Frömm:

> Hay razones para creer que las experiencias afectivas específicamente humanas, como el amor, la ternura, la compasión y todos los afectos que no se orientan a las funciones de conservación, se fundamentan en la interacción del cerebro antiguo con el nuevo; el hombre, pues, no se distinguiría del animal solamente por su intelecto, sino también por nuevas cualidades afectivas que serían el resultado de la interacción del neocórtex y de aquello que sustenta la afectividad animal.

Analiza después los deseos (el sexual entre ellos), distinguiendo un posible planteamiento egocéntrico, pero también una posible orientación de alteridad. En esta segunda versión del deseo considera la ternura, la compasión, la empatía, el interés por las personas, la responsabilidad y la vulnerabilidad, relacionándolos con el yo activo y responsable. Es especialmente digno de mención, por lo que a nuestro tema respecta, que, como fenómeno que preside todos estos afectos superiores, Frömm cite la capacidad de trascendencia. Dice que esta actitud puede ser religiosa o no, pero psicológicamente siempre trasciende al ego, desembarazándose de la fijación en sí mismo, alejándose de la avidez egoísta, generando un vacío para llenarlo, empobreciéndose para hacerse rico. La trascendencia significa triunfar sobre los impulsos biológicos para situar al humano más allá de las puras coordenadas de la conservación, para iniciarlo en los caminos de la libertad.

Frömm, que no era creyente religioso, dibujaba a pesar de todo de una manera excelente lo que caracteriza psicológicamente toda actitud de trascendencia: una victoria sobre el egoísmo. Señalo este planteamiento fundamental en un texto en el que pretendo destacar que la orientación más fundamental de la sanidad humana no implica necesariamente la fe en un sentido religioso —cosa que supondría más bien una gratuidad añadida—, pero sí se articula sobre la trascendencia, que se convierte en la estructura clave de la maduración humana, del proceso liberador y de todo itinerario religioso cualitativamente interesante.

Profundizando en el análisis de la experiencia trascendente, hoy muchos autores, superada la situación de conflicto en nombre de la cual parecía inevitable adscribirse a un campo concreto, sea el de la defensa, sea el de la injuria de la trascendencia, se han aplicado al análisis y valoración de las diversas modalidades de experiencias trascendentes; sin ánimo de justificarlas penosamente, sino, simplemente, para valorarlas como estados mentales enriquecedores. Louis Roy (2006) ha abordado en este sentido un análisis fenomenológico y crítico de algunas experiencias de trascendencia. Después de considerar algunos ejemplos de trascendencia estética, ontológica, ética e interpersonal, pasa a analizar algunas contribuciones históricas concretadas en las figuras de Kant (lo sublime), Schleiermacher (la dependencia absoluta), Hegel (la dialéctica del infinito), William James (la experiencia religiosa), Otto (lo numinoso) y Rahner (el misterio religioso). Su análisis presenta, en paz y libertad, perspectivas enriquecedoras de un trascender lúcido y apasionado. Robert Torrance (2006), por su parte, desde la perspectiva del *animal quærens,* se interesa por la búsqueda de lo trascendente en el ritual y el mito, analiza las formas históricas de búsqueda e indagación en la trascendencia, y las conecta con las formas modernas, incluso científicas, de ir más allá en la búsqueda de la verdad en el sentido más amplio. Son dos buenos ejemplos de un nuevo estilo cultural de plantearse el tema de la trascendencia lejos de las inútiles disputas entre clérigos con vocación de control por una parte, y ateos militantes preocupados por parar los pies a los clérigos, de la otra. Hay muchos más ejemplos y menudean las publicaciones de autores diversos, desde filósofos a antropólogos, que regresan a la indagación de esta enigmática «necesidad» de trascender, intentando ejecutar el difícil y arriesgado ejercicio de hacer «un análisis independiente de la religión» (SÁDABA 2006: cap. 7).

IV

UNA MENTE POLIFACÉTICA

La palabra clave para interpretar el mundo neural y mental es *complejidad*. Todos los reduccionismos —los modelos siempre tienden al reduccionismo— son simplificadores, pero en el caso del cerebro lo son especialmente. Este reduccionismo puede provenir tanto de la reducción organicista (el mundo mental se explicaría sencillamente mediante las redes neurales), como del racionalismo (el mundo mental se explica por algoritmos lógicos). El reduccionismo organicista se podría comparar con el de un especialista en computación que solo prestara atención a la máquina (*hardware*) e ignorara el programa (*software*). En el mundo mental, el reduccionismo racionalista solo prestaría seriamente su atención al razonamiento, olvidando la base instintiva y emocional, que constituye el núcleo duro del mundo mental tanto en los animales —en los que constituye el único núcleo— como en los humanos —en los que suele ser el principal.

Actualmente, superados ambos reduccionismos, en el momento en que todas las ciencias se centran en el manejo de modelos de complejidad, los estudios del mundo mental se orientan hacia la comprensión de este fenómeno desde una perspectiva que considere todos los puntos de vista que permiten acceder a la comprensión de un fenómeno tan variado.

I COMPLEJIDAD Y COLABORACIÓN INTERDISCIPLINAR

Ya hace tiempo que neurólogos y psicólogos horadan en el túnel de la mente desde orígenes diferentes, y emiten ruidos hacia el otro punto originario de la perforación. El túnel todavía está repleto de incógnitas, pero crece la convicción de que hay que vencer la tentación de creer que su aclaración provendrá desde un solo lugar de exploración. Tanto los que trabajan en el *hardware* (neurólogos) como los que lo hacen sobre el *software* (psicólogos) han debido convenir en un acuerdo de cooperación. Eric Kandel, premio Nobel por su trabajo en neurología, es uno de los que lleva tiempo promoviendo esta tarea de cooperación. En un divulgado artículo en torno a la necesidad de colaboración entre neurobiólogos y psicoanalistas (1999) reclama un trabajo conjunto entre las escuelas neurobiologistas (de las que Kandel es un eminente representante) en fulgurante desarrollo, y las escuelas procedentes del psicoanálisis, que —a juicio de Kandel— «todavía representa la más coherente e intelectualmente satisfactoria visión de la mente». Esta valoración del psicoanálisis de parte de uno de los más eminentes neurocientíficos se refiere naturalmente a los aspectos fundamentales de la propuesta de Freud referentes a la importancia del inconsciente en la construcción de la mente, dejando de lado detalles marginales y más discutibles de la teoría freudiana, hoy adecuadamente relativizados por los propios seguidores de las propuestas de Freud.

Kandel analiza en su artículo las relaciones entre la neurología y el mundo de la psicología dinámica en diversos puntos:

a Los procesos mentales inconscientes (impulsos, memoria procedural o implícita).
b Cómo dos acontecimientos quedan asociados en la mente (cosa que puede ayudar a explicar la aparición de tantos procesos neuróticos, como por ejemplo filias y fobias).
c Las formas biológicas que explican fenómenos psicopatológicos (como los condicionamientos emocionales).
d Las experiencias tempranas y su peso en la generación de predisposiciones vitales y psicopatológicas (que pueden explicar, por ejemplo, caracteres pusilánimes derivados de experiencias tempranas de opresión).
e El papel del córtex prefrontal en la integración de la sensación y la planificación de las actuaciones.
f La relación del registro sexual genético y cerebral en relación con las conductas de género.
g La posibilidad de terapias psicológicas para generar cambios estructurales en el cerebro.
h La posible colaboración entre psicofarmacología y psicoanálisis.

Los comentarios sobre estos estimulantes capítulos del estudio neural y mental del individuo humano sugieren la amplitud del campo de observación que requiere la neuropsicología humana y la complejidad a la que hay que estar abiertos para interpretar la conducta humana. Merece la pena evocar aquí la conveniencia de que la conducta religiosa —una de las más extendidas y significativas de la especie humana— merezca una rigurosa observación por parte de las ciencias neurales y psicológicas, y que, por otra parte, se deje observar por ellas sin miedo.

Hoy día, en el campo de la neurología, las distinciones entre áreas conscientes, preconscientes e inconscientes en el mundo mental ya ha alcanzado carta de naturaleza. Dehaene, por ejemplo (2006), ya ha ensayado junto con Changeux y otros la elaboración de una clasificación viable y pactada. Estos autores, junto con el intento de clasificación, ya se atreven a señalar unas primeras aproximaciones a los tipos de estado del cerebro que explicarían aquellos estados mentales. Por otra parte, desde hace algunos decenios, autores como H. Gardner o D. Goleman insisten en la variedad de las formas de inteligencia, otra forma de aproximarse a la multidimensionalidad de la mente.

2 DAMASIO Y LA SENSACIÓN DE LO QUE OCURRE

Entre las aportaciones hechas desde la neurología a la creciente convicción de la complejidad mental, probablemente algunas de las referencias más serias sean los estudios y las reflexiones de Antonio Damasio y su escuela. Este conocido neurobiólogo portugués establecido en los Estados Unidos se ha dedicado durante años al estudio de las correlaciones neurológicas con los estados mentales, y de una forma muy concreta de los procesos de generación de conciencia en sus relaciones con la sensación y la emoción. Siguiendo las ideas propuestas ya hace algunos años en su obra *El error de Descartes* (1996), publicó en otro libro, *La sensación de lo que ocurre* (2001), una serie de ricas reflexiones sobre el tema. En el título de este apartado he citado precisamente el de su libro utilizando la palabra *sensación*, que tiene connotaciones más reducidas que la palabra original inglesa (*feeling*).

La palabra *feeling*, 'sensación unida a sentimiento', es más comprehensiva que *sensación* y expresa mejor el estado mental complejo al cual se refiere Damasio.

Damasio parte de una obviedad: la conciencia es la clave del autoconocimiento y es la forma original de la cultura: «La conciencia puede haber abierto el camino en la evolución humana hacia un orden de creaciones nuevo que no hubiera sido posible sin ella: conciencia, religión, organizaciones políticas y sociales, artes, ciencias y tecnologías.» (2001: 16) Es más: «La conciencia es la clave, para bien y para mal, de la vida que se examina, nuestro pase para conocerlo todo sobre el hambre, la sed, el sexo, las lágrimas, la risa, las patadas, los puñetazos, el flujo de imágenes que llamamos pensamientos, los sentimientos, las palabras, las creencias, la música, la felicidad y el éxtasis.» (2001: 17)

A esta centralidad de la conciencia, Damasio añade una determinación muy importante: la conciencia no se puede separar de la emoción, ni la emoción del cuerpo. Esta afirmación constituye la vertebración temática de la argumentación del libro de Damasio. Distingue en la conciencia dos dimensiones principales: la conciencia central, que es un fenómeno biológico primario al cual corresponde el *ser central*, y la conciencia ampliada, una elaboración que sitúa el organismo en el devenir histórico, experiencia de elevada complejidad que da lugar al *ser autobiográfico* con diversos niveles de organización. Las sucesivas precisiones sobre la gran sutileza de la conciencia han ido conduciendo a distinciones cada vez más refinadas. Siguiendo los planteamientos de Damasio, hoy ya se distingue entre:

a   Un «proto» o «bodily» *self* (yo consciente), que se daría a un nivel sensorial primario.
b   Un «core» «mental» o «minimal» *self*, que se situaría en un estatus superior pero que todavía no se constituiría como conciencia plena.
c   Un *self* «autobiográfico», emocional, espacial, verbal, que ya aflora a nivel plenamente consciente (NORTHOFF 2006).

A pesar de ser tan compleja, la génesis y el estatus de la conciencia central y ampliada no resuelve la complejidad mental general (DAMASIO, 2001: 38-39):

> La conciencia es un ingrediente indispensable de la mente creativa humana, pero no es toda la mente humana y, según mi opinión, tampoco es la cima de la complejidad mental. Los artificios biológicos que dan origen a la conciencia tienen consecuencias poderosas, pero veo la conciencia como un intermediario en lugar de verla como la culminación del desarrollo biológico. La ética y la ley, la ciencia y la tecnología, las obras de las musas, el bálsamo de la bondad humana: estas son mis cimas para la biología. Naturalmente que no tendríamos ninguna sin las maravillas de la conciencia en el origen de toda nueva consecución. Pero, a pesar de todo, la conciencia es un amanecer, no un pleno día ni, menos todavía, la puesta del sol. Comprender la conciencia dice poco sobre el origen del universo, el significado de la vida o el destino probable de ambos. Después de resolver el misterio de la conciencia y de aclarar algunos misterios de la mente relacionados con ella, suponiendo que la ciencia logre ambas cosas, quedan suficientes misterios como para llenar muchas vidas de científicos, suficiente admiración ante la naturaleza como para mantenernos en la modestia durante un futuro previsible.

IV UNA MENTE POLIFACÉTICA

Un lenguaje magistral de un gran investigador del cerebro.

Dicho esto sobre los aspectos generales de la conciencia, Damasio pasa a hacer un examen detallado de la relación entre conciencia y emoción. Hacia los años setenta del siglo XX, Frömm lamentaba que, cuando hablaba de las experiencias humanas típicas, la neurología no pudiera establecer la relación entre estas y las estructuras neurológicas subyacentes, pero esperaba que pudiera hacerlo en no demasiado tiempo. Damasio ha hecho avances en este camino, acompañado de otros insignes investigadores como LeDoux (1999). Dice Damasio (2001: 45):

> A primera vista no hay nada distintivamente humano en las emociones, teniendo presente que existen claramente criaturas no humanas que tienen emociones a raudales, y a pesar de todo sí que hay algo bastante distintivo en la forma como se han conectado las emociones con ideas, valores, principios o juicios complejos que solo experimentamos los humanos; y en esta conexión radica nuestra legítima sensación de que la emoción humana es especial. La emoción humana no trata solo del placer sexual o del miedo a las serpientes. Habla también del horror al contemplar el sufrimiento y de la satisfacción que nos produce la administración de justicia; de la delicia que causa la sensual sonrisa de Jeanne Moreau o de la belleza densa de palabras e ideas de los versos de Shakespeare; de la voz cansada de Dietrich Fischer-Dieskau cantando el «Ich habe genug» de Bach y de los fraseos terrenales y al mismo tiempo tan eternos de Maria João Pires cuando toca cualquier cosa de Mozart o Schubert; y de la armonía que Einstein buscaba en una ecuación.

Damasio insiste en la justificada idea darwinista de que la conciencia, como la emoción, está orientada a la supervivencia del organismo, y que tanto conciencia como emoción están profundamente arraigadas en la representación del cuerpo. Por eso distingue tres estadios de procesamiento: estadio de emoción, que se puede generar inconscientemente; estadio de sensación, que se puede representar inconscientemente; y estadio de sensación hecha consciente por parte del organismo que tiene emoción y sensación.

Insistiendo en esta vinculación íntima entre organismo, emoción, sensación y conciencia, Damasio propone su conocida hipótesis del *marcador somático* basada en el estudio de las deficiencias emocionales selectivas provocadas por lesiones neurales muy concretas y que, a pesar de mantener íntegras las capacidades racionales, imposibilitaban a los lesionados comportamientos «razonables», precisamente debido a las deficiencias emocionales. La hipótesis del marcador somático ha sido ya sometida a validaciones esmeradas y sistemáticas (DUNN 2006). Damasio (2001: 51) la explica de este modo:

> A esta hipótesis la llamo *del marcador somático*, y los pacientes que me motivaron a proponerla tenían lesiones en determinadas áreas de la región prefrontal, sobre todo en los sectores ventral y medio y en la región parietal derecha. A causa de un ataque, de una herida en la cabeza o de un tumor que exigió una ablación quirúrgica, el daño en estas regiones se asociaba una y otra vez con la aparición de la pauta clínica que he descrito antes, es decir, la perturbación en la capacidad de decidir ventajosamente en situaciones que suponen riesgo o conflicto, así como en la reducción selectiva de la capacidad de entrar en resonancia emocional precisamente en estas mismas situaciones, conservando por otra parte el resto de capacidades emocionales. Antes de la aparición de su daño cerebral, los individuos así afectados no habían manifestado tales incapacidades. Familia y amigos podían percibir un *antes* y un *después* a partir de la fecha del daño neurológico.

Estos descubrimientos parecen indicar que la reducción selectiva de la emoción es como mínimo tan perjudicial como la emoción excesiva. No parece cierto que la razón gane nada si funciona sin el contrapeso de las emociones. Al contrario, las emociones probablemente ayuden al razonamiento, sobre todo cuando se trata de asuntos personales o sociales que implican riesgo o conflicto. Mi sugerencia fue que un determinado grado de procesamiento de emociones nos indica el sector del espacio de toma de posiciones en el cual nuestra razón puede funcionar con mayor eficacia [...]. La emoción bien dirigida y bien desplegada parece ser un sistema de apoyo sin el cual el edificio de la razón no puede funcionar adecuadamente. Estos resultados y su interpretación ponen en cuestión la idea de despreciar las emociones como lujos o molestias o simples vestigios evolutivos.

Este último párrafo de uno de los más eminentes investigadores actuales sobre neurología y mundo emocional es demoledor respecto a todas aquellas teorías que, de una forma u otra, pretenden que la pura razón es la única clave que permite garantizar la vida humana. La emoción es, además, la garantía de los mejores aprendizajes. El mismo Damasio cita experiencias realizadas con ratas en las cuales la sección del nervio vago que impide al animal la conciencia de su cuerpo lo priva también del refuerzo emocional que le permitiría el aprendizaje memorizado. También hay que recordar aquí que las definiciones de experiencias de trascendencia que hemos citado antes —*obsequium rationale, amor intellectualis, experiencia sentiente, choosen knowledge* (véase el capítulo anterior)— no solo describen a la perfección los últimos avances en neurología específicamente humana, sino que probablemente son un modelo para toda expresión mental genuinamente humana.

Damasio prosigue sus estudios sobre la relación cuerpo-emoción-razón y, más recientemente, aparte de numerosos artículos de especialidad en revistas de neurociencias y científicas de impacto, ha publicado nuevos textos sobre el tema (2005 y 2010).

Valgan estas citas sobre esta neurología de la complejidad en la que ha trabajado Damasio —específicamente respecto de las relaciones razón-emoción— para desautorizar, desde la neurociencia experimental, los reduccionismos, tanto el organicista fácil como el racionalista. Hoy, la neurociencia considera la multidimensionalidad y afronta temas tan interesantes como las relaciones de la emoción con la conciencia (ALEXANDROV Y SAMS 2005), con la inteligencia (GREWAL Y SALOVEY 2006), con la memoria (LABAR Y CABEZA 2006) o las decisiones (HSU 2005). Por lo que respecta al caso concreto de la toma de decisiones en humanos, se dispone ya de estudios experimentales que confirman la inextricable relación entre razón y emoción en toda decisión humana. Un elegante estudio hecho con neuroimagen muestra que en cualquier proceso de decisión humana se activan tanto la zona de la amígdala cerebral (estructura de registro de la emoción) como el córtex orbital y frontal medial (zonas correspondientes a la actividad de valoración lógica). La zona emocional se activa en toda decisión; la zona de valoración lógica también, pero sufre más variaciones en función del esfuerzo personal para «negociar» los aspectos racionales y los emocionales (MARTINO 2006).

3 UNA MENTE ÁGIL Y ABIERTA

Un autor cercano que ha tratado la cuestión de la mente abierta con unas grandes dosis de juiciosa reflexión filosófica, un gran sentido común y una notable habilidad didáctica y expresiva es José Antonio Marina. En un interesante librito que titula *Teoría de la inteligencia creadora* (2004), Marina afina sus análisis en torno a una serie de conceptos enriquecedores y variados que abren una perspectiva ilusionante a las posibilidades de una inteligencia humana bien arraigada en la base de la emotividad y los instintos básicos, en definitiva orientada hacia una vida matizada y virtuosa en el buen sentido de la palabra. Como ejemplo de esta riqueza de valoración de matices que el texto en su conjunto manifiesta de una forma sencilla, en el párrafo 3 del capítulo VIII —que titula muy expresivamente «El sexto sentido»— hace un análisis de las sutilezas de la reflexión sobre el sentido moral, después de recordar que los moralistas ya han sabido siempre que «la razón es solo una de las voces que resuenan en la conciencia, y no la más poderosa». El autor, citando a Aristóteles, enumera las facultades mentales relacionadas con la moral: la *eustochia* (saber conjeturar bien), la *solercia* (indagación rápida de un buen medio para lograr un objetivo), la *prudentia* (que permite aplicar las normas generales a casos particulares), la *embulia* (capacidad de aconsejar adecuadamente), la *sinesis* (buen juicio para valorar aquello que suele suceder), la *gnome* (capacidad de juzgar aquello que se aparta de los acontecimientos comunes). Buen ejemplo de cómo se puede enriquecer una visión unidimensional y simplista del significado de la ética que solo insistiría en la adecuación fría de la conducta a un objetivo previamente determinado por la razón. La vida y la mente que intentan afrontarla están llenas de matices y sutilezas. Marina analiza también en su texto otros aspectos del conocimiento tácito difíciles de formular, pero que todos entendemos como piezas muy importantes del polimorfismo y la riqueza mentales, como son la sorpresa, la intuición, la creatividad, la realización responsable y el gusto en el ejercicio de las responsabilidades. Algunos de estos temas ya empiezan a ser abordados de forma detallada en estudios neurológicos específicos (KAST 2004).

Precisamente es una obra dedicada a la experiencia religiosa cristiana que Marina titula *Por qué soy cristiano* (2006) donde el autor propone una sencilla y muy acertada clasificación de la multidimensionalidad mental humana y su proyección en la vida: «La inteligencia humana tiene, pues, una función creadora: inventar un mundo humano. Este gran proyecto lo llevamos a cabo por diversos caminos: conociendo la realidad, mediante la ciencia, transfigurándola mediante el arte y la religión, transformándola mediante la técnica y la ética.» (2006: 65) Naturalmente, resuenan a placer y con toda su energía las grandes preguntas que un humano puede hacer y que Kant planteaba con sus célebres interrogantes: ¿Qué puedo conocer? ¿Qué puedo esperar? ¿Qué tengo que hacer? Una inteligencia que no fuera sensible a estas preguntas sería una inteligencia incompetente para vivir humanamente.

Esta interesante temática que afecta tan directamente al tema del presente libro se plantea a propósito del peso que tiene el razonamiento y sus diversas formas en dimensiones mentales como la ciencia y la trascendencia. En el meollo de estas actividades mentales está el valor que se atribuye a la razón.

IV UNA MENTE POLIFACÉTICA

A menudo los científicos manifiestan que Dios es sobrero, mientras que los religiosos lo reclaman como necesario, y ambos aluden el poder de la razón tanto para excluirlo como para reivindicarlo. Una valoración atenta nos puede orientar en este conflicto. Desde la teología se reclama el valor razonable de la fe. En septiembre del 2006, en un polémico discurso académico, Benedicto XVI reivindicó a favor del cristianismo el valor específico de una fe razonable frente a un islam en el cual, a causa de una absoluta insistencia en la trascendencia de Dios, este no podría ser comprendido como *logos* y se mostraría más vulnerable al fundamentalismo. A la vez, acusaba a la ciencia de querer prescindir de Dios. Desde la ciencia, por otra parte, se suele decir —desde hace siglos— que Dios es una hipótesis inútil. Cuando Napoleón preguntó a Laplace sobre la función de Dios en su sistema del mundo, Laplace le respondió con su célebre frase: «Sire, je n'ai pas besoin de cette hypothèse» ('Señor, no necesito esa hipótesis'). Pienso que las dos posturas tienen una cierta razón (tenerla toda sería muy presuntuoso).

La religión es razonable si hablamos de una razonabilidad general que enfocaría al conjunto de los seres y a la existencia de la realidad. Sería una reivindicación llena de complicidades con la filosofía. La ciencia es imperativamente racionalista en el ámbito de la racionalidad restringida que trabaja sobre las causas experimentales segundas. Por lo tanto, la gente religiosa puede reclamar a la ciencia que no excluya a Dios, pero no le puede reclamar que lo admita. Simplemente, la ciencia no es competente en el tema de Dios, porque Dios está en el orden de la razonabilidad general pero no en el de la racionalidad restrictiva. Si un científico afirma o niega a Dios no lo hace desde la racionalidad restringida de la ciencia, sino desde su derecho a opinar sobre la razonabilidad general; pero eso ya no es una prerrogativa de la ciencia, sino del científico al igual que de cualquier otra persona. El conocido conflicto ciencia-fe es un conflicto de malentendidos por deficiencia de matices.

Los planteamientos rigurosos y matizados cada vez serán más urgentes en sociedades plurales y abiertas. Se podría poner el ejemplo de un caso similar en un ámbito diferente. En septiembre del 2006, el Consejo General del Poder Judicial expedientó a un juez de Cantabria porque en un recurso de apelación sobre una multa impuesta a una mujer en un conflicto de pareja introdujo consideraciones religiosas. El expediente procedía porque en el texto del juez, después de decidir en justicia, este se extendía en dos páginas exhortando a la pareja afectada a que, de acuerdo con el libro bíblico del Génesis, reconstruyeran el amor común según la voluntad de Dios. El Poder Judicial consideró acertadamente que el juez «en el ejercicio de sus funciones» se tenía que limitar a administrar justicia, sin hacer consideraciones teológicas o morales. Si las consideraba interesantes, debían hacerlas en otros ámbitos. A los científicos y a los religiosos les pasa lo mismo. El científico tiene que hacer ciencia con los instrumentos de la ciencia (racionalidad restringida). Si quiere hacer disquisiciones religiosas, está en su derecho, pero tiene que saber que traslada su reflexión a la razonabilidad general.

El religioso puede reivindicar a Dios en nombre de la razonabilidad general, pero no puede pedir al científico que lo acompañe en esta reivindicación desde la racionalidad restringida. En este sentido, la reivindicación de la razón para comprender a Dios hecha por Benedicto XVI es muy ambigua. Primero, porque Dios no se puede reivindicar desde cualquier uso de la razón: hay importantes precisiones que hacer cuando se habla de acceder a Dios por la razón, porque se pueden hacer usos muy diferentes de esta capacidad mental. En segundo lugar, porque asoció esta reivindicación del Dios razonable a la cultura griega, y eso significa una localización del cristianismo que le resta catolicidad. Una tercera anotación que hay que tener presente es que, históricamente, esta argumentación olvida que buena parte del razonable pensamiento griego (Aristóteles, Hipócrates, Euclides o Tolomeo) fue transmitida a Occidente precisamente a través de racionalistas musulmanes como Al-Farabi, Avicena, Averroes o Al-Gazzali, a la vez que olvida que en la época medieval la cristiandad, ya pasada por el racionalismo griego, fue tremendamente violenta. A pesar de ello, es objetivamente verdad que el mundo musulmán ha mantenido históricamente —y actualmente— marginada de una forma destacable la interpretación y el papel de los intelectuales y críticos. Por último, porque a Dios es necesario contemplarlo dentro de la razonabilidad, pero escapa a los argumentos que se hacen desde la razón para explicarlo: si la razonabilidad de Dios fuera tan clara tendríamos que concluir que los ateos no captan la racionalidad, cosa evidentemente equivocada (como estaría también equivocada la proposición que considerara irracionales a los creyentes).

Sobre las limitaciones del racionalismo estricto para interpretar toda la experiencia humana, Jürgen Habermas ha escrito recientemente un libro (2006) en el que destaca precisamente el racionalismo descarrilado como criterio absoluto de la vida mental a partir de la Ilustración, y de qué modo este racionalismo puede compensar su limitación dialogando con el campo simbólico representado por las religiones. Dice Habermas en la introducción de este libro:

> Defiendo la tesis de Hegel según la cual las grandes religiones pertenecen a la historia de la razón misma. El pensamiento postmetafísico no puede comprenderse a sí mismo si no integra en su propia genealogía las tradiciones religiosas al lado de la metafísica. Si se acepta esta premisa, no sería racional dejar de lado estas tradiciones «fuertes» como si se tratase en cierto sentido de restos arcaicos, en lugar de ilustrar la conexión interna que las vincula a las formas modernas de pensamiento. Las tradiciones religiosas proporcionan hasta hoy la articulación de la conciencia de lo que falta. Mantienen despierta una sensibilidad para lo fallido. Preservan del olvido esas dimensiones de nuestra convivencia social y personal en las que los progresos de la modernización cultural y social han causado destrucciones abismales. ¿Por qué no tendrían que contener aún hoy ciertos potenciales semánticos cifrados que podrían desplegar su fuerza de inspiración si se los transformara en lenguaje argumentativo, y se los desprendiera de su contenido de verdad profano?

Añadimos a las matizaciones que destacan la complejidad de la mente el análisis de las relaciones que la mente establece con las estructuras culturales al ser modelada por estas estructuras. Ciertos brillantes estudios han llegado a precisar cómo el cerebro registra y organiza, por ejemplo, la forma de calcular dependiendo de la referencia cultural (china o inglesa en el caso del estudio) de las personas analizadas (CANTLON Y BRANNON 2006). En una misma dirección (la de comprender la dependencia psíquica en relación con la cultura) trabaja hoy la etnopsiquiatría.

4 NEUROBIOLOGÍA Y NEUROESPECIALIDADES: LA TRASCENDENCIA

La neurología empezó su tarea de análisis sistemático y experimental abordando los problemas —digamos— fáciles, como por ejemplo el análisis de la sensibilidad en las zonas del córtex cerebral y, en paralelo, el análisis de las áreas de la motricidad. Son dos temas en los que, en el siglo XIX, ya se hicieron significativos progresos. Todos los especialistas, sin embargo, eran conscientes de que los grandes problemas de la mente seguían «escondidos» en la inextricable red de las decenas de miles de millones de neuronas y los centenares de miles de millones de conexiones que las unen. Santiago Ramón y Cajal, el gran genio de la neurología, comentaba:

> Yo perseguía células de formas delicadas y elegantes, las misteriosas mariposas del alma, cuyo batir de alas quién sabe si algún día aclarará los secretos de la vida mental. La superioridad funcional del cerebro humano está íntimamente relacionada con la abundancia prodigiosa y la cuantía considerable de formas que tienen las llamadas neuronas de axón corto [...]. Deseaba determinar tanto como fuera posible su plan de organización fundamental. Pero mi optimismo me engañaba. Porque el artificio soberano de la sustancia gris es tan embrollado que ha desafiado y desafiará por muchos siglos la obstinada curiosidad de los investigadores.

Hoy seguimos sin conocer la estructura fina que nos permita explicar los programas que se realizan en los núcleos cerebrales; en relación con estos temas los científicos optimistas hablan de «problemas por resolver», y los no tan optimistas hablan de «misterios» (MORA 1995). A pesar de todo, se han hecho avances —son los que animan a los optimistas— en la precisión de estudio de áreas de la corteza o de las conexiones entre núcleos. Además, las técnicas de investigación han progresado espectacularmente, por ejemplo a través de la resonancia magnética funcional u otros. Por ejemplo, hoy se ha conseguido con técnicas de neuroimagen identificar y distinguir estados mentales por medio de la identificación de áreas del córtex activadas. La neuroimagen permite distinguir, «fotografiando» áreas cerebrales activas, si un sujeto ve caras o edificios (HAYNES Y REES 2006).

Estos avances técnicos han facilitado un progresivo acercamiento al conocimiento de cómo reacciona el cerebro en situaciones funcionales concretas. Y el aspecto más atractivo de la aplicación de estas técnicas se produce a propósito del registro de lo que sucede en el cerebro cuando se viven experiencias o conductas complejas. Tal es el caso de las anteriormente citadas «experiencias humanas típicas», es decir, aquellas funciones mentales más complejas que caracterizan específicamente a los humanos, como son la conciencia, el lenguaje, el razonamiento, la experiencia ética o estética, la sociabilidad y, naturalmente, también la experiencia religiosa. Así ha nacido la neurolingüística, la neuroeconomía, la neuroética, la neuroestética y, naturalmente, la neurorreligión. Solo cabe atribuir a ignorancia o prejuicio que alguien se sorprendiera de que la neurorreligión entrara en este panorama investigador. Hago notar que se trata de neurorreligión (análisis de la experiencia mental de tipo religioso) y no de neuroteología, como si se pretendiera relacionar el funcionamiento religioso de la mente (cosa en principio perfectamente objetivable) con la existencia de Dios (tema ajeno a la ciencia).

La neurolingüística, por ejemplo, es hoy una disciplina en plena expansión. Siguiendo la sospecha de Chomsky, que abanderó la teoría que defiende una estructura neural innata para la gramática, una legión de investigadores se ha consagrado a este tema generando una impresionante producción científica (DUPOUX 2002). Además, mediante la neuroimagen se han registrado detalles preciosos de la organización del lenguaje en la corteza cerebral.

Durante los últimos años, la neuroestética ha hecho progresos muy notables. Se ha podido profundizar, por ejemplo, en el análisis de las peculiaridades que presentan ciertas formas para provocar la experiencia subjetiva de satisfacción. Es el conocido caso de la proporción áurea, que sin que sepamos por qué, satisface la estética visual-geométrica de nuestro cerebro (LIVIO 2006). Más cercano al análisis estrictamente neurológico de la experiencia estética, Semir Zeki (1999) —uno de los más competentes neurólogos actuales en temas de visión— ha investigado las competencias cerebrales en la neuroestética de las artes plásticas. Se han realizado asimismo numerosos estudios paralelos (PERETZ Y ZATORRE 2003) sobre la música, sus orígenes, el aparato perceptivo neural, la armonía, etc. En general, la neurología de las artes en todas sus facetas está en pleno desarrollo (ROSE 2004).

La neuroética es objeto de un interés creciente en parte gracias a las aportaciones de Damasio en relación con las conductas humanas coherentes, pero también gracias a las comparaciones con las regulaciones conductuales de los grandes primates que ya manifiestan de forma incoativa conductas de cooperación, altruismo, etc., evocadoras de comportamientos éticos humanos. Hay que citar aquí a

Gazzaniga (2006), que propone consideraciones y experiencias que van desde la libertad a la religión, o a Moll (2005), que estudia las bases neurales del conocimiento moral, o a Tancredi (2005), que aborda —con un éxito naturalmente desigual— temas como la conciencia, la elección, la sexualidad, el mal o el manejo del dinero.

La neurosociabilidad es estudiada tanto desde el punto de vista de las estructuras neurales que la facilitan, a menudo relacionadas con las neuronas espejo (IACOBONI 2005; RIZZOLATTI Y CRAIGHERO 2004; RIZZOLATTI 2007), como desde la perspectiva neuroevolutiva, tanto a nivel de la especie como del individuo concreto (ELLIS Y BJORKLUND 2005). En esta misma área se despliega el interés por los estudios de neuroeconomía, que pretenden dilucidar los mecanismos neurales que explican las decisiones económicas. Incluso ya se ha abordado alguna neuroespecialidad tan específica como el neuroajedrez, comparando el funcionamiento mental del cerebro de un jugador experto con el de un principiante (ROSS 2006).

Cuando se empezó a hablar de neurorreligión en nuestro país —como siempre, algún tiempo después de que ya se hablara de ella en otros lugares—, el tema suscitó la respuesta burlona propia de la ignorancia. Hoy, la neurorreligión es una disciplina comparable a cualquier otra de las que acabo de citar. Completamente al margen de pretensiones apologéticas, la neurorreligión pretende estudiar las bases neurológicas de una experiencia que figura entre las más destacables de la historia humana. El tema tiene ya hoy derecho de ciudadanía, e incluso los que nos tenían acostumbrados a repetir, a propósito de la religión, los estereotipos ideológicos del siglo XIX, hoy dedican algún capítulo de sus obras al tema. Es el caso, por ejemplo, de Mosterín (2006).

En el próximo capítulo se presentan como referencia algunos aspectos del debate cultural europeo sobre la religión y su recuperación antropológica, y a partir del capítulo VI se exponen con más detalle las aproximaciones que hace la antropología evolutiva y la neurobiología al hecho religioso.

V

TRASCENDENCIA: DEL CUARTO OSCURO A LA PLAZA PÚBLICA

Para entender la penosa recuperación de la religión que hoy debe hacerse frente a la cultura europea contemporánea hay que evocar —aunque sea de una forma rápida y esquemática y remitiendo a los estudiosos como referencias más sistemáticas— el proceso al que la filosofía europea de los siglos xviii-xx ha sometido a la religión, proceso enmarcado en una lucha social por el poder establecida entre los clérigos cristianos (especialmente los católicos) y la sociedad civil, cosa que a menudo explica más elementos que los dilucidados por parte de la controversia más ideológica.

Muchas obras especializadas repasan la historia del rechazo de la religión tanto en sus manifestaciones sociales como filosóficas. Me remito, sin embargo, a algunas obras documentales muy útiles en el contexto de la cultura europea: *La historia del ateísmo* de Minois (1998), un excelente conjunto de estudios y textos sobre filosofía de la religión (FRAIJÓ 2001) y recopilaciones de textos sobre religión (MARX Y ENGELS 1974, 1975).

I LAS DIFICULTADES DE LA RELIGIÓN

La fe religiosa no es la consecuencia de un razonamiento que se imponga por su obviedad. Tampoco comporta una gratificación tan evidente como la que ofrece la satisfacción estética de una persona con mínima sensibilidad, como sucede con la escucha musical o con la contemplación de una obra de arte. La religiosidad moviliza unas necesidades emocionales hondas —y en este sentido puede resultar satisfactoria—, pero apunta hacia una realidad trascendente misteriosa que a menudo presenta un tono de exigencia o amenaza por el hecho de evocar responsabilidades radicales —algo que puede resultar más intrigante que consolador—. De aquí que la religiosidad sea una experiencia central que por un lado puede convertirse en una instancia que limita la libertad, y por otro se expande en estructuras sociales con pretensiones radicales que tienden a organizar la vida y la convivencia humana. Es lógico que esta situación dé lugar a complejidades, abusos, resistencias, críticas y muchas otras dinámicas que en la cultura europea generaron, principalmente en los últimos dos siglos, un auténtico vórtice crítico que ha arrastrado pensamientos, experiencias personales e instituciones en un estrépito que de hecho ha acabado con la estructura de la cristiandad (que era una de las referencias centrales de la cultura europea) y religiosamente ha dado lugar a uno de los análisis más duros del hecho religioso que recoge la historia de la cultura.

Algunas doctrinas sociales basadas en Comte o Durkheim proponían un esquema histórico para la humanidad en el cual el estadio religioso era presentado como una fase temporal y limitada del espíritu humano. Esta visión era probablemente muy ideológica, y hoy más bien se tiende a pensar que el nacimiento del mundo simbólico-religioso es coetáneo del mismo nacimiento de la humanidad y se produce en una cuna psíquica donde viven unidos un oscuro sentimiento de trascendencia junto con fenómenos artísticos, mágicos y simbólicos que irán dando lugar a la gestación de mitos sobre los orígenes. Es difícil precisar estos orígenes religiosos, pero la antropología moderna, que se siente invitada a explicar procesos de centenares de miles de años de evolución hominizadora y humanizadora, es poco amiga de establecer épocas culturales delimitadas según la pauta de tesis, antítesis y síntesis tan apreciada por las filosofías de tipo ideológico. La antropología actual contempla posibles escenarios de continuidad en el desarrollo. Dentro de este tipo de escenario, la religión aparece en un proceso más bien continuo, y en continuidad también con la crítica contra la religión hecha desde el escepticismo o el ateísmo, que son compañeros inseparables de la religiosidad.

Las civilizaciones antiguas, por lo que sabemos, han conocido corrientes de ateísmo dentro de sus amplias manifestaciones religiosas. No hay datos de pueblos o culturas ateas en su conjunto, pero sí que hay indicios serios de ateísmo en casi todas. La cultura de la India presenta documentación atea 2500 años antes de Jesucristo, y en la cultura china tanto el confucianismo como el taoísmo y el buddhismo presentan pinceladas serias de ateísmo. Lo mismo ocurre con Persia y —aunque no tan explícitamente— con Egipto y Babilonia. La misma Biblia se hace eco de un cierto escepticismo y ateísmo práctico entre el pueblo judío.

Como en todas las culturas, en la grecorromana es difícil discernir con precisión qué significa *ateo* en el conjunto filosófico-religioso. Las doctrinas presocráticas tienen un tono que evoca lo que hoy llamamos *panteísmo materialista*. Sócrates mismo es acusado de impío y ateo, y muchos filósofos y escritores de la época también, aunque no resulta fácil saber qué quiere decir *ateo* o *teísta* en el contexto de la religiosidad mitológica griega. Platón se pregunta en *Las leyes* por la presencia de teorías ateas, y plantea el clásico problema de la implicación de la razón en la búsqueda de Dios. Estoicos y epicúreos manifiestan también una explícita lejanía respecto de la religión. Siempre es menester poner en juego un esmerado trabajo hermenéutico para comprender el tipo de debate que se establece entre las religiosidades oficiales y las tradiciones críticas, y hasta qué punto algunas de estas podrían resultar más profundamente religiosas que algunas de aquellas.

La Edad Media europea, que pasa por ser el emblema de la religiosidad integral pública y privada, tampoco debería serlo tanto. El mundo islámico, que influyó bastante en el pensamiento cristiano a través del averroísmo, conoce bien y distingue a creyentes, infieles y ateos, y en la práctica se conoce la existencia de ambientes incrédulos. Parece que la corte del emperador romano-germánico Federico II y él personalmente, así como el mismo Alfonso X de Castilla, acogieron ambientes muy críticos con la religión, siendo difícil de precisar si esta crítica era una oposición filosófica profunda a la religión o una reacción institucional contra el poder eclesiástico.

Más tarde, un índice de la cultura europea como son las obras de Shakespeare nos permite observar hasta qué punto los grandes problemas de la vida en una cultura aparentemente muy religiosa se plantean sin ninguna referencia a

Dios, cosa que podría constituir un signo significativo de vivencia no identificada con la religiosidad oficial.

Es, sin embargo, hacia la transición del siglo XVII al XVIII cuando se produce la gran colisión entre la razón y la religión. En esta época, autores y sistemas científicos son en general religiosos y se expresan en cuadros de referencia religiosa, pero sus síntesis derrapan hacia el ateísmo. Es la señal de que se está produciendo una gravísima grieta en el edificio conceptual, grieta que anuncia una ruptura entre las formas de analizar el mundo y las formas de expresar la religión. Es una crisis entre formas que acabará en una crisis filosófica y teológica de fondo. Montesquieu dice en *Mes pensées*: «No sé cómo siempre me encuentro con que es imposible formular un sistema del mundo sin ser acusado de ateísmo. Descartes, Newton, Gassendi, Malebranche. Con eso no se hace otra cosa que aprobar el ateísmo y darle fuerza, haciendo creer que el ateísmo es tan natural que todos los sistemas, por diferentes que sean, tienden a él.» (MINOIS 1998: 253) Esta aguda observación de Montesquieu comentando las aportaciones científicas de cuatro grandes creyentes —dos de ellos, clérigos— prácticamente contemporáneos suyos anuncia un estado de ánimo y de cultura que acabará generalizándose y que todavía está presente hoy.

2   LA CRÍTICA EXCESIVA DE LA RELIGIÓN

Denomino *crítica excesiva* a la producida en Europa entre los siglos XVII y XIX, fundamentalmente a partir de la Ilustración (periodo entre la segunda revolución inglesa de 1688 y la Revolución Francesa de 1789) y al periodo que la sigue hasta mediados del siglo XX, en el cual el exceso se traduce en la puesta en marcha de programas sociopolíticos e ideológicos que darán lugar a los holocaustos propiciados por personajes como Lenin, Stalin, Hitler o Mao Zedong. La mención de este largo periodo y de sus personajes no quiere significar una mezcla o confusión, dado que durante este proceso nos encontramos desde finísimos filósofos hasta políticos chapuceros que de ninguna manera se pueden asimilar a aquellos filósofos.

La aventura de la crítica religiosa tiene referencias muy positivas. Kant y Kierkegaard son dos ejemplos excelentes, hasta cierto punto complementarios. Kant hace una seria aproximación al teísmo moral, un esfuerzo por establecer una teonomía no heterónoma que ponga a salvo la autonomía humana, que es una de las claras reivindicaciones de la modernidad. Kant es profundamente respetuoso con la religión natural y también con una relación bien articulada con ella. Kierkegaard trabaja la fe cristiana y la filosofía sobre Dios. Para él, la filosofía de la religión lleva al panteísmo, mientras que la fe cristiana pide un sí o un no a Jesucristo. «El cristianismo —dice Kierkegaard— no tiene que tener trato con las filosofías, aunque estas estén dispuestas a repartirse el botín: no podría tolerar que el rey de Sodoma dijera: "He enriquecido a Abraham."» (FRAIJÓ 2001: 269) Y todavía, dando una vuelta de tuerca con toques paulinos: «La idea más devastadora es que la elocuencia haya llegado a ser el medio para la proclamación del cristianismo. El sarcasmo, la ironía o el humor quedan mucho más cerca de lo esencial del cristianismo.» (FRAIJÓ 2001: 271) Esta frase recuerda de forma muy pertinente que la paradoja y una cierta ruptura con la racionalidad forman parte de la propuesta cristiana. Frases como estas, reeditadas hoy en un eterno contencioso entre Iglesia y cultura, recuerdan la necesidad de una postura crítica del cristianismo, que por otra parte no tiene nada que ver con la crítica malhumorada que suele hacer la institución eclesiástica de la cultura moderna, crítica que se debe más al despecho porque la cultura haya apartado el cristianismo del área del poder que no a la fidelidad al evangelio.

Estas críticas tan positivas al cristianismo y la religiosidad darán paso, sin embargo, de Hegel a Freud, a una implacable disección *in vivo* del cristianismo y la religión, que intentarán dejar al margen de la historia la fe en Dios, aunque no fuera este el proyecto inicial. Hegel y Schleiermacher, prácticamente contemporáneos año por año (1770-1830), son autores que presentan en sus textos una constante preocupación religiosa; pero en el caso de Hegel acaba sometiendo la religión a la forma superior de conocimiento que es la filosofía, mientras que Schleiermacher acaba dejando la religión en la inmediatez subjetiva y emocional pura. Ambos, desde una valoración inmensa de la religión, resultan demoledores para toda religión positiva, especialmente la cristiana —que es la que les era más cercana—, y por supuesto para cualquier institución eclesiástica. Resultan, pues, padres de la sensibilidad religiosa actual, incluso después de haber digerido a Marx, Nietzsche y Freud, y en la perspectiva de un cierto restauracionismo religioso y espiritual genérico que hoy atraviesa a la sociedad.

Ramon Valls resume así a Hegel (FRAIJÓ 2001: 211):

> Toda la filosofía de Hegel es, en sentido amplio, filosofía de la religión. La sustancia del Universo se revela progresivamente a lo

largo de la historia de la humanidad, y cada religión tiene como peculiar, por así decirlo, un aspecto de esta sustancia que viene a ser el predicado bajo el cual cada pueblo y cada época conocen a Dios. La revelación alcanza su cumbre con el cristianismo, en el cual están comprendidas todas las religiones, pero este, como religión que también es, no consigue superar el modo representativo del conocimiento. Solo la filosofía que llega al conocimiento dialéctico y especulativo, es decir, conceptual, alcanza la forma adecuada a este objeto supremo del pensamiento.

Schleiermacher, por otra parte, asimila tanto la religiosidad a la inmediatez emocional y a la subjetividad que ya no necesita decir prácticamente nada sobre Dios. La aceptación o no de Dios depende de la dirección de la fantasía. No hay que buscar el infinito fuera de la finitud, y en este sentido Schleiermacher podría ser tanto el patrón de los que se niegan a buscar a Dios porque lo quieren buscar solamente en la relación concreta (dando pan a quien tiene hambre, tal como dice el evangelio), como de los que consideran que no hay que preocuparse por buscar a Dios porque el tema central es la espiritualidad, en la que Dios no tiene un papel central.

El paso siguiente del análisis de la religión ya viene protagonizado al menos por cuatro personajes que desmontan la religión pieza por pieza y acaban reduciéndola, más que a la nada, a una patología. Estos cuatro personajes son Feuerbach, Marx, Nietzsche y Freud.

Feuerbach ya formula la evacuación definitiva de Dios: Dios es una proyección de la naturaleza humana. Algunos textos lo exponen diáfanamente:

> Dios es [...] el eco de nuestros gemidos de dolor. El dolor tiene que exteriorizarse; el artista [...] calma su dolor escuchándolo,

objetivándolo; alivia la carga que pesa sobre su corazón al comunicarla a los aires, haciendo de su dolor una esencia universal. Este aire libre del corazón, este misterio expresado, este dolor anímico alienado, es Dios. Dios es una lágrima de amor vertida en la soledad más profunda sobre la indigencia humana. «Dios es un gemido inexpresable que yace en el fondo de nuestras almas» (Sebastián Franck von Wörd). Esta afirmación constituye la expresión más notable, más profunda y más verdadera de la mística cristiana.

La esencia del cristianismo (FRAIJÓ 2001: 294)

Dios es esencialmente el objeto único de la religión, no de la filosofía; del sentimiento, no de la razón; de la angustia interior, no de la libertad de pensamiento; en resumen, Dios es un objeto o una esencia que expresa, no la esencia del punto de vista teorético, sino del práctico.

La esencia del cristianismo (FRAIJÓ 2001: 295)

Esta diferencia esencial aparece claramente en la forma de polemizar de Hegel y de mí contra Schleiermacher, el último teólogo del cristianismo. Yo critico a Schleiermacher no —como Hegel— porque haga de la religión cosa del sentimiento, sino únicamente porque, por su timidez teológica, no llegó ni pudo llegar a extraer las consecuencias necesarias de su punto de vista, porque no tuvo valor para ver y confesar que Dios objetivamente no es más que la esencia del sentimiento.

Lecciones sobre la esencia de la religión (FRAIJÓ 2001: 296)

¿Cómo es que el hombre imagina su propia esencia distinta, diferente, no humana? O —dicho de otro modo— ¿cómo se explica que atribuya a su Dios, que no es sino la esencia de su propio espíritu, una existencia objetiva, exterior, independiente y diferente del espíritu y de la esencia humana? La respuesta es: la existencia y objetividad de Dios no es sino la naturaleza humana.

La esencia de la religión (FRAIJÓ 2001: 297)

Digamos de paso que, aunque solo sea de forma rápida y únicamente en algunos textos, Feuerbach ya apunta muy claramente a uno de los puntos débiles del idealismo alemán: la concepción de la mente humana como una oposición entre el mundo de las esencias y los conceptos y el mundo de los sentimientos, oposición en la cual estos últimos quedan descalificados en cualquier tarea de conocimiento fiable. Esta pésima concepción de la mente humana queda hoy del todo invalidada por la neuropsicología del conocimiento.

Como se puede ver diáfanamente, la negación de Dios está servida. Marx, Nietzsche y Freud se encargarán de argumentar la figura de Dios, no solo como la nada, sino como perjuicio para los humanos. Este será el último paso excesivo, aunque en la argumentación aparezcan auténticos diagnósticos acertados de algunos males causados por la mala religión. Alienación, castración y fiebre podrían ser las calificaciones que estos autores, y por este orden, atribuyen a la religión.

Siguiendo la onda de Feuerbach, Marx no se dedica específicamente a la filosofía de la religión, pero cuando la trata formula la crítica de la religión como premisa de toda crítica. Uno de sus textos emblemáticos —perteneciente a un Marx joven—, probablemente indignado con razón por los planteamientos de sectores religiosos coetáneos suyos, lanza contra la religión toda su carga crítica:

> Para Alemania, la crítica de la religión está, en lo esencial, completada, y la crítica de la religión es la premisa de toda crítica.
> La existencia profana del error ha quedado desacreditada después de que se rehusó su celestial *oratio pro aris et focis*. El hombre, que buscaba a un superhombre en la realidad fantástica

del cielo y encontró en él solamente el reflejo de sí mismo, no se sentirá ya inclinado a buscar solamente la apariencia de sí mismo, el no hombre (*Unmensch*), allí donde lo que busca y debe buscar es su verdadera realidad.

El fundamento de la crítica irreligiosa es: el hombre hace la religión; la religión no hace al hombre. En otras palabras, la religión es la conciencia de sí mismo y el sentimiento de sí mismo del hombre que aún no se ha encontrado o que ya ha vuelto a perderse. Pero el hombre no es un ser abstracto, agazapado fuera del mundo. El hombre es el mundo de los hombres, el Estado, la sociedad. Este estado, esta sociedad, producen la religión, una conciencia invertida del mundo, porque son un mundo invertido. La religión es la teoría general de este mundo, su compendio enciclopédico, su lógica en formas populares, su *point d'honneur* espiritualista, su entusiasmo, su sanción moral, su solemne consumación, la razón universal de consuelo y justificación. Es la realización fantástica de la esencia humana, porque la esencia humana no tiene realidad verdadera. La lucha contra la religión es, por lo tanto, en forma mediata, la lucha contra el otro mundo, del cual la religión es el aroma espiritual.

La miseria religiosa es, por una parte, la expresión de la miseria real y, por la otra, la protesta contra la miseria real. La religión es el suspiro de la criatura oprimida, el corazón de un mundo sin corazón, así como el espíritu de una situación carente de espíritu. Es el opio del pueblo.

La abolición de la religión en cuanto dicha ilusoria del pueblo es necesaria para su dicha real. La exigencia de abandonar sus ilusiones sobre su situación es la exigencia de que se abandone una situación que necesita de ilusiones. La crítica de la religión es, por lo tanto, en embrión, la crítica del valle de lágrimas que la religión rodea de un halo de santidad.

Contribución a la crítica de la filosofía del derecho de Hegel
(FRAIJÓ 2001: 336-337)

Hay que reconocer que difícilmente se puede reflejar en un texto más brillante la crítica de la mala religión, crítica que por otra parte hoy queda claro que no es adecuada a la religión como tal.

Engels había casi precedido a su amigo y colaborador Marx en el análisis de la situación social, pero sus reflexiones, aparte de los errores antropológicos plagados de ideología por su fantasiosa interpretación de los orígenes de la humanidad, eran mucho más concretas e incluso dominadas por un tono de grosera generalización. Un texto sobre Bruno Brauer puede servir de ejemplo:

> La opinión que predominó desde los librepensadores de la Edad Media hasta los hombres de la Ilustración, en el siglo XVIII, estos últimos incluidos, en el sentido de que todas las religiones, y por consiguiente también el cristianismo, eran obra de farsantes, no resultaba ya suficiente después de que Hegel asignara a la filosofía la tarea de demostrar una evolución racional en la historia del mundo.
>
> Claro que si las religiones que surgen de forma espontánea —como la adoración de fetiches de los negros o la religión común primitiva de los arios— nacen sin que la impostura represente ningún papel, pronto se hace inevitable el engaño por parte de los sacerdotes, para su posterior desarrollo. Pero, a despecho de todo el sincero fanatismo, las religiones artificiales no pueden —ni tan solo al principio— arreglárselas sin la impostura y sin las falsificaciones de la historia. También el cristianismo puede jactarse de hermosos logros en este sentido desde sus inicios, como lo demuestra Bauer en su crítica al Nuevo Testamento. Pero eso solo confirma un fenómeno general y no explica el caso particular en cuestión.
>
> No es posible deshacerse de una religión que sometió todo el imperio mundial romano y dominó durante mil ochocientos

años a la mayor parte de la humanidad civilizada, simplemente declarando que se trata de una necedad coleccionada por farsantes. No es posible deshacerse de ella sin haber explicado antes su origen y su desarrollo a partir de las condiciones históricas en que surgió y llegó a su posición dominante. Eso vale para el cristianismo. El problema entonces es por qué las masas populares del Imperio Romano prefirieron estas tonterías —que además fueron predicadas por esclavos y oprimidos— a todas las otras religiones, hasta tal punto que el ambicioso Constantino finalmente vio en la adopción de esta religión de majaderías la mejor manera de ascender a la posición de autócrata del mundo romano. (ENGELS 1974: 313-314)

La crítica de Nietzsche a la religión tenía planteamientos diferentes. Aparte de frecuentes extemporaneidades, Nietzsche ataca la religión, y muy concretamente la religión cristiana, a partir de una crítica más profunda que la de Marx o Engels, que en definitiva son críticas más circunstanciales. Nietzsche reprocha al cristianismo no una corrupción transitoria sino un mal planteamiento central: es una religión de la compasión, que ataca el vigor de la vida y ha impedido el desarrollo del tipo superior de hombre. A pesar de asomar la nariz en sus escritos algunas de las tendencias que generarían más tarde la «pasión por la raza aria», la crítica de Nietzsche contra un cristianismo insensible y masoquista tiene alguna base real de la que conviene tomar nota. En *El Anticristo* lo presenta de muchas maneras. Unos párrafos pueden dar una idea:

> No se debe adornar ni acicalar el cristianismo; ha librado una guerra a muerte contra este tipo superior de hombre; ha proscrito todos los instintos fundamentales de este tipo; de estos instintos ha extraído y destilado el mal, el hombre malvado —el hom-

bre fuerte— considerado como hombre típicamente reprobable, como «hombre réprobo». El cristianismo ha tomado partido por todo lo que es débil, bajo, fracasado, ha hecho un ideal de la contradicción a los instintos de conservación de la vida fuerte; incluso ha corrompido la razón de las naturalezas dotadas de máxima fortaleza espiritual al enseñar a considerar pecaminosos, desviados, tentadores los valores supremos de la intelectualidad. El ejemplo más deplorable es la corrupción de Pascal, que creía que su razón estaba corrompida por el pecado original, cuando solo estaba corrompida por su cristianismo.

[...] Al cristianismo se lo llama *religión de la compasión*. La compasión es antitética de los afectos tonificantes que elevan la energía del sentimiento vital: produce un efecto depresivo. Se pierde la fuerza cuando se compadece. Con la compasión crece y se multiplica más todavía la pérdida de fuerzas que el sufrimiento aporta ya de por sí a la vida. Hasta el sufrimiento [*Leiden*] se vuelve contagioso por la compasión [*Mitleiden*]; en determinadas circunstancias se puede llegar por ellos a una disminución global de vida y de energía vital, que está en una relación absurda con el *quantum* de la causa (el caso de la muerte del Nazareno). Este es el primer punto de vista; pero hay otro más importante. Suponiendo que se considere la compasión por el valor de las reacciones que suele provocar, su condición de peligro para la vida se mostrará bajo una luz bastante más diáfana. La compasión obstaculiza en gran medida la ley de la evolución, que es la ley de la selección. Conserva lo que está pronto a perecer, combate a favor de los desheredados y de los condenados por la vida, y por la abundancia de fracasados de todo linaje que mantiene en vida, da a la vida misma un aspecto oscuro y dudoso. Se ha osado llamar virtud a la compasión —cuando en toda la moral aristocrática se la considera una debilidad—; se ha ido más allá, se ha hecho de ella la virtud, el fundamento y origen de todas las virtudes; pero tal cosa se ha hecho, y eso hay que tenerlo siempre presente, desde el punto de vista de una filosofía que era nihilista, que llevaba escrita en su escudo la negación de la vida.

V TRASCENDENCIA

Algún malentendido muy importante hay entre la condena que Nietzsche hace de la compasión y el elogio que de ella hace Frömm como una de las experiencias humanas de más calidad. Parece que lo que inspira a Nietzsche es un rechazo resentido de alguna forma concreta de cristianismo poco feliz que no tiene nada que ver con una interpretación correcta del coraje de quien él llama «el Nazareno».

Freud es probablemente el que carga más duramente contra la religión, dado que su crítica no es circunstancial como lo podía ser la de Marx. La religión para Freud es un engaño y una ilusión. Pesimista convencido, para él la religión es la defensa y el impedimento para aceptar la realidad. Freud critica la religión porque esta sigue alimentando las falsas ilusiones de una edad de oro, sea en este mundo (y en eso hace lo mismo que el marxismo, que Freud también critica), sea en el otro (que es lo que defiende la religión en general). Los dioses tienen una triple tarea consoladora pero falsa: exorcizar las fuerzas de la naturaleza, reconciliarnos con la crueldad de nuestro destino y compensarnos de las renuncias que impone la vida en común. Así lo dice en *El futuro de una ilusión* (III):

> En el transcurso del tiempo, al revelar las primeras observaciones la regularidad y la legalidad de los fenómenos de la naturaleza, estas hacen perder a las fuerzas naturales sus rasgos humanos. Los dioses conservan su triple tarea que cumplir: exorcizar las fuerzas de la naturaleza, reconciliarnos con la crueldad del destino, tal como se manifiesta en particular en la muerte, y compensarnos de los sufrimientos y privaciones que la vida en común de la civilización impone al hombre.
>
> Pero entre estas tres funciones de los dioses el acento se desplaza poco a poco. Se acaba por notar que los fenómenos de la

naturaleza se desarrollan por sí mismos siguiendo exigencias internas; ciertamente los dioses son dueños de la naturaleza, son ellos quienes la han hecho tal como es y ahora la pueden abandonar a sí misma. Solo en contadas ocasiones los dioses intervienen en el curso de los fenómenos naturales, cuando hacen un milagro, y eso solo como para recordarnos que no han perdido ninguno de sus poderes primitivos. Con respecto a las vicisitudes del destino, un sentimiento vago y desagradable nos recuerda que no será liberado del desastre y el desamparo del género humano. Es aquí sobre todo donde los dioses fallan: si ellos construyen los destinos, entonces hay que reconocer que sus caminos son inescrutables. El pueblo más dotado de la antigüedad sospechó vagamente que las parcas estaban por encima de los dioses, y los dioses mismos estaban sometidos al destino. Y cuanto más autónoma se hace la naturaleza y más se retiran los dioses, más se concentran todas las expectativas sobre su tercera tarea, más la moralidad se convierte en su dominio real. Entonces la tarea de los dioses se convierte en poner remedio a los defectos de la civilización.

Así se constituye un tesoro de ideas, que nace de la necesidad de hacer soportable el descalabro humano, instruido con el material facilitado por los recuerdos de la fragilidad en la que se encontraba el hombre en su propia infancia. Es fácil ver que, gracias a estas adquisiciones, el hombre se siente protegido por ambos lados: de una parte, contra los males de la naturaleza y del destino; por otra parte, contra los perjuicios causados por la sociedad humana.

Después de esta terrible andanada de los artilleros intelectuales de la filosofía antirreligiosa europea, solo quedaba pendiente el trabajo sucio que hicieron a placer personajes históricos —unos más detestables que otros pero a los cuales la historia va poniendo en su lugar— como Lenin (aun con tonos antropológicos interesantes), Stalin y Mao Zedong (con tonos trágicos y que han tenido que ser retirados de la memoria histórica por impresentables). Intelectualmente no aportaron ninguna novedad más allá de las terribles aplicaciones históricas que teóricamente tenían que salvar la humanidad del dogal religioso y la injusticia, pero que acabaron creando idolatrías opresoras faltas del más elemental respecto a las personas y que dejaron pequeñas las perversidades que habían atribuido a la religión. Antes de 1900 ya casi todo quedaba dicho y, como hemos recordado, no es que se hubiera dicho durante la Ilustración por primera vez. Pero después de haber reunido en la paleta todos los colores de la deconstrucción de la religión, quedan la realidad, la persona y la religión, con sus problemas y cuestiones de siempre, y por lo tanto todos los elementos para reanudar un tema eterno que un amplio y significado sector de la filosofía europea se hizo la ilusión de cerrar. El tema queda abierto, pero la recomposición de la línea que intenta conectar la realidad, la persona y «Dios» ya no se hará en las coordenadas antiguas.

3   ¿CALMA DESPUÉS DE LA TORMENTA?
    LA RECUPERACIÓN ANTROPOLÓGICA
    DE LA TRASCENDENCIA

La carga de las valquirias protagonizada por la filosofía idealista contra la religión causó destrozos muy importantes. Pero la religión no era solo lo que los autores citados consideraban y desautorizaban. Después del tsunami antirreligioso europeo, el mundo sigue siendo religioso, y enfermos en muchos sentidos lo somos todos, tanto los religiosos como los no religiosos. Esta convicción está llevando a una nueva situación analítica en relación con las dimensiones de trascendencia que los humanos manifiestan tozudamente.

Querría ahora presentar en un resumen esquemático los que, a mi parecer, constituyen los principales temas que debe contemplar la restauración de la trascendencia. En los capítulos siguientes del libro trataré más ampliamente algunos de estos puntos. La crítica de la religión que hemos comentado fue un fenómeno esencialmente europeo, pero podría ser que este fenómeno —sobre todo porque está íntimamente conectado con el progreso científico y la secularización social— fuera potencialmente exportable a otras culturas en muchos de sus aspectos. Hay que pensar en una reparación no nostálgica y que pueda ofrecer un nuevo modelo cultural y religioso en medio de la sinfonía —de momento, bastante cacofónica— en que la globalización cultural ha sumergido todas las variables de la cultura y la religión.

a Pensar sobre Dios

Dios no es solo la conclusión de unas reflexiones perfectamente claras, tal como se ha recordado en el capítulo anterior. Pero ha de ser posible pensar sobre Dios sin reservas. Precisamente la equivocación de gran parte de la Ilustración y del idealismo fue proclamar que el mundo de la inteligencia excluía a Dios, que quedaba relegado a la subjetividad emocional. No podemos pensar hoy a Dios «como antes», pero podemos seguir pensándolo si entendemos de otra forma qué es pensar y quién es Dios.

Algunos autores de la filosofía moderna han avanzado por este camino. Xavier Zubiri, por ejemplo, relaciona profundamente pensamiento y sentimiento en la línea de lo que Damasio hace en sus consideraciones neurológicas sobre la conciencia. Paul Ricœur, fijándose en el simbolismo, la vía creadora de sentido, toma esta posibilidad como punto de partida de una reflexión sobre la trascendencia. Incluso la filosofía más heredera de la que acabó en la negación de Dios ha hecho una reivindicación paradójica basada no tanto en Dios sino en las contradicciones de una humanidad reducida a sí misma y sus tragedias, y que reacciona en un regreso a la trascendencia. Excusando la mención de corrientes importantes con evocaciones tan rápidas, se podría citar con precaución y respeto a autores como Hockheimer, Adorno, Habermas, Lévinas y otros. También la tradición psicoanalítica ha revisado su primera opinión sobre la religión (BLACK 2009). Y todavía, en la filosofía aplicada a la experiencia diaria, se podría citar un autor como José Antonio Marina, que en su *Por qué soy cristiano* (2006) expone con claridad y libertad cómo entiende la posibilidad de reflexionar y vivir abierto a la trascendencia.

b Un nuevo lenguaje

Constituye ya un lugar común citar a Wittgenstein como referente central de la hermenéutica moderna, pero hay que hacerlo porque desde él la sospecha hermenéutica nos espera agazapada en todos los rincones del lenguaje. Wittgenstein habló con mucha precaución de aquello de lo que «no se puede hablar», y en este ámbito sitúa precisamente la ética, la estética y la religión, justo lo que anteriormente hemos citado como experiencias centrales humanas complejas y que precisamente la neurobiología moderna intenta abordar en algunos aspectos. Esta reflexión centra y recentra el lenguaje que hoy podemos utilizar sobre Dios.

Queda claro que hay que distinguir lenguajes, y en nuestra cultura es imprescindible diferenciar el lenguaje descriptivo que depende de evidencias experimentales, del lenguaje simbólico que designa *valores*, es decir, «aquello que vale». Y la religión queda definitivamente en el campo de los valores y no en el de las descripciones. Eso implica una crisis muy significativa para las dimensiones religiosas, que en culturas de lenguaje único pretendían hacer las descripciones centrales de todo. Wittgenstein trata bien la religión, recordando que de Dios no se puede hablar. En este sentido evoca a los autores de todas las tradiciones que han recordado la inefabilidad de Dios. Muy cercano a nosotros, Raimon Panikkar, desde la sensibilidad transcultural, nos recuerda que hay que hacer la reducción del lenguaje religioso a cada cultura: es el caso de la conveniencia de un lenguaje no dualista para hablar de Dios. Marià Corbí (2001) se centra en la dificultad de seguir utilizando lenguaje y simbolismos de culturas superadas para hablar de experiencias como las religiosas, que nos dejan atónitos y sin habla. De estos temas hablaremos en el capítulo VI.

c *El Misterio sigue vivo*

Hay algo y no hay nada. En este juego de palabras radica el argumento más serio para vivir atónito por el Misterio del ser. Y los humanos somos una pequeña pieza de esta apasionante cuestión. Por eso el Misterio sigue luciendo en las puertas de nuestra mente y, como nota el destacado biólogo de prestigio internacional Juan Carlos Izpisúa, el tercer «por qué» encadenado o consecutivo de un niño de seis años se resiste a la respuesta del más agudo científico. La comodidad de negar a Dios es tan fácil como la de afirmarlo de forma expeditiva.

Pero muchísimos, digerido el estrépito de la filosofía de la Ilustración que acaba negando a Dios, y digerido aquel tipo de ciencia que sin ninguna competencia fue invocada como el fin de las creencias, siguen abrumados ante el Misterio. En nuestra situación cultural ya todos admitimos que los que afirman o niegan a Dios no lo hacen ni como conclusión de ningún silogismo ni como resultado de ninguna investigación científica. En todo caso lo hacen en nombre de conjeturas que les parecen razonables, y en nombre de ellas optan o por la afirmación o por la negación. No hay que recurrir a las evidencias que muestran que hay creyentes y no creyentes distribuidos aleatoriamente entre listos y necios, científicos y no científicos, literatos y artistas, políticos o sociólogos, si bien en algunos de estos grupos abundan más unas categorías que otras, pero cada vez con distribuciones globales menos previsibles. En tono caso, ser sensible al Misterio no es patrimonio exclusivo de ningún grupo cultural o social.

Por eso grandes científicos como Einstein flirtearon amablemente con el Misterio y con un tipo de religión «spinozista» (FERNÁNDEZ 2005). De hecho, la física atómica o cuántica llevó a muchos de sus más destacados representantes —como Eddington, Bohr, Schrödinger, Bohm o el propio Einstein— a aludir a menudo a tradiciones religiosas o parareligiosas para debatir sobre las últimas preguntas, cosa que no significaba, por supuesto, la afirmación de un Dios personal (JAMMER 1999). A menudo citamos la conocida frase de Einstein: «La ciencia sin religión es coja, la religión sin ciencia es ciega»; o aún: «La más maravillosa experiencia que podemos tener es el Misterio. Es la emoción fundamental que mantiene en su origen el arte y la ciencia verdaderos.»

d La restauración antropológica de la trascendencia

Cansada hasta cierto punto de tanto debate ideológico sobre Dios y la religión, la atención que se presta actualmente a este tema se orienta más bien hacia la persona y sus estructuras neurobiológicas, a fin de ver si estas nos permiten entender el éxito de la religión. Fundamentalmente los autores se centran en la reflexión evolutiva y el análisis neurobiológico. En ambos aspectos hallamos hoy aportes positivos, una vez más no tanto para justificar a Dios —ni somos quién para hacerlo, ni lo que él sea lo tenemos que justificar nosotros—, sino más bien para entendernos a nosotros mismos, que es en definitiva la única finalidad que cae enteramente dentro de nuestras competencias. La primera aportación (la que trata del hecho evolutivo) se hace preguntándonos si hemos evolucionado para creer, y nos ocupamos de ella en el capítulo VII. La segunda aportación (neurobiología de la experiencia religiosa) la trataremos en el capítulo VIII.

e La reparación psicológica

Se habla de reparar lo que se ha estropeado. En una época donde el estudio de la interioridad y la valoración de una sana subjetividad son tan justamente celebradas, hay una lícita y creciente sensibilidad para reivindicar el fin de los abusos cometidos en nombre de la religión, aprovechando los resquicios de fragilidad de la mente humana a menudo para someter a las personas a la culpabilidad abusiva y al miedo. En muchas religiones hay ejemplos para ilustrar esta deriva, y en la cristiana son copiosos. Por el daño que este asunto ha causado y la perversión que supone en relación con el mensaje original, es urgente un giro copernicano que genere nuevas condiciones de anuncio y praxis de la fe. Decimos algo al respecto en el capítulo X.

f La nueva visión de la sociología religiosa

Frente de la proclamación del desencanto del mundo anunciado solemnemente en el ámbito de la llamada *excepción europea* (GAUCHET 2005), el eminente sociólogo de la religión Peter Berger (2001), padre de la teoría de la secularización, reconoció sin ambages que se había equivocado. El mundo no parece encaminarse hacia el desencanto sino hacia nuevas variaciones del tema de siempre: un encanto que permita dar un poco de sentido. Iría bien, pues, que los europeos relativizáramos nuestro etnocentrismo y no interpretáramos el progresivo erial religioso europeo como modelo universal. En primer lugar, quizás porque la inmigración creciente e imparable convertirá en anécdota muchos aspectos de nuestra secularización, y en segundo lugar porque no se puede excluir que tengamos que reevaluar los eventuales beneficios de una presencia religiosa civilizada en la sociedad, de cara a nosotros mismos. Eso no significa ninguna complacencia en los viejos modelos que se hunden. Pero la religiosidad tiene muchos recursos al margen de los que nos parecían los únicos «homologables».

Clifford Geertz, notable antropólogo y profesor en Princeton, afirmó en el coloquio celebrado en París en mayo del 2006 en el Centro de Análisis e Intervención Sociológica que, con la dispersión y desarraigo de las tradiciones espirituales, se impone una nueva forma de aproximación al tema religioso en el mundo: «Después de la Reforma y la época de las Luces, los conflictos relativos al sentido general de las cosas y las creencias no han estado nunca tan abiertos.» Estamos ante un *deuxième souffle* con respecto al estudio comparativo de las religiones y del papel central que pueden aportar nuevas formas de comprensión de la historia religiosa humana.

Como se ha recordado en el punto 3, la presión social y la imposición que han protagonizado muchas instituciones religiosas han conducido a la reivindicación de un cultivo religioso o espiritual más autónomo que se ha definido como *espiritualidad* y que, en la medida en que Dios ha quedado asociado al poder ejercido por las clerecías, se ha manifestado también como no teísta. La religión ha quedado así más teñida de heteronomía, y la espiritualidad recibe los beneficios de la autonomía. De hecho, tanto la religión como la espiritualidad, si son realmente serias, son una invitación a superar el egocentrismo para abrirse a la alteridad, y Dios puede ser la mejor garantía de esta apertura a los otros.

Las dificultades de la teodicea hoy facilitarían la huida de la religión hacia la espiritualidad, pero estamos también ante el riesgo no negligible de que el olvido de Dios sea solo una coartada para hacer más fácil y domesticable la exigencia de vencer el egocentrismo. Si todo queda en casa —solo entre humanos y lejos de Dios—, domesticaremos mejor las exigencias radicales que nos mueven a ser humanos. En este sentido podría volver a resonar muy viva la advertencia que en las páginas irrepetibles de *Los hermanos Karamazov* Dostoyevski hace por boca de Ivan en el diálogo con Aliosha: «Si Dios no existe, todo es posible.» Si la frase fuera cierta, y dejando al margen la forma chapucera como la hayan utilizado todos los inquisidores, sería verdad que una espiritualidad no teísta en el fondo no tendría suficientes garantías de abrir a la alteridad. Un gran tema que se cierne sobre el universo religioso y espiritual y al cual aludimos en el capítulo X.

g *Religión en femenino*

Toda reparación cultural y religiosa en nuestro mundo exige hoy de manera perentoria la restitución de la dignidad a la mujer. La trágica historia del menosprecio humano contra la mitad de la humanidad del «otro sexo» (el femenino, por supuesto) forma parte de las medidas previas a cualquier otra providencia. Las religiones no tienen la responsabilidad exclusiva en esta injusticia, pero sí que tienen la más grave: era una especial obligación suya, si querían expresar la bienquerencia incondicional de Dios, la de no marginar a la mujer. Y lo han hecho al revés. En el cristianismo de una forma particular, teniendo en cuenta que tanto Jesús como el mismo Pablo de Tarso, a pesar del ambiente cultural que los rodeaba, manifestaron una cierta discriminación positiva hacia la mujer. De este movimiento, que constituye una épica universal y tiñe hoy todas las dimensiones de la cultura, hablamos en el capítulo XII.

h ¿Un nuevo tiempo eje?

La impresión de que accedemos a un nuevo peldaño significativo en la escalera de la gran aventura humana afecta también al hecho religioso. Por primera vez en la historia, y al abrigo del intenso proceso de globalización e interculturalidad, las religiones toman conciencia conjuntamente de ocupar, desde ópticas diversas, un mismo campo de observación del mundo y de la trascendencia. Este camino cultural y religioso quizás es una segunda edición de aquel momento que a Karl Jaspers le parecía detectar y que definió como *tiempo eje* en su libro *Origen y meta de la historia*, y que entre los años 800 y 200 a. C. contaba con los magisterios de Confucio, Laozi, Buddha, Zarathustra, Elías, Isaías, Homero, Platón y Sócrates. Quizás nuestra época esté llamada a una nueva forma personal y cultural de sintonía con la trascendencia. Nos hacemos eco de ello en el capítulo IX.

i Nuevas instituciones

Si algo detectan unánimemente los analistas religiosos es la crisis de las instituciones religiosas (aunque no solo de estas). Esta crisis está centrada muy específicamente en el ejercicio del poder. La cultura moderna ha detectado en el poder no un imperativo divino sino, como mucho, un mal menor con raíces sociobiológicas muy arcaicas, más bien animales. Entonces, ha optado por reducir el poder e intentar establecer medios para minimizar sus efectos deshumanizadores. Consecuentemente, la relación de la religión con el poder no solo ha dejado de ser necesidad o conveniencia, sino que se ha convertido en un escándalo. Ello está especialmente vivo en tradiciones religiosas como la cristiana, que tiene en sus raíces fundacionales un rechazo explícito y claro del poder en cualquier forma. Por eso resulta más dramático que estas tradiciones cristianas sigan inexplicablemente manteniendo una voracidad compulsiva y contumaz de poder.

No se puede confiar en absoluto en la fiabilidad de un mensaje religioso que pretenda traducirse en un control social o político. El duro aprendizaje que representa pasar del uso del poder, la amenaza, el miedo y la culpabilidad, al ámbito de la incitación, el convencimiento y el testimonio es un reto central de las instituciones religiosas. Nos referimos a ello en el capítulo XII.

VI

RELIGIÓN E INTERPRETACIÓN: LA TRAMPA DEL LENGUAJE

El instrumento más preciso y rico para estructurar el conocimiento del mundo, elaborarlo y comunicarlo, es el lenguaje. En el ámbito de la trascendencia eso también es cierto, pero el lenguaje presenta en este caso peculiaridades —que comparte con el lenguaje sobre los valores— y dificultades especiales —en razón precisamente de su campo de aplicación, que es la trascendencia—, y muy especialmente si el lenguaje se refiere directamente a Dios —que, por definición, no es parte del mundo.

Intentemos hablar sobre el «hablar de Dios».

1 LA PALABRA, ESPECIFICIDAD HUMANA

Todos los seres vivientes tienen sistemas de comunicación que, en sus aspectos más elementales, están configurados por estímulos y reacciones de tipo químico, lumínico, mecánico, eléctrico..., y que a lo largo del progreso evolutivo van siendo elaborados a través de sistemas de integración y manipulación cada vez más capaces. Los cerebros son buenos ejemplos de estructuras de captación de información y elaboración cada vez más ricas. El progreso cerebral en conjunto es en este sentido indiscutible sea cual sea la opinión sobre las posibilidades de establecer parámetros generales de progreso a lo largo de la evolución. El cerebro humano es una estructura de procesamiento de información sin parangón en el mundo de los seres vivos. La capacidad mental que corresponde a un órgano capaz de tratar tanta información y con sistemas tan variados (como la emocionalidad, la conciencia, el razonamiento, el lenguaje, etc.) es de momento del todo singular. El lenguaje es la perla de la corona.

La palabra es, pues, una pieza clave en la captación del mundo, la posibilidad de ordenar sus elementos, la expresión y comunicación de los estados interiores, la objetivación de los datos del mundo externo, la capacidad de establecer relaciones… Es un recurso limitado como todos, pero brillante. Estas afirmaciones no son solo el resultado de consideraciones teóricas o filosóficas, sino que también corresponden a la observación de las estructuras morfológicas y neurológicas que explican por qué y cómo podemos hablar.

Decía Haeckel: «El verdadero lenguaje hablado, la expresión exacta de la idea, aquello que llamamos *lenguaje articulado*, que transforma por abstracción los gritos en palabras, en proposiciones, este lenguaje es exclusivo del hombre.»

El lenguaje funciona a partir de una primera articulación, que es el juego mecánico de la lengua en la cavidad oral modulando el acto ventilatorio regido por la laringe y la glotis. Una segunda articulación se constituye por medio de sílabas que se agrupan en palabras, y estas a su vez en frases, de acuerdo con las reglas de la sintaxis. Esta articulación es directamente neurológica y depende de unidades significantes elaboradas por el cerebro dentro de un contexto social.

El aspecto más intrigante y complejo del lenguaje es su dimensión neural y mental. Se puede seguir en la evolución del cerebro la evolución de zonas en las que hoy sabemos que hay especiales competencias lingüísticas (por ejemplo, las áreas de Wernicke y Broca, en el hemisferio izquierdo). El estudio de estas competencias constituye un impresionante campo de la neurociencia que ha dado lugar a un gran abanico de aproximaciones experimentales y controversias de alto nivel. R. Saban (1993) es una buena referencia de aproximación al tema. El tema del lenguaje es objeto de un intenso debate con respecto a su carácter innato o adquirido (CHOMSKY 1998), y en todo caso es recurrente la celebración de todo tipo de congresos y simposios sobre el tema (DUPOUX 2002).

Seguramente no hay pensamiento sin palabras, y por eso la elaboración mental de lo que llamamos *la trascendencia* solo se puede hacer desde el lenguaje, incluso cuando el individuo tiene la sensación que está «en silencio total». De hecho, el silencio total es un silencio asistido inevitablemente desde el lenguaje.

2 ¿DE QUÉ PODEMOS HABLAR? ¿HABLAMOS DE DIOS?

Cuando planteamos la cuestión del lenguaje en la cultura europea moderna es inevitable evocar la figura de Wittgenstein. Y si la cuestión que nos preocupa es específicamente hablar de Dios, la inevitabilidad se hace doblemente viva. No es que Wittgenstein sea ni mucho menos el único autor que haya tratado el tema, dado que han centrado el interés en él innumerables figuras de todas las tradiciones religiosas; pero Wittgenstein lo plantea desde un lugar especialmente bien situado en la cultura europea, y en los años que van desde la postrimería del siglo XIX hasta mediados del siglo XX. Hay muchos estudios sobre Wittgenstein, pero pienso que por su calidad, accesibilidad y pertinencia respecto del hecho religioso es obligado citar el de Tresserras (2003), al que me remito para las consideraciones que siguen. Wittgenstein reflexiona y vive el tema del lenguaje religioso hasta el punto de que en ciertos aspectos casi es tan filosófico como místico.

El lenguaje es un recurso mental potentísimo, y es la base para la organización del pensamiento. De hecho, pensamos utilizando palabras y frases, y —tal como se ha recordado— muchos creen que sin palabras no se puede pensar. El lenguaje es, pues, el punto de encuentro entre la actividad mental y la realidad. Eso hace que el lenguaje sea la gran oportunidad para ordenar el mundo, tarea fundamental para una mente como la humana con un grado alto de indeterminación y que necesita aportar una visión significante al conjunto de datos que constantemente recibe y que no están ordenados y tratados desde un programa estereotipado, sino que quedan a disposición de un sistema con un grado notable de aleatoriedad, es decir, lo que técnicamente se llama un *sistema caótico-determinista*; un sistema, cabe decirlo, de alta complejidad y con un grado notable de aleatoriedad.

El poder mental del lenguaje en la ordenación del mundo crea, sin embargo, un peligro. Al hablar, los humanos quedamos sometidos a un espejismo: creemos que, cuando hablamos, dominamos la realidad. Los mitos bíblicos sobre los orígenes (Gn 2,20) nos presentan muy acertadamente a Adán dando nombre a los seres vivos, cosa que equivale a dominarlos. Eso mismo es lo que hacen los políticos al clasificar a personas o situaciones, y también lo que hacen los científicos al determinar leyes o modelar fenómenos. En todos los casos quien designa o describe puede llegar a pensar que, al hablar, agota el significado de una realidad y que en cierto sentido la domina. Wittgenstein habla del lenguaje como de un opresor potencial, de manera que, liberada del lenguaje, la realidad adquiere una vida propia, cosa que experimentamos cuando nos disponemos a contemplar en silencio una realidad sin querer interferir en la captación que hacemos de ella. Vemos, pues, que el lenguaje es una gran oportunidad humana, pero también constituye un territorio lleno de trampas. Una de las manifestaciones típicas de haber caído en la trampa la tenemos cuando generamos ideologías, es decir, construcciones mentales que a través de formulaciones lingüísticas se imponen a la realidad y pretenden controlarla. Era pensando en eso que Lacan sostenía que, cuando hablamos, más que hablar «somos hablados».

Hay realidades que son más fácilmente designables o definibles con lenguajes, y hay otras que parecen imposibles de definir. Wittgenstein mantiene en su *Tractatus logico-philosophicus* una conocida y austera afirmación: «De aquello sobre lo que no se puede decir nada con claridad, solo se puede guardar silencio.» Y a propósito de esta recomendación advierte algunas cosas importantes:

a Hay proposiciones que no corresponden a referentes físicos.
b Eso no quiere decir que no tengan referentes.
c Las realidades más elevadas no son accesibles al lenguaje.

Estas proposiciones encadenadas son centrales en el pensamiento de Wittgenstein y en el de muchísimas personas que conocen la dificultad de pensar y hablar y que son respetuosas con la realidad. Naturalmente, los territorios más inasequibles al lenguaje son los más excelsos, y Wittgenstein, siguiendo a muchos otros autores y coincidiendo perfectamente con las preocupaciones de la moderna neurología al respecto, señala como territorios más delicados la ética, la estética y la religión. En estos tres casos el lenguaje tiene que recurrir a la simbología y la metáfora, cosa que evidencia una cierta inaccesibilidad en el objeto y lo sitúa no como dominador de la realidad, sino simplemente como sugeridor o indicador. Concretamente, el lenguaje religioso es definido como problemático y legítimo a la vez, y en una situación que no se define ni como racional ni como irracional, sino en una especie de territorio intermedio que podríamos calificar de razonable. Eso hace que, por poco que se abra o se deje llevar por pretensiones de dominio, el lenguaje religioso pueda derivar dramáticamente hacia la banalidad, la irrisoriedad o el escarnio de la dignidad que merece. Por eso es frecuente encontrar a personas realmente interesadas en Dios pero que se mueven en la periferia de la religión, sobre todo de la institucionalizada. Tresserras relaciona con esta actitud a Simone Weil y Wittgenstein, ambos preocupados por destacar que la religiosidad es una forma de vida que se encuentra fundamentalmente más allá de un lenguaje y, en el caso de Weil, destacando que está mucho más allá de cualquier orden social (WEIL 1994). Desde este punto de vista, Wittgenstein y Weil quedan hermanados en una estricta y fina ascética frente a los lenguajes y las estructuras que pretenden delimitar y controlar a Dios. En una línea relacionable con esta actitud, la teóloga americana Schüssler Fiorenza, cuando habla de Dios en sus libros utiliza la grafía «G*d» en inglés (traducible por la equivalencia «D**s» en castellano) para dejar claro provocativamente que no sabemos de qué hablamos.

La reflexión de la lingüística moderna, inevitablemente relacionada, de una forma u otra, en su vertiente hermenéutica con Wittgenstein, vigila el lenguaje religioso. No podemos seguir hablando de Dios como antes porque el lenguaje religioso ha perdido la inocencia después de haber confesado su debilidad por boca de sus representantes más fiables y cualitativos, que desde todas las tradiciones religiosas han manifestado la necesidad de la precaución —si no del silencio.

El lenguaje sobre Dios se desplaza sobre un territorio minado. En esta situación son posibles tres hipótesis. Primera hipótesis: abstenerse de avanzar y abandonar. Es la solución expeditiva y también la más cómoda. Es probablemente también muy insuficiente en la medida en la que estemos programados para la trascendencia y de una forma u otra tengamos lenguaje religioso que analizar. Segunda hipótesis: avanzar de cualquier manera y sin hacer caso de las advertencias. Es el drama de los fundamentalismos. Se hacen las formulaciones repitiendo las afirmaciones desde la suficiencia, y se ignora todo lo demás. Una variante de esta hipótesis son las hermenéuticas tutelada en las cuales se admite la interpretación, pero solo la que da la autoridad. Aquí se da una insuficiencia ligada a la cultura que ha generalizado el conocimiento crítico. La interpretación hoy necesita más cultura que tutela. No es la autoridad la que no hace fiable la interpretación, sino el conocimiento, aunque tenga que ser un conocimiento «obsequioso» en el sentido en que se ha definido anteriormente: obsequioso no con la autoridad, sino con el Misterio. Tercera hipótesis: avanzar con precaución, es decir, recurriendo con gran atención a todos los aspectos que nos pueden advertir de las dificultades del avance y las formas en acceder al territorio.

Hay que tener presente aquí que las religiones «reveladas» intentan obviar el problema recurriendo a un cortocircuito interpretativo: las dificultades del lenguaje religioso quedan superadas cuando «Dios habla». Es obvio que eso no soluciona el problema hermenéutico real, ya que no hay ningún lenguaje directamente atribuible a un Dios que hable (como todavía lo mantendrían muchos sectores islámicos). Hemos perdido definitivamente la inocencia interpretativa.

3 LOS NIVELES DE LA INTERPRETACIÓN

La obligada interpretación de todo lenguaje (no solo del religioso) en relación con la persona, la cultura, la situación emocional o social en que el lenguaje se produce, especialmente con respecto a lenguajes «delicados» (como es el caso del religioso), se puede hacer a diversos niveles de profundidad. Citamos a continuación tres en relación con la tradición religiosa judeocristiana, que es actualmente —y sin lugar a dudas— la que se ha sometido más valerosamente a la confrontación con las condiciones de la cultura crítica y científica de la modernidad. En este sentido, esta tradición exhibe actualmente un alto nivel de fiabilidad hermenéutica, cosa que la honra, aunque esta fiabilidad hermenéutica no se refleje habitualmente en los textos oficiales o pastorales, que a menudo siguen atribuyendo carácter histórico o descriptivo a los preciosos textos poéticos o simbólicos originales, lo que genera un notable malestar intelectual.

a Interpretar las expresiones

El nivel más sencillo en el que se impone la interpretación del lenguaje religioso hace referencia a las expresiones que implican preconcepciones de tipo cosmológico, cultural, social, etc., propias de situaciones históricas concretas y que, al evolucionar la cultura, cambian de sentido y quedan sin vigencia. Hay muchos ejemplos y cito algunos conocidos.

Las expresiones sobre Dios son una muestra antológica. El Antiguo Testamento atribuye a Dios en muchas ocasiones reacciones antropomórficas que nos resultan inaceptables, tanto por su antropomorfismo como por su incorrección ética. Por ejemplo, limitándonos a los salmos, el salmo 2 dibuja a Dios cono un rey tribal cualquiera que «hace añicos a los enemigos como a una vasija de alfarero»; los salmos 58 y 59 piden a Dios que «los enemigos queden troceados, fundidos, abortados, barridos por el viento, y que el justo lo celebre lavándose los pies con su sangre»; el salmo 68 presenta a Dios como a un guerrero que dispersa a los reyes enemigos; el salmo 79 pide a Dios que haga caer su rigor sobre los pueblos que no lo reconocen; el salmo 83 emplaza a Dios a destruir a los paganos como un incendio que abrasa los bosques. De todos estos textos de guerra, venganza y «justicia» arcaicos hacemos una lectura restauradora que sea compatible con nuestra civilización, pero evidentemente hay que hacer una reinterpretación de la misma imagen arcaica de Dios que era imaginada en este tipo de reacciones.

Las preconcepciones cosmológicas constituyen otro conocido ejemplo. Las representaciones antiguas del cosmos atribuyen a Dios funciones cosmológicas que hoy conocemos perfectamente. Los bellísimos capítulos 36 al 42 del Libro de Job son un bonito ejemplo de esta situación. Aquí la reinterpretación no genera mayores problemas.

Alguna dificultad añadida la presenta la reinterpretación de recomendaciones u órdenes morales explicitadas en el Nuevo Testamento, que causarían problemas si nos las tomáramos seriamente. En Rom 13, por ejemplo, se defiende que toda autoridad viene de Dios; en 1Cor 11 y en 1Pe 3 se describen unos comportamientos patriarcales que hoy nos repugnan; en Ef 6,5, 1Tim 6 y 1Pe 2,18 se legaliza la esclavitud de una forma que nos resulta absolutamente inaceptable; en Hch 15,28-29 y 1Cor 8 se describen unas conductas respecto de las carnes sacrificadas a los ídolos que allí se señalan como significativas y que hoy no nos merecen la menor atención.

Hay todavía opciones u opiniones religiosas que hoy no compartimos en absoluto, como por ejemplo las que aluden a un próximo fin del mundo, o las que con toda naturalidad hablan de visiones o revelaciones externas que hoy entendemos como fenómenos mentales estrictos (anunciaciones, etc.).

b *Grandes modelos religiosos culturales*

En un plano más profundo de análisis hermenéutico hay grandes modelos religiosos por reinterpretar. Tal es el caso del modelo sacrificial. En las religiones arcaicas, el sacrificio es un tema central. Esta noción significa que Dios está «molesto» por los errores y perversidades de los seres humanos (los fallos humanos son obvios, la «molestia» de Dios no tanto) y exige una reparación. Como esta reparación tiene que ser de alto precio, se supone que la ideal sería la más costosa, o sea, la propia vida, pero al resultar escandalosa o excesiva se acaba derivando hacia el sacrificio o de los hijos (curiosa forma de derivación) o de un animal preciado. Un ejemplo clásico bien conocido puede ser el del sacrificio de Isaac (Gn 22), y en el mismo Éxodo hay alusiones al tema en el castigo de una de las plagas de Egipto: la muerte de los primogénitos. El sacrificio de animales como sustitutivo quedará generalizado en un gran número de tradiciones religiosas. La Biblia es un brillante ejemplo de la importancia de estos sacrificios. El Antiguo Testamento presenta como acción litúrgica normal sacrificar terneros y emplear la sangre en barreños para la aspersión del pueblo como signo de comunión y alianza (Ex 24), y la Carta a los Hebreos del Nuevo Testamento da por buena la idea, hoy para nosotros del todo extraña, de que la sangre de machos cabríos y toros y las cenizas de una ternera tienen el poder de consagrar a los profanos y devolverles la pureza (Heb 9,11-15).

En la tradición judía ya hay advertencias proféticas de que lo que es importante no es el sacrificio sino la misericordia (Os 6,6), frase que recuperará Jesús (Mt 9,13). De hecho, en el judaísmo tardío y en el cristianismo primitivo el sacrificio llega a su fin en las religiones que influirán en la cultura occidental (STROUMSA 2005). Esta situación de cambio se refleja en los textos del Nuevo Testamento, en los que la muerte de Jesús todavía es presentada como un sacrificio —esta vez definitivo— que anula el régimen sacrificial (Heb 9). De todos modos, se mantiene todavía la vigencia del principio de sacrificio en una situación en que la indignación de Dios queda satisfecha o apaciguada por el sacrificio de Jesús. En nuestra cultura no queda nada del modelo sacrificial en la relación con Dios o, mejor dicho, lo que queda molesta, porque supone en Dios unas actitudes de casi revancha que nos resultan incompatibles con una idea «adecuada» de Dios. Hoy no creemos que Jesucristo muriera porque Dios estaba «enfadado» por los pecados de los humanos y ese era el modo de que quedara apaciguado, sino porque la perversión humana, y la clásica alianza de los intereses «de la cruz y el sable», pactaron su muerte. La liquidación del modelo sacrificial es un hecho incoado en el cristianismo, aunque de vez en cuando modelos teológicos arcaizantes intentan reanudar el sacrificio como eje de expresión religiosa. La evolución de la noción religiosa de sacrificio es un buen ejemplo de hermenéutica de grandes modelos.

Otro ejemplo lo puede constituir la tensión establecida entre mundo actual y mundo futuro. Las religiones antiguas, probablemente impresionadas por la terrible fragilidad y dureza de la vida para la gran mayoría de los humanos, transferirían las competencias de un mundo aceptable al *otro mundo*. Este mundo queda reservado en un escenario de tránsito. El Nuevo Testamento se hace eco de esta concepción en la tradición paulina. La progresiva confortabilidad de la vida, asociada a la exigencia ética de establecer la justicia entre los humanos, ha ido conduciendo a la idea de que nuestra preocupación central no tiene que ser el *otro mundo*, sino mejorar *este* en la medida en que podamos. El *otro mundo* —en tanto que objeto de esperanza— se considera que queda en manos de la bondad de Dios, y los que creen en él, a él se remiten. Claro está que la preocupación religiosa básica no queda desplazada al otro mundo sino a practicar la justicia en este. Esta remodelación de las relaciones entre la vida presente y una previsible vida futura está llena de importantísimas consecuencias espirituales y sociales manifestadas en las preocupaciones y dedicaciones de los creyentes.

Un tercer ejemplo de cambio interpretativo en modelos de gran alcance lo observamos en la credibilidad atribuida a la intervención de Dios en las causas segundas. Según el mundo religioso arcaico, los dioses intervienen en la vida concreta de los humanos de mil maneras, que son catalogadas como maravillas, milagros, etc. Los grandes personajes religiosos muy fácilmente obran estos milagros, y el criterio no es en absoluto que los puedan hacer o no —se da por sentado que pueden—, sino la intención con la que los realizan —por ello pueden también hacerlos los espíritus malignos. Esta intersección visible entre el mundo trascendente y el mundo físico está en crisis absoluta. Solo en algunos casos, en clara regresión y notable sensación de escepticismo, se invoca aún una eventual acción de Dios interfiriendo en el desarrollo de las acciones causales mundanas. ¿Qué ha pasado? Que hemos cambiado de modelo, y utilizar modelos de intervención divina no es ya signo de fe sino de arcaísmo. En paralelo con esta evolución ha entrado en crisis la oración petitoria. Esta plegaria de intervención de Dios en los mecanismos temporales tiene en contra —además— una inevitable atribución a Dios de una inexplicable aleatoriedad al constatar que los más desgraciados son a menudo los menos atendidos por Dios, si acaso la atención de Dios tuviera que traducirse en estas intervenciones que se le piden.

c   Reinterpretación global del modelo religioso:
¿Dios sin religión?

El plano más profundo al cual se puede llegar en la reinterpretación del lenguaje religioso se da cuando la misma religión en su conjunto se considera como un género literario, como un artefacto lingüístico para indicar el lugar donde se da el auténtico encuentro con Dios, más allá de las estructuras definidas como religiosas. Este intento es el punto final del esfuerzo hermenéutico, y aspira a situar exactamente y sin ninguna posibilidad de distracción el lugar donde podemos encontrar a Dios: la auténtica salvación o iluminación no hay que buscarla principalmente en ejercicios específicos de religiosidad sino en el corazón de la experiencia vital y de la entrega amorosa a los demás. La topología del auténtico encuentro con Dios se puede descubrir más explícitamente superando el lenguaje religioso, que se podría haber convertido en un muro de distracción de la auténtica cuestión religiosa. En este sentido algunos autores como J. S. Spong, teólogo y obispo de una Iglesia cristiana, proponen una lectura no teísta de las propuestas salvadoras de Jesús (SPONG 2011).

En la tradición cristiana, la salvación, la entrega incondicional al otro imitando a Jesucristo, la victoria radical sobre el egocentrismo, se encuentra en una donación que puede prescindir del aparato religioso y se puede dar fuera de la formulación religiosa. En la tradición buddhista, por ejemplo, no explícitamente religiosa, se da un fenómeno comparable. Se invita a considerar que la realidad absoluta y fundamental no es susceptible de formulación verbal o ritual, aunque hay proposiciones que pueden evocar momentáneamente esta realidad absoluta de forma indicativa. Por una paradoja conocida en el buddhismo zen, la más alta sublimidad es accesible en la normalidad de cada día. Un relato zen puede ilustrarlo: «Chao Chou, cuando era novicio, preguntó a su maestro Nan Chuan: "¿Cuál es la vía (es decir, la realidad absoluta)?"; y el maestro le respondió: "El espíritu ordinario es la vía."» De esta fórmula célebre, el maestro Wu Men da una interpretación poética en su comentario del koan (IZUTSU 1978: 149):

> ¡Las flores aromáticas en primavera, la luna argentada en otoño, la brisa refrescante en verano, la nieve blanca en invierno!
> Si el espíritu no está alterado por cuestiones insignificantes, cada día es un momento jubiloso en la vida de los hombres.

Este ejemplo de la tradición zen evocará a muchos cristianos el comentario de Jesús de Nazaret hablando de los gestos hacia los necesitados: «En la medida en que se lo hicisteis a uno de estos hermanos míos más pequeños, a mí me lo hicisteis.» (Mt 25,40)

En la teología cristiana, el autor que más emblemáticamente ha planteado la interpretación de la religión en su conjunto como un género literario que orienta hacia la entrega concreta a los otros, cosa que señala la mayoría de edad humana, ha sido Dietrich Bonhoeffer. Este piadoso pastor y teólogo de la Iglesia alemana —de cuya parroquia en Barcelona fue vicario— y director del seminario de la Iglesia confesante de Finkenvalde, el año 1939, estando en los Estados Unidos decide volver a Alemania, donde se compromete valerosamente contra la barbarie nazi en nombre de su fe. Colaborador en un intento de atentado contra Hitler, cuando el Tercer Reich ya se hundía, fue ahorcado en la prisión de Flossenbürg el 9 de abril de 1945. Durante el tiempo de cautiverio escribió unas cartas que constituyen un texto de referencia principal sobre la interpretación religiosa cristiana de la mayoría de edad de los humanos en relación con las formas de expresión religiosa. Citamos a continuación algunos fragmentos que, sin más explicación, comentan diáfanamente cómo entendía Bonhoeffer el papel de la religión cristiana como género literario que superar en favor de lo que esta religión pide: la entrega total a los otros en memoria de Jesús, cosa que constituye el encuentro con Dios (BONHOEFFER 2004):

> Nos encaminamos hacia una época totalmente arreligiosa. Simplemente los hombres, tal como de hecho son, ya no pueden seguir siendo religiosos. Incluso aquellos que sinceramente se califican de «religiosos» no ponen esto en práctica en modo alguno; sin duda con la palabra *religioso* se refieren a algo muy distinto.
>
> Pero toda nuestra predicación y teología cristianas, con sus mil novecientos años, descansan sobre el «a priori religioso» de los hombres. El «cristianismo» ha sido siempre una forma (quizás la forma verdadera) de la religión. Ahora bien, si un día resulta claro que este «a priori» no existe, sino que ha sido una forma de expresión del hombre históricamente condicionada y transitoria, si, pues, los hombres llegan a ser arreligiosos de una manera verdaderamente radical —y creo que eso, más o menos, ya es lo que sucede actualmente [...]—, ¿qué significa entonces esto para el cristianismo?
>
> Todo el «cristianismo» precedente queda privado de su fundamento, y ya no podemos pisar tierra firme desde un punto de vista «religioso» sino en algunos «últimos caballeros» o en unos pocos hombres intelectualmente deshonestos. [...]

Si no queremos nada de esto, y si, en definitiva, hemos de juzgar la forma occidental del cristianismo como mera etapa previa de una completa arreligiosidad, ¿qué situación surge entonces para nosotros, para la Iglesia? ¿Cómo puede convertirse Cristo en Señor, incluso de los no religiosos? ¿Existen cristianos arreligiosos? Si la religión es solo un ropaje del cristianismo —y dicho ropaje ha ofrecido un aspecto muy diferente en las distintas épocas—, ¿qué es entonces un cristianismo arreligioso?

[...] La cuestión paulina sobre si la circuncisión es condición de la justificación, quiere decir hoy a mi juicio si la religión es condición de la salvación. La libertad ante la circuncisión es también la libertad ante la religión. [...]

Los hombres religiosos hablan de Dios cuando el conocimiento humano (a veces por simple pereza mental) ya no da más de sí o cuando fracasan las fuerzas humanas. [...]

[...] Pero yo no quiero hablar de Dios en los límites, sino en el centro; no en las debilidades, sino en la fuerza; esto es, no a la hora de la muerte y de la culpa, sino en la vida y en lo bueno del hombre. En los límites, me parece mejor guardar silencio y dejar sin solución lo insoluble.

Carta a Eberhard Bethge del 30 de abril de 1944
(BONHOEFFER: 192)

El mundo, que ha tomado conciencia de sí mismo y de sus leyes vitales, se siente tan seguro de sí que llega a inquietarnos. Fracasos y catástrofes no consiguen hacerlo dudar de la ineludibilidad de su camino y de su evolución [...].

La apologética cristiana ha adoptado las más variadas estrategias para oponerse a tal seguridad en sí mismo. Intenta demostrar al mundo, ya mayor de edad, que no le es posible vivir sin el tutor «Dios». [...] Vivimos de las llamadas *cuestiones últimas* de los hombres. [...]

El ataque de la apologética cristiana contra la mayoría de edad del mundo me parece en primer lugar absurdo, en segundo lugar innoble, y finalmente no cristiano. Absurdo, porque viene a ser como un intento de regresión de un hombre adulto a la época de su pubertad [...]. Innoble, porque se intenta sacar provecho de la debilidad [...]. No cristiano, porque así se confunde con un grado determinado de la religiosidad del hombre, es decir, con una ley humana.

Carta a Ebherhard Bethge del 8 de junio de 1944
(BONHOEFFER 2004: 229)

[El hombre] debe vivir, pues, realmente en el mundo sin Dios, y no le es lícito intentar escamotear, transfigurar religiosamente su carencia de Dios; *debe* vivir «mundanamente», y así precisamente es como participa en el sufrimiento de Dios [...]. Ser cristiano no significa ser religioso de una cierta manera, convertirse en una clase determinada de hombre por un método determinado (un pecador, un penitente o un santo), sino que significa ser hombre; Cristo no crea en nosotros un tipo de hombre, sino un hombre. [...]

[...] El mundo adulto es más sin Dios, y quizás precisamente por esta razón está más cerca de Dios que el mundo menor de edad.

Carta a Ebherhard Bethge del 18 de julio de 1944
(BONHOEFFER 2004: 253)

Ante estos textos, escritos meses antes de ser ahorcado a causa de su compromiso político en nombre de una honda fe cristiana contra una de las tiranías más vergonzosas, uno se queda mudo de respeto y profundamente cautivado por la osadía hermenéutica de pensar en un mundo cristiano no religioso. Independientemente de la previsibilidad de la propuesta, su seriedad merece ser tenida muy en cuenta dada la variabilidad religiosa inédita a la que nos enfrentamos.

4 LENGUAJE DESCRIPTIVO-EXPERIMENTAL Y LENGUAJE POÉTICO-SIMBÓLICO

La rigurosa reflexión sobre el lenguaje que ha hecho nuestra cultura nos lleva inevitablemente a un importante trabajo de distinciones. En culturas antiguas, el lenguaje constituía una realidad compacta en la que, sin solución de continuidad, se integraban formas expresivas diversas. En la actualidad nos vemos invitados a distinguir formas de lenguaje diversas según el tipo de realidad que queramos expresar. Hay un lenguaje descriptivo-experimental —el que utiliza la ciencia experimental— que describe con la mayor precisión posible lo que puede ser objeto de observación mensurable, y por lo tanto puede ser sometido a una crítica con aparato matemático, con protocolos experimentales reproducibles, etc. Este lenguaje dispone de autonomía total en su campo, aunque tiene que tener presente que ningún lenguaje puede sustituir la realidad ni controlarla del todo, hecho que la física relativista ha ayudado a confirmar.

Hay por otra parte una gran cantidad de dimensiones vitales —en muchos aspectos las más importantes—, como el mundo de los valores que fundamentan la convivencia o regulan las relaciones humanas, o como el mundo relativo a las expresiones de la belleza o a las dimensiones trascendentes, que no pueden ser sometidas a observaciones o experimentaciones más que de una forma muy aproximada en el mejor de los casos, de las cuales finalmente debemos hablar. Las expresiones lingüísticas que se refieren a estas realidades tienen que recurrir a un lenguaje simbólico, metafísico, poético, etc., que no por tener este estatuto debe entenderse como menos consistente. Es menos preciso en el sentido de la crítica que le es aplicable en comparación con el lenguaje descriptivo-experimental, pero es a menudo más importante para la experiencia humana.

El lenguaje religioso cae de lleno en esta segunda acepción. Como históricamente el lenguaje religioso se producía no solo en igualdad de circunstancias con el lenguaje descriptivo de cada época sino que además pretendía ocupar un lugar de preeminencia en cualquier área del lenguaje, aún hoy muchos sectores del lenguaje religioso no han entendido la nueva situación, y por una parte se niegan a reconocer el carácter simbólico del lenguaje religioso —porque lo consideran una degradación de nivel—, mientras que por otra parte pretenden que el lenguaje religioso tenga precedencia absoluta, sin entender que no se trata de precedencias sino de especializaciones.

Esta situación explica que muchas personas, tanto de las áreas experimentales como de las simbólicas, mantengan una lucha estéril de mutuas descalificaciones: los experimentales, porque tienen la sensación de haber desentrañado los puntos centrales de la realidad, y los religiosos o simbólicos, por despecho de haber perdido la hegemonía que su lenguaje había detentado.

VII

VALOR EVOLUTIVO DE LAS CREENCIAS

Tras la crisis que la religión ha sufrido en Europa como consecuencia de la Ilustración, tal como se ha descrito en el capítulo V, el panorama de análisis de las religiones ha dado un vuelco importante. En primer lugar, han fallado algunas previsiones significativas en su momento. Lenin vaticinaba que la religión acabaría espontáneamente abandonada entre los trastos del «cuarto oscuro». Muchos científicos, y aún más no científicos, vaticinaban la desaparición de la religión una vez la ciencia hubiera aclarado los últimos detalles de la realidad. Otros decían que el progreso social acompañado del confort harían olvidar el tema. Pero resulta que ni la religión, a escala mundial, está en el «cuarto oscuro», ni la ciencia ha arrinconado la trascendencia, ni el progreso social parece una causa muy específica del abandono de la religión. Aunque la ciencia ha pasado a explicar muchos temas que antes se endosaban a la explicación religiosa, las preguntas últimas siguen sin respuesta. Las sociedades técnicamente adelantadas no manifiestan tampoco signos específicos de abandono de la religión (los Estados Unidos de América son un ejemplo espectacular de ello).

La antropología biológica ha adoptado la actitud heurística que corresponde a toda ciencia, es decir, investigar los hechos más allá de las ideologías, para ver las razones de la presencia insistente del hecho religioso.

I UN NUEVO POSICIONAMIENTO HACIA LA EXPERIENCIA RELIGIOSA (WILLIAM JAMES)

William James fue un personaje seductor. Neoyorquino de nacimiento e irlandés de ascendencia, nacido en una familia muy creyente pero muy poco institucional desde el punto de vista religioso —y personalmente no calificable como religioso—, fue profesor en Harvard, Stanford, Oxford, Cambridge, Plymouth, Edimburgo…, de temas tan diversos como medicina, filosofía, psicología y otros más. Amigo de Mach, Wundt, Bergson, Thorndike, Russell o Freud, inició la carrera de medicina en Ginebra el año en que Darwin publicaba *El origen de las especies* (1859). El interés que justifica aquí la noticia de James es la publicación de uno de sus textos más conocidos: *Las variedades de la experiencia religiosa* (1985).

Se trata de un texto donde James, que no es personalmente religioso, explica que, «para un psicólogo, las tendencias religiosas del hombre deben ser como mínimo tan interesantes como cualquiera de los distintos hechos que forman parte de su estructura mental». Con esta actitud, William James preludia el nuevo posicionamiento con el que la ciencia antropológica moderna enfocará la experiencia religiosa, superadas las actitudes ideológicas que representaron personajes como Marx, Nietzsche o Freud.

William James investigaba la experiencia religiosa y se abstenía ante las afirmaciones sobre Dios, sabiendo que en

VII VALOR EVOLUTIVO DE LAS CREENCIAS

el fondo son las afirmaciones sobre Dios las que sostienen la religión. Metodológicamente, la postura es impecable y representa a todos los científicos que, estudiando el hecho religioso, y conscientes de que este hecho se refiere a la *hipótesis Dios*, a pesar de todo aparcan metodológicamente esta hipótesis, sin hacerla entrar en los protocolos de sus investigaciones, independientemente de si ellos personalmente son religiosos, agnósticos o ateos.

El libro *Las variedades de la experiencia religiosa* es una compilación de las conferencias pronunciadas por James en la Universidad de Edimburgo (conocidas como conferencias Gifford sobre religión natural) durante los años 1901 y 1902. Estas conferencias enfocan el tema religioso desde sus relaciones con la subjetividad, la neurología, la sanidad, la patología, los procesos de conversión, la mística, la filosofía... En definitiva, James hace honor a la convicción que defiende que la experiencia religiosa no es solamente un hecho cultural universal, sino que también es una experiencia perfectamente consistente en el mundo neurobiológico y mental, y que puede ser analizada y explicada sin entrar en colisión ni con las creencias personales ni con la teología o la apologética, y sin despreciar ninguna de ellas. Aunque aquí no tratemos *in extenso* esta obra, es justamente significativo citarla en este sentido, como una auténtica avanzadilla de lo que con el tiempo serán los estudios antropológicos ideológicamente neutrales sobre la religión, a los que dedicamos el presente capítulo y el siguiente. Se trata, como dice el subtítulo del libro de James, de un estudio (parcial) de la naturaleza humana. En la primera conferencia Gifford, y bajo el título de «Religión y neurología», comenta James (1985: 34):

Dice Spinoza: «Analizaré las acciones y deseos del hombre como si se tratase de líneas, planos y volúmenes». Y en todas partes recalca que considerará nuestras pasiones y sus propiedades con los mismos ojos con los que observa el resto de las cosas naturales, porque las consecuencias de nuestros afectos brotan de su naturaleza con la misma necesidad con la que se deriva de un triángulo que sus tres ángulos deben ser iguales a dos ángulos rectos. De similar manera, Hyppolite Taine, en la introducción a su historia de la literatura inglesa, escribe: «Que los hechos sean morales o físicos no tiene importancia. Siempre tienen su causa. Hay causas para la ambición, para el valor, para la veracidad, al igual que para la digestión, para el movimiento muscular y para el calor animal. El vicio y la virtud son productos, como el vitriolo y el azúcar.» Cuando leemos tales alegatos del intelecto dispuesto a demostrar las condiciones existenciales de todas las cosas [...] nos sentimos amenazados y negados en los orígenes de nuestra vida más íntima. Estas crueles asimilaciones parece que amenacen revelar los secretos vitales de nuestras almas, como si el mismo espíritu que debería explicar su origen pudiera aclarar simultáneamente su significado, sin darles a ninguno de ellos más valor que a los vulgares productos de tendero que cita Hippolyte Taine.

James no acepta el «materialismo médico» grosero y primario, sino que intenta un análisis neutral —hasta donde sea posible— y bien hecho de aquellas bases neurobiológicas que constituyen la infraestructura de la experiencia religiosa, lejos de cualquier compromiso ideológico previo. Esta es justamente la actitud de las ciencias actuales al aproximarse a un análisis científico del hecho religioso.

2 ARQUEOLOGÍA DE LA MENTE Y RELIGIÓN: ¿DEFENSA NEURÓTICA O CLAVE DEL PROGRESO?

La naturaleza humana que William James analiza al estudiar la experiencia religiosa se constituye a lo largo de un prolongado proceso, que es la construcción, en el transcurso del tiempo, de lo que ahora somos los humanos. Se trata de una aventura muy compleja, biológica, mental y cultural, de la cual la religiosidad es una pieza central. Hoy ya nadie minimiza este dato evidente. Uno de los puntos de interés de la naturaleza religiosa de la humanidad es el seguimiento —en la medida de lo posible— de su génesis, tarea que ha llevado a cabo la arqueología.

Existe un cierto consenso en la antropología actual al afirmar que la aparición de la religión, muy próxima al arte y al simbolismo, es en general un fenómeno continuo que aparece consistentemente en el paleolítico superior —aunque los primeros signos de utilización de elementos simbólicos son mucho más antiguos—, más o menos hace algunas decenas de miles de años, junto con las primeras manifestaciones consolidadas del arte, como por ejemplo la estatua de un hombre/mujer león de Hollensteim-Stadel. Los primeros vestigios de pensamiento y producción simbólica se sitúan en épocas que corresponderían a un horizonte de unos 135 000 años (VANHAEREN 2006). El arte y algunas formas de entierro son los primeros testimonios de la creencia en dimensiones trascendentes y en algunas formas de supervivencia (OHLIG 2004). Estos procesos aparecen como consecuencia de una especie de Big Bang cultural en el que se conectan todos los sistemas de conocimiento y se configuran mapas transversales que propician un *cambio de estado* en la mente humana (MITHEN 1998: cap. 9), dando paso a visiones e interpretaciones globales de la existencia. Esta dimensión trascendente es en cierto sentido superflua por lo que respecta a balances energéticos o equilibrios biológicos, pero constituye un estatuto mental que puede ser esencial en la supervivencia de una especie tan extremadamente singular como la humana. Ohlig (2004: 26) dice: «Sólo se convierten en hombres cuando realizan estas acciones [contemplación, lírica, cantos, danzas y rituales en general] no exigidas por las circunstancias y actúan a partir de un superávit de preguntas y experiencias de sentido. La religión es evolutivamente superficial y, al mismo tiempo, y por eso mismo, profundamente humana.»

La revolución cultural del neolítico dará una espectacular expresión a estas formas artísticas y religiosas, generando tradiciones que arraigarán en el progreso que significa la agricultura, la ganadería y la sedentarización de las poblaciones. Rappaport, profesor de antropología en Michigan y antiguo presidente de la Asociación Antropológica Americana, explica en uno de sus conocidos libros (2000) cómo la religión ha sido un elemento central en el *continuum* de la evolución de la vida humana, aunque en los últimos siglos haya sido desplazada de su posición original de autoridad intelectual —no de papel vital— por el desarrollo de la ciencia.

Los análisis del hecho religioso que hace no muchos decenios tendían a considerar la aparición de la religión como un signo de compensación derivado de la debilidad de un mundo arcaico, hoy se orientan más hacia la consideración de la religión como un hecho concomitante del proceso de hominización, y en muchos casos como uno de los elementos de cohesión del mencionado proceso. Es el resultado de interpretar este hecho religioso como una adaptación positiva seleccionada por el proceso evolutivo darwinista. Este es hoy un punto de vista frecuente que valora la aportación positiva de la religión al proceso evolutivo humano (NORENZAYAN Y SHARIFF 2008).

3 RELIGIÓN Y PSICOLOGÍA EVOLUCIONISTA

La psicología evolucionista intenta aplicar al análisis de los comportamientos los grandes principios de la evolución darwinista. Las dinámicas comportamentales responden en términos generales a los principios evolutivos, de forma parecida a como responden también las estructuras biológicas. Cuando analizamos unas determinadas formas biológicas (por ejemplo, la estructura de unas alas o de unas patas, la constitución de órganos sensoriales, las formas de reproducción, los mecanismos de alimentación, etc.) estudiamos cómo estas formas han sido elaboradas para la adaptación al medio en el que los seres vivos se desarrollan. Cada estructura iría conformándose de acuerdo con el éxito que dicha configuración le permita obtener en relación con el ambiente que explota. Eso constituye una adaptación positiva. No todas las situaciones responden a este proceso directo de adaptación. Hay muchos elementos que evolucionan al azar o sin adaptación discernible; hay elementos en proceso de degradación, de involución, etc. La dirección global de la vida es una suma de procesos diversos, pero la teoría evolutiva afirma que en su conjunto los procesos generales responden a una adaptación positiva, y por ese motivo se mantienen. Eso es especialmente cierto en los casos en los cuales el proceso permite ganar en grados de libertad. Por ejemplo, poder regular la temperatura corporal ante la aleatoriedad climática es un recurso exitoso, de manera que aves y mamíferos disponen de una adaptabilidad a cualquier clima mayor que la de los reptiles, cosa que los hace más ecuménicos. En estas situaciones hablamos de *ganancias en grados de libertad*. Lo mismo ocurre con la complejidad cerebral. El cerebro humano manifiesta un progreso biológico evidente en la medida en que adquiere una gran capacidad adaptativa, aunque este gran progreso implica el riesgo de que la libertad adquirida se convierta en un peligro al ser excitada desde una avidez creciente que lo lleve a destruir su propio hábitat. Así que no hay adaptación positiva absoluta, pero sí formas razonables de adaptación positiva.

En el caso de las conductas, la psicología evolucionista aplica el mismo discernimiento. Las conductas facilitan grados de libertad, y en la medida en que eso es positivo permiten a sus protagonistas tener el éxito reproductor y ecológico que ayuda a fijar aquellas estructuras neuronales que sostienen las conductas correspondientes. La psicología evolucionista llega, pues, a la conclusión de que una conducta sólidamente establecida lo es porque aporta a sus protagonistas una posibilidad de éxito evolutivo, es decir, una adaptación positiva. Esta situación requiere un análisis detallado. Los principios que regulan el análisis de un mecanismo psicológico establecido serían (BUSS 2004):

a Un mecanismo psicológico evolutivo existe en la forma que presenta porque resuelve un problema específico de supervivencia o reproducción que se manifiesta constantemente en la historia evolutiva.

b Un mecanismo psicológico evolutivo se establece con relación a un sector preciso de información (por ejemplo, las apetencias alimentarias o sexuales se enfocan a un conjunto de datos preciso y reducido, y no más, en relación con la función que garantizan).

c La entrada (*input*) correspondiente a un mecanismo psicológico evolutivo prepara el organismo ante el problema adaptativo concreto que resuelve (por ejemplo, el miedo de las serpientes con relación a la huida para obviar el riesgo de un ataque).

d La entrada (*input*) de un mecanismo psicológico seleccionado evolutivamente es transformada a través de reglas de decisión en una conducta (*output*).

e La salida (*output*) de un mecanismo psicológico evolutivo puede ser una actividad fisiológica, una información orientada a otros mecanismos psicológicos o una conducta manifiesta.

f La salida (*output*) de un mecanismo psicológico evolutivo se orienta hacia la solución de un problema adaptativo específico.

Para que estos principios de la psicología evolucionista puedan aplicarse a la identificación de casos concretos, hace falta que a propósito de la conducta que se estudia se pueda establecer un protocolo de análisis que incluye diversos pasos:

a Analizar concretamente las particularidades del tema estudiado.
b Deducir qué principios estadísticos pueden identificar claramente las conductas o situaciones estudiadas.

c Buscar pruebas experimentales o neurobiológicas del funcionamiento del sistema estudiado.

d Estudiar la relación del sistema en cuestión con otros sistemas próximos y cuál puede ser la ventaja evolutiva asociada al sistema estudiado.

Teniendo presentes las referencias que hemos citado para justificar los análisis que presentamos, muchos científicos relacionados con la antropología evolutiva reconocen hoy que la religión como fenómeno asociado a la evolución humana debe valorarse como el resultado de una adaptación mental y comportamental positiva que ha permitido a los humanos una situación de progreso evolutivo en el proceso de hominización. La explicación concreta de la ventaja evolutiva positiva es variada, pero estaría básicamente relacionada con la capacidad de simbolización y de comprensión global que una mente consciente necesita para sobrevivir en un mundo complejo y ambiguo al que los humanos intentan poner orden de comprensión y, si se puede, de corrección material.

Un tema adicional es la explicación que se dé a la consideración específica y detallada del hecho religioso, en la medida en que la experiencia religiosa da lugar a fenómenos muy diversos. Por ejemplo, las creencias pueden tener objetos muy variados, y la fiabilidad de estas creencias depende de estos objetos. Hay creencias que hacen referencia a seres superiores que «animan» las estructuras materiales o a los seres vivos «desde la sombra»; hay creencias que afirman la posibilidad de poner en marcha procesos que interfieran en las causas observables; hay creencias que postulan una realidad *última* no experimental pero filosóficamente razonable que explica la realidad toda, sin necesidad de admitir su influencia interfiriendo en la causalidad natural. En los dos primeros casos las creencias pueden resultar inútiles y contradictorias con observaciones experimentales; el tercer caso no admite validación ni invalidación experimental y se sitúa en otro orden de reflexiones. Incluso las creencias menos convincentes pueden tener funciones sociales, aunque no sean validables como hechos religiosos maduros, o pueden tener lecturas no tan primitivas como una primera aproximación podría indicar. En el caso de creencias que no interfieren en análisis científicos o experimentales y postulan una realidad superior que no es objeto de la ciencia, la opción personal es definitiva y no indicativa de ninguna deficiencia de pensamiento u observación.

Es por ello que el juicio que hace la psicología evolucionista del valor de las creencias como elemento adaptativo positivo debe analizarse de acuerdo con la eficacia de este mecanismo, dejando las valoraciones más estrictas o filosóficas a la sensibilidad de cada analista, sabiendo que estas valoraciones no dependen de la ciencia sino de las opciones personales de los científicos. En función de estas matizaciones, entre los antropólogos que interpretan el hecho religioso desde la psicología evolucionista hay posturas diversas.

Hay autores que analizan la religiosidad como valor adaptativo, pero partiendo de la base (ideológica) de que la religión es una ilusión. Pascal Boyer (2001) es un ejemplo. Desde una postura de suficiencia contempla a la gente religiosa como personas que, por su simplicidad o espíritu débil, aceptan la religión como explicación de cosas que no entienden, como consuelo, como cimiento del orden social o como ilusión mental. En definitiva, es una reinterpretación de una visión clásica, sin ninguna originalidad, que es aplicable a ciertos hechos religiosos, pero no a otros. Un poco más técnica e imaginativa ha sido la aportación de Richard Dawkins con su teoría de los *memes* (1979). Este autor crea la noción de *meme* como unidad de transmisión cultural equivalente al gen en la transmisión biológica. El *meme* se contagia y se convierte «en infeccioso», es decir, se extiende en función de su eficacia adaptativa. Dawkins considera que el *meme* Dios ha disfrutado de un alto poder de contagio por su eficacia al compensar las deficiencias de la realidad, lo que comporta un alto poder adaptativo. Dawkins ha dedicado recientemente un libro al tema religioso (2007) en el que, a partir de una concepción superficial del hecho religioso reduciéndolo a sus versiones más degradadas, trata de mostrar la debilidad intelectual de la religión, valorando su función adaptativa a partir de términos tan comunes para los conocedores de la evolución como *imperativo darwinista* o *selección de grupo*. Algunos discípulos de Dawkins han explicitado de forma bastante simplista y elemental la interpretación de los valores de los *memes* religiosos (BLACKMORE 2000). En una línea comparable de valoración, Bering estudia la generación de las creencias (BERING 2005).

Otros autores se mueven más bien desde una postura de agnosticismo metodológico que no intenta valorar el estatuto último de la religiosidad, es decir, que no parte de la declaración de la religión como ilusión, sino que se abstiene a la hora de emitir una valoración última de los referentes religiosos. Muchos se mueven en esta actitud. El ya citado Edward O. Wilson, padre de la sociobiología, se manifiesta como *deísta provisional* que no llega a *teísta*, pero considera que la religión, junto con la ciencia, «son las dos fuerzas más poderosas del mundo» (*El País*, 11 de junio del 2006). Cree que la religión refuerza las convicciones más profundas de las personas. D. S. Wilson (2002) considera la religión como una sólida construcción evolutiva dentro del organismo social, insistiendo en la gran utilidad social de las creencias. Otros puntos de vista relacionables valoran los aspectos exigitivos de la religión en función de las ventajas de los *ritos costosos* para reforzar las identidades personales o grupales (SOSIS 2005). D. C. Dennett ha intervenido también en este vivo debate —había ya tomado parte en debates de importancia comparable, como el de la libertad— en una obra reciente (2006). De todos modos, él mismo hace notar que lo que entiende por religión es de un alcance concreto y limitado, tanto como la visión local que muchos norteamericanos tienen del tema. Muchos otros autores han intervenido en esta discusión, que se ha convertido en los últimos años en un debate estrella en los ámbitos de la psicología evolucionista o de las investigaciones neurobiológicas (WOLPERT 2006; ATRAN Y NORENZAYAN 2004; BAIN 2007; TIGER Y MCGUIRE 2010; ROSSANO 2010).

Estas últimas consideraciones me permiten hacer un comentario general que afecta a muchos científicos antropólogos evolucionistas que intentan explicar la religión. A menudo hacen una valoración positiva de ella, pero manifiestan una descomunal ignorancia de lo que es la religión tomada seriamente al limitarse a interpretar fenómenos colaterales y anecdóticos como creencias mágicas, rituales de segundo orden y explicaciones para ignorantes, que en el caso norteamericano son a menudo elementos religiosos relacionados con grupos sectarios y simplistas sin ninguna cualificación cultural. Y la religión no es eso, o al menos no es solo eso, y eso no es, en todo caso, su parte más noble.

Equivaldría a interpretar la ciencia a partir de la magia o la astrología. El eminente biólogo evolucionista Francisco J. Ayala, presidente durante años de la prestigiosísima Asociación Americana para el Progreso de las Ciencias, que además de biólogo de gran categoría conoce bien el mundo filosófico, recuerda en la crítica al libro de Dennettt (AYALA 2006) que la religión tiene que ser estudiada desde su propio campo, tal como sabían desde Mircea Eliade hasta Émile Durkheim, y que hablar de religión sin saber —no dice «sin creer»— es simplemente hablar con torpeza. Equivaldría a hablar de medicina o de física sin entender del tema, fenómeno relativamente frecuente, por ejemplo, en el campo de los llamados *filósofos de la ciencia*, muchos de los cuales hablan de ciencia sin tener los suficientes conocimientos para hacer valoraciones fiables.

En todo caso, los análisis que acabamos de comentar contemplan todo un gran sistema de estudios de la religión al margen de Dios; más o menos lo contrario de lo que en el capítulo VI se presentaba a propósito de Bonhoeffer, cuando este habla de Dios sin religión.

VIII

NEURORRELIGIÓN

Progresivamente, a las experiencias complejas y cualitativas de la mente humana se les irán encontrando correspondencias neurológicas. Iremos descubriendo cómo funciona el *hardware* en relación con las experiencias que nuestro maravilloso *software* nos posibilita. A algunos, esta posibilidad les preocupa en la medida en que la ven como una amenaza; se puede convenir, sin embargo, que se trata de una estimulante perspectiva, si bien hay que tener la prudencia de saber interpretar en cada caso de qué estamos hablando. Esta es la situación de la neurorreligión, cuando ya empieza a haber datos de un cierto interés en la neuroética, la neuroestética, etc.

El hecho de que la antropología evolutiva haya acabado aceptando sin apriorismos la importancia del hecho religioso en la aventura humana hace que resulte más normal hoy hacer preguntas sobre el sustrato neural que sostiene toda religión, visto —como es evidente— que las religiones son productos humanos independientemente del estatuto que se reconozca a la divinidad, la cual —si existe, y por definición— no es un producto humano. En este capítulo se recogen algunas de las aportaciones más ilustrativas de las neurociencias que se interrogan sobre la base neural de la religión.

I ¿UN PROGRAMA NEURAL PARA TRASCENDER?

E. O. Wilson empieza el capítulo 8 de uno de sus libros más conocidos (1978) con esta frase lapidaria: «La predisposición hacia las creencias religiosas es la fuerza más compleja y más poderosa del espíritu humano, y con toda probabilidad constituye una parte inseparable de la naturaleza humana.» Esta afirmación es compartida por muchos biólogos. Uno de los que escribió sobre esta significación biológica del hecho religioso fue A. Hardy, zoólogo, investigador en la Antártida y profesor de zoología en las universidades de Hull, Aberdeeen y Oxford. Fundó la Unidad de Investigaciones en Experiencia Religiosa del Manchester College de Oxford, y estuvo participando en las Gifford Lectures (como William James) y en las Hibbert Lectures en Birmingham, Bristol, Edimburgo, Glasgow, Londres, Manchester y Nottingham. Lo que caracterizó la vida y la obra de Hardy, que publicó con Koestler y Julian Huxley, fue su convicción de que la religión es un hecho que responde a un registro biológico —neural, por supuesto— seleccionado darwinistamente, y al que se pueden aplicar todos los análisis y valoraciones a que dan pie las consideraciones darwinistas. Hardy considera que la religión es tan natural como el sexo, y en el capítulo 9 de uno de sus libros (1975) se llega a preguntar, con respeto, si las relaciones peculiares que se establecen entre los humanos y los dioses no admitirían alguna forma de comparación con las relaciones emocionales de dependencia que los animales domesticados establecen con sus dueños. Más adelante, en el capítulo 10 del mismo libro (capítulo que titula «Dios como experiencia»), eleva el tono de su comparación, citando como expresión de la religiosidad las frases de Pasteur:

En tanto el misterio del Infinito planee sobre la mente humana, habrá templos elevados al culto del Infinito, en los cuales Dios será nombrado Brahmán, Alá, Jehová o Jesús [...]. Los griegos ya captaron el poder misterioso del aspecto oculto de las cosas. Ellos nos legaron una de las más bellas palabras de su lengua, la palabra *entusiasmo, en theos,* 'un dios dentro'. La grandeza de las acciones humanas se mide por la inspiración que las origina. Es feliz aquel que tiene a Dios con él, un ideal de belleza al que obedecer, un ideal de arte o de ciencia. Todos están iluminados por los reflejos del infinito.

Los resultados del trabajo de Hardy durante los primeros veinte años de funcionamiento de la Religious Experience Unit del Manchester College de Oxford, con una intención y estilo que recuerdan a William James, fueron publicados en 1979, ofreciendo una visión interesante de las formas de aproximación al estudio científico de la espiritualidad (HARDY 1979).

La existencia de un eventual programa neural orientado a la trascendencia la explica E. O. Wilson como resultado de una auténtica selección genética darwinista. Wilson explica gráficamente la fuerza de este programa por el hecho de que, por ejemplo, en la Unión Soviética, durante los años de persecución planificada y científica de la religión, el número de creyentes superó siempre el de adheridos al Partido Comunista. Wilson habla de selección favorecedora de la creencia religiosa a tres niveles: el nivel que llama *eclesiástico* —los jefes religiosos seleccionarían los ritos y las disciplinas en función de las emociones que suscitan en el contexto social—, que podría tener una versión dogmática o estabilizadora o bien una versión dinámica o evangelizadora; un segundo nivel de selección *ecológico,* es decir, las prácticas religiosas serían seleccionadas según las experiencias del medio; y como consecuencia final de estas fuerzas sociales habría un tercer nivel, que consistiría en una *modulación de frecuencias génicas*. Estas frecuencias podrían orientar la neurobiología en relación con las prácticas religiosas. «Nuestra hipótesis —dice Wilson— supone que estos apremios (evolutivos) existen, que tienen una base fisiológica, y que esta base tiene finalmente un origen genético.» Otros autores comparten estas convicciones de Wilson que conectan la descripción del valor selectivo positivo de la religión y los comportamientos correspondientes con la existencia de algún tipo de condicionamiento genético que registraría en este nivel básico la conducta de trascendencia. J. C. Avise, por ejemplo, afirma: «La inclinación personal hacia el teísmo ha favorecido sin ningún tipo de duda la *fitness* reproductiva de los individuos. Es más: las creencias compartidas y los rituales sagrados asociados constituyen fuerzas de cohesión muy poderosas entre los grupos, que promueven los esfuerzos de colaboración y la unidad de propósitos que favorece el éxito en las tribus o sociedades.» (1998: 205-206)

Más recientemente, algún autor más atrevido, y a partir de los recursos del impresionante progreso de la genética, ha intentado incluso precisar algún aspecto de la relación entre genética y espiritualidad.

2 GENES Y ESPIRITUALIDAD

Una de las líneas de trabajo del fulgurante progreso que realiza la investigación biológica es la que se preocupa de identificar la relación que pueda haber entre genes y conductas.

Evidentemente, se trata de una investigación que tiene que cumplir cautelas metodológicas e interpretativas estrictas: los genes solo son como una «tabla periódica» de los elementos biológicos; son muy complejos y los conocemos mal; interactúan entre sí de forma muy complicada en el ámbito de un «espacio epigenético» que tampoco conocemos bien; las conductas están habitualmente influidas por conjuntos genéticos muy amplios; y, finalmente, estas conductas se desarrollan en complejas interacciones con los ambientes que las modulan. Dicho esto, y enfatizando las cautelas mencionadas, claro está que no se puede seguir repitiendo de forma inercial que las investigaciones genéticas no tienen mucho que decir en el análisis de los comportamientos. Hay que reconocer que en el estudio de los comportamientos, mientras las ciencias humanas siguen repitiendo en general conceptos y formulaciones ya conocidas o fuertemente influidas por opciones ideológicas o de adscripción a determinadas escuelas, las ciencias neurobiológicas están llevando a cabo programas espectaculares y con resultados acumulativos en la identificación y descripción de estructuras genéticas y neurales que constituyen las infraestructuras de las conductas.

En lo que atañe al caso concreto de las actividades mentales superiores, las dificultades de la biología para encontrar correlaciones neurobiológicas son más evidentes. A pesar de todo, cada vez hay más aportaciones que van sumando datos de cara a la identificación de sustratos genéticos y neurales de actividades mentales superiores. Pongamos como ejemplo el lenguaje articulado en el mundo mental humano. Se trata de una actividad mental de alto nivel, de contenido mental y simbólico muy amplio, y respecto a la cual, a pesar de eso, empieza a haber datos genéticos muy significativos. Citemos algunos ejemplos. S. Fisher y G. F. Marcus (2006), y C. J. Gibson y J. R. Gruen (2008) han recogido la información disponible sobre la evolución genética que ha posibilitado el lenguaje en humanos, estudiándolo a partir de la investigación de los genes relacionados con las alteraciones lingüísticas. Los autores analizan decenas de genes —algunos, como FOXP2, relacionados de forma muy clara con el desarrollo lingüístico y comunicativo en humanos y otros vertebrados—, con detalles espectaculares que invitan a una seria reflexión. Otro ejemplo lo puede constituir otro trabajo del mismo Fisher sobre los genes que condicionan una alteración concreta del lenguaje (la dislexia), que presenta formas en las que tienen un papel relevante ciertas alteraciones genéticas de algunos genes concretos (DYX1C1, KIAO0319, DCDC2 y ROBO1). Aunque estos genes no están directamente relacionados con el lenguaje, sí que están específicamente relacionados con aspectos de la migración neuronal y el establecimiento de conexiones en el cerebro, cosa que los hace significativos en el tema de la dislexia (FISHER Y FRANCKS 2006; BRAUER ET AL. 2011)

En la perspectiva de estos estudios, D. Hamer se ha lanzado a estudiar las bases genéticas de la espiritualidad, publicando sus investigaciones en un interesante texto cuyo título tiene aspectos excesivos (*The God gene*, 'el gen de Dios'), dado que no estudia el gen de Dios sino de la actitud espiritual, pero que constituye una interesante aproximación al tema que nos ocupa (2006). Hamer es un destacado genetista colaborador del National Cancer Institute norteamericano y autor de numerosas obras y textos de profundización genética y de presentación pública de temas de esta área. Su texto es un buen ejemplo de prudencia científica y a la vez de atrevimiento investigador hecho con rigor. Para precisar y acotar el sentido de sus investigaciones es bueno citar sus propias precisiones interpretativas, cosa que permite apreciar su metodología y el alcance que se puede asignar a sus conclusiones. La tesis de Hamer es:

> La espiritualidad responde en un mecanismo biológico comparable al que rige el canto de los pájaros, si bien mucho más complejo y matizado: tenemos una predisposición genética para las creencias espirituales que se expresa en respuesta a, y modulada por, la experiencia personal y el ambiente cultural. Considero que estos genes actúan influyendo en las capacidades del cerebro con vistas a diversos tipos y formas de conciencia que constituyen la base de las experiencias espirituales.

Esta tesis bien precisada es sometida a prueba por Hamer a través de cinco consideraciones y etapas metodológicas que paso a resumir según sus palabras, porque sitúan muy bien los protocolos metodológicos para estudiar la base neurogenética de conductas complejas. Estas cinco piezas del protocolo son las siguientes:

a *Mensurabilidad.* La primera precaución que hay que tomar es establecer de forma mensurable lo que se entiende por espiritualidad. Se trata de un tema complicado dado que la espiritualidad designa un amplio conjunto de experiencias y creencias muy variable. Hamer recurre a una escala de «trascendencia del *self*» desarrollada por R. Cloninger; esta «trascendencia» la llama *unificación* y se podría relacionar muy concretamente con la experiencia de fe o iluminación. Hamer hace notar que en su estudio separa metodológicamente la espiritualidad de la religión, en el sentido de distinguir la espiritualidad como tal de las religiones, que son teístas por definición. Él estudia las bases neurogenéticas de la espiritualidad pero no las dimensiones teístas de la religión. (Por eso he hablado de desproporción en el título de su libro, *The God gene*.) La escala de Cloninger mide la trascendencia del *self* a partir de tres rasgos: la capacidad de olvidarse de sí mismo, la capacidad de identificación transpersonal, y el misticismo —entendido como lo hacen los autores modernos que enfocan la espiritualidad como una capacidad intuitiva de apreciar elementos de la realidad suprasensible, en los términos en que por ejemplo Einstein hablaba de *misterio*.

b *Heredabilidad*. Es la medida de hasta qué punto la espiritualidad es hereditaria. La heredabilidad es una dimensión que es objeto de estudio sistemático en gran cantidad de características, y que se detecta recurriendo a estudios sobre diferentes tipos de gemelos (monocigóticos, dicigóticos…) y relacionándola con respuestas ambientales.

c *Identificación de genes específicos*. Esta es una tarea de la biología molecular que se propone identificar algunos genes que resulten significativamente relacionables con el rasgo que se estudia. Hamer cree que puede identificar un grupo de genes codificadores de las monoaminas, que son neurotransmisores (como la serotonina y la dopamina), relacionables con la espiritualidad, tal como él lo acota. Seleccionó nueves genes de entre todos los que estudió, y específicamente las variantes del gen VMAT2.

d *Mecanismo neural*. Hamer cree que el gen VMAT2 se puede relacionar con una fuerte predisposición hacia actitudes mentales relacionables con los tres criterios de

Cloninger, es decir, el olvido de sí mismo (capacidad de trascender tiempo y espacio, unificación), identificación transpersonal (capacidad de proyectar el yo hacia los otros), y misticismo (sentido de lo sagrado, captación de realidades inefables, estado de ánimo positivo…).

e *Ventaja selectiva*. El quinto criterio considerado por Hamer coincide con lo que aplican los antropólogos evolucionistas, tal como se ha explicado en el capítulo anterior. Los genes que predisponen a las actitudes espirituales desempeñarían en la selección natural el papel de dotar a los humanos de un sentido innato de aceptación positiva de la realidad.

Aplicados estos criterios, en la explicación que Hamer da de la mente espiritual toma prestados los datos que sobre la actividad mental utilizan neurólogos especialistas en el tema. Hamer cita a Newberg y D'Aquilli —a los que nos referiremos a continuación por su importante aportación al tema—, y también a G. Edelman, premio Nobel por sus investigaciones en neurobiología y por sus estudios sobre niveles de conciencia, en los que ha trabajado a partir de la distinción entre conciencia básica (*core consciousness*) y conciencia secundaria (*higher consciousness*), en un estilo similar a como lo ha hecho Damasio.

Las aportaciones de Hamer tienen evidentemente una significación limitada, y él mismo habla de simples predisposiciones. Cabe decir, sin embargo, a propósito de estos estudios y de otros similares sobre relaciones entre aspectos genéticos y biológicos y conductas, que a pesar de tratarse de estudios limitados son incomparablemente más estrictos, fiables, experimentales, laboriosos y críticamente establecidos que la mayoría de consideraciones hechas desde las ciencias humanas (con protocolos mucho menos fiables y críticos), o bien simplemente desde escritos y propuestas que a menudo no van más allá de puntos de vista personales, impresiones más o menos sesgadas ideológicamente en pro o en contra de determinadas afirmaciones, si acaso no se limitan a simples comentarios literarios o periodísticos sin ninguna garantía homologable. He leído desautorizaciones de trabajos como los de Hamer —que son a menudo fruto de meses de laboratorio— hechas por personas que ni siquiera han leído los textos de referencia ni conocen la cuestión que trata, y que se permiten, desde una simple opinión, desautorizar alegremente un tema del que no conocen ni el menor detalle.

3 EL CEREBRO RELIGIOSO

En todo caso, la mente religiosa tiene las mismas referencias cerebrales que la mente en general. La religión es una de las complejidades de la mente humana, y conviene no eludir estos aspectos más sutiles (aunque más complicados) de la experiencia mental. Quien se limita a un análisis reduccionista de la conducta humana corre el riesgo de perderse los aspectos más interesantes. Eric Kandel, premio Nobel de neurobiología, lo destaca criticando las tesis conductistas o similares (2000: 382):

> Durante el periodo de más influencia del conductismo, hacia 1950, muchos psicólogos aceptaron las posiciones más radicales de los conductistas, que decían que la conducta observable

es el todo, y que no hay vida mental. Como resultado, el concepto científico de conducta fue sobradamente definido en los términos de las limitaciones técnicas utilizadas para estudiarlo. Este énfasis redujo el campo de la psicología experimental a un reducido grupo de problemas, y excluyó de este tipo de estudio algunos de los más fascinantes aspectos de la vida mental.

Esta advertencia vale tanto para los que consideran que las actividades mentales más sutiles no merecen ser examinadas desde protocolos neurofisiológicos, como para los que creen que se pueden reducir fácilmente a un fenómeno neurológico identificable con registros de observación experimental. Veamos algunos intentos de aproximación a las estructuras y al funcionamiento cerebral relacionables con algunos aspectos de la experiencia o conducta religiosas.

a *Estructuras cerebrales*

Uno de los textos más destacados como referencia para el estudio de las estructuras cerebrales relacionadas con la experiencia religiosa se debe a Newberg y D'Aquilli (2001) y a Newberg y Waldman (2006). Que haya estructuras neurales específicas que respondan especialmente en la experiencia religiosa hoy no debe constituir ninguna sorpresa para nadie. Las estructuras neurales son objeto de investigación (hasta donde sea posible) en todo tipo de experiencias mentales. Entran, pues, dentro de la plena normalidad investigaciones como las de Newberg, D'Aquilli y Waldman así como las de otros autores que, de forma normal y con un interés creciente, se preocupan por intentar concretar qué tipo de estructuras cerebrales activan las experiencias específicamente religiosas (BEAUREGARD Y PAQUETTE 2006).

Newberg y D'Aquilli señalan en primer lugar una zona cerebral (sección posterior del lóbulo parietal) que ellos denominan *área de orientación y asociación* (en sus siglas en inglés, OAA), que está significativamente pero no patológicamente relacionada con experiencias consideradas como religiosas, y que tendría en la vida mental la función de delimitar cognitivamente los límites físicos del *self*, determinando una distinción entre el individuo y cualquier otra realidad exterior. Esta área, en situaciones de alta sensibilidad religiosa, presenta una baja actividad, cosa que podría indicar una situación mental de identificación *transpersonal*.

Newberg y D'Aquilli consideran que hay cuatro áreas de asociación que manifiestan un protagonismo especial en experiencias religiosas profundas: área de asociación visual, área de orientación y asociación, área de atención y asociación, y área verbal-conceptual de asociación, también llamada *TPO junction* porque se sitúa en el punto de contacto de los lóbulos temporal, parietal y occipital. De hecho, el lóbulo temporal merece mucha atención en estudios de estados mentales singulares porque responde significativamente en situaciones que se pueden relacionar con la religión, tal como señala Rubia (2003: 171 y ss.), y referidas a estados de conciencia alterados como los que se dan en situaciones religiosas intensas.

La mente funciona con estas referencias topológicas (y todas las demás, evidentemente) a través de alternancias de activación y quiescencia, y utilizando los estados combinados de ambas posibilidades. Newberg y D'Aquilli llegan a decir que la mente «es mística por defecto» en el sentido de vivir experiencias religiosas combinando el sistema vegetativo, el sistema límbico y las funciones analíticas complejas del conjunto del cerebro. El sistema vegetativo combinaría la acción del vegetativo simpático —fundamentalmente activador— con el parasimpático —relajante y quiescente. Eso daría lugar a estados de hiperquiescencia o quietud, de hiperdesvelo o gran activación, de hiperquiescencia con irrupción de activación, e hiperdesvelo con irrupción de quiescencia. Todo ello se completaría con los estados emocionales dependientes del sistema límbico, y concretamente de la amígdala y del hipocampo, muy relacionados con la memoria. Por encima de estos estados básicos actuarían los operadores mentales que se citan más abajo, en el punto *b*.

Antes de referirnos a ellos digamos algo en relación con la epilepsia, fenómeno que responde a una activación eléctrica sincronizada de zonas más o menos extensas del cerebro. La epilepsia ha merecido tradicionalmente una gran atención de los neurólogos relacionados con el estudio del hecho religioso. Algunos fenómenos epilépticos, especialmente los relacionados con el lóbulo temporal, dan lugar —en los individuos que los sufren— a síntomas diversos, entre los cuales no es infrecuente la hiperreligiosidad, experiencias místicas, conversiones repentinas o sentimientos de hallarse a expensas del destino. Estos hechos son conocidos desde finales del siglo XIX, e históricamente hay referencias antiguas a la epilepsia como signo sagrado. La epilepsia del lóbulo temporal fue estudiada profundamente por el conocido neurólogo y psiquiatra Norman Geschwind. El fenómeno de la epilepsia ha sido relacionado con eminentes personajes que han destacado en muchos aspectos importantes de la historia (entre ellos, grandes personajes religiosos). Rubia recoge información al respecto en una de sus obras (2000: 290 y ss.), como también hace Gazzaniga (2006: 160-165). Estos autores citan, como afectados por la epilepsia, a Petrarca, Tasso, Dickens, Händel, Paganini, Sócrates, Pascal, Julio César, Richelieu, Napoleón, Pitágoras, Newton, Alejandro Magno, Molière, Flaubert, Pedro el Grande, Delacroix, Jonathan Swift, Rasputin, Stemberg, Van Gogh, Gauguin, Dostoyevski…, y en el caso de personajes religiosos de gran significación, a Moisés, Pablo de Tarso, Muhámmad, Juana de Arco, Teresa de Ávila y Joseph Smith (fundador de los mormones).

El tema de la epilepsia ha merecido interés hasta el punto de que algún autor especialista en el tema (ÁLVAREZ 2000) ha emitido la hipótesis de que la epilepsia —que engloba un conjunto amplio de fenómenos de importancia diversa— daría lugar a estados creativos especialmente intensos a causa del fundamento hipersincrónico de la electricidad cerebral, y que serían la causa de que la epilepsia acompañara la vida mental de grandes personalidades. Álvarez propone la palabra *hiperia* para los fenómenos creativos de la epilepsia, cosa que permite valorar algunas manifestaciones de este fenómeno no como patologías estrictas, sino como fenómenos de conocimiento creativo intenso. Álvarez cree que la hiperia paroxística podría relacionarse con vivencias psíquicas como el orgasmo. La hiperia constituiría así una función psíquica superior que se daría, como otras funciones creativas, en personajes religiosos. Álvarez comenta, en este sentido, episodios de Teresa de Ávila, Juan de la Cruz, Hildegarda de Bingen, Ignacio de Loyola, etc. Estudios diversos sobre las estructuras neurales relacionadas con la religiosidad son hoy frecuentes (KAPOGIANNIS 2009; LUDERS 2009; HARRIS 2009).

b Operadores cognitivos

Newberg y D'Aquilli entienden los operadores mentales como procedimientos o algoritmos que utiliza el cerebro para ordenar la percepción de la realidad y que están activos especialmente en la generación de experiencias religiosas. Se trata, según estos autores, de funciones colectivas de diversas estructuras mentales que actúan simultáneamente. Hablan de los siguientes operadores, que cito tal como los denominan:

1 *Operador holístico:* ver el bosque con los árboles. Nos permite ver el mundo como totalidad. Probablemente esta capacidad mental nace de la actividad del área parietal del hemisferio derecho.
2 *Operador reduccionista:* ver los árboles en el bosque. Respondiendo primariamente a la actividad del hemisferio izquierdo, este operador representa la antítesis de la función holística. Permite observar el conjunto dividido en elementos. Representa la capacidad analítica.
3 *Operador abstractivo:* el taxonomista mental. Probablemente activado desde el lóbulo parietal del hemisferio izquierdo, permite la formación de conceptos a partir de la observación de partes individualizadas. La abstracción para formar conceptos es la base de la formación de teorías científicas, conceptos filosóficos, creencias religiosas e ideologías políticas.
4 *Operador cuantitativo:* la mente matemática. Permite tanto la cuantificación del mundo real como la estimación de elementos cuantitativos para las funciones de supervivencia: distancias, números...

5. *Operador causal:* el cómo y el porqué. Interpreta la realidad como secuencia específica de causas y efectos. Eso se puede producir desde en los entornos inmediatos hasta en las más elevadas reflexiones de orden filosófico o religioso en el intento de interpretar las causas que expliquen la existencia y el universo.
6. *Operador binario:* esto *versus* aquello. Capacidad para organizar el mundo físico y sus relaciones. Es lo que nos facilita la elaboración de opiniones y de analogías entre los elementos de la realidad. Está relacionado con la parte inferior del lóbulo parietal, dado que las afecciones de esta zona impiden las funciones mentales citadas.
7. *Operador existencial.* Sería la función de la mente que asigna el sentido de existencia o realidad a la información procesada por el cerebro. Nos informa de que lo que percibimos es real. Probablemente está relacionado con el sistema límbico, que nos capacita para asumir emocionalmente la realidad.
8. *Operador de valor emocional:* el sentimiento de lo que ocurre. El operador de valor emocional asigna un valor emocional a cada uno de los elementos de la percepción y el conocimiento. Sin esta capacidad, pasearíamos por el mundo como simples máquinas fotográficas o de registro robótico. A través del conocimiento emocional determinamos las cualidades de los paisajes y de sus elementos, y dibujamos los escenarios vitales. Este operador preside también nuestro mundo intencional.

c Funciones mitógenas

La actuación conjunta de todos estos operadores genera lo que Newber y D'Aquilli llaman *imperativos cognitivos*. Entre estos se encuentran significativamente los mitos —elementos centrales de las referencias religiosas—, así como formulaciones metafísicas simbólicas importantísimas en todas las culturas, que nos permiten interpretar la realidad y los problemas metafísicos de sentido que esta realidad suscita, de forma que minimizan la ansiedad que genera nuestra propia existencia y la convivencia en un mundo interrogante. Los operadores causal y binario son fundamentales en la interpretación de los orígenes de los fenómenos y de las responsabilidades y en la delimitación de contrarios, que nos permite poner orden en la ambigüedad de muchos datos de la realidad.

Los mitos que se traducen en doctrinas y prácticas rituales constituyen arquitecturas mentales imprescindibles sin las cuales la mayoría de los humanos no pueden vivir. De aquí el éxito evolutivo y el carácter fundamental que siguen teniendo. Rubia, en una de sus obras (2000: 247 y ss.), recoge algunas interpretaciones de las irrenunciables funciones mitógenas. La interpretación de Schelling, que considera que el mito respondería al paso de la unidad original a la dualidad y la multiplicidad, es según Rubia una buena introducción a la idea de que la mitología corresponde al desarrollo de la mente humana. Desde la multiplicidad en la que nos movemos, muchas tradiciones religiosas pretenden reconducir el espíritu humano hacia la unidad perdida, hacia Dios. Los lóbulos frontales serían los que capacitarían a los humanos para la creación de una realidad simbólica que sustenta el equilibrio mental. Esta capacidad es fundamental en el desarrollo humano. Dice Rubia citando a Schlegel:

> La arrogancia o *hybris* humana manifiesta un cierto desprecio por una forma de pensar que no es lógica, y por lo tanto la considera preliterata, imperfecta, primitiva, etc. Por las mismas razones habría que tirar por la borda la poesía, la música y la creatividad científica y artística en general [...]. La poesía, como la mitología, pretende captar o expresar la totalidad, lo que es inefable, lo que estaría más allá de las contradicciones propias del pensamiento racional.

d Estados mentales místicos

Como resultado de la vida religiosa cuando esta es de calidad —es decir, cuando no deriva hacia la credulidad fácil, la superficialidad o la magia—, la mente humana puede acceder a estados mentales privilegiados que constituyen el gran beneficio de la religión y un elemento notable de equilibrio y salud al cual cada uno accede de manera limitada, y los llamados *místicos* de forma más completa. Estos estados mentales son universalmente reconocidos como saludables y beneficiosos y se consideran una consecuencia positiva clara del buen uso de la religión. Rubia, en uno de los textos sobre este tema (2002: 134 y ss.), hace un resumen de las principales actitudes mentales que se dan como consecuencia positiva de una buena experiencia religiosa en los niveles más intensos y cualitativos pero que pueden darse en personas que tienen una experiencia religiosa «normal», y cita los siguientes:

1 *Sensación de unidad y consecuente disolución o «pérdida» del yo.* (Hay que advertir que la palabra *pérdida* indica una condición positiva de superación del yo.) Esta experiencia permite una especie de identificación directa con el ser en su estado más puro (lo que por convención llamamos *Dios*). Cita en referencia a esta situación a Isaac de Nínive, el autor anónimo de *La nube del no saber* (un místico inglés del siglo XIV), los Vedanta, al místico árabe Al-Hallaj o a Plotino.

2 *Pérdida del sentido del tiempo y del espacio.* Esta superación es relacionada por Rubia con el Maestro Eckhart. La experiencia es expresada en términos de «dejarse mecer por la vida», «entregarse confiadamente a la corriente de la realidad», «disfrutar de la armonía independientemente de delimitaciones locales o temporales»...

3 *Sensación de contacto con lo sagrado.* Lo sagrado como versión del *numinosum* estudiado por Rudolf Otto en tanto que elemento *a priori* de todo el mundo religioso, aparece como núcleo con el que se conecta el místico. Macario (siglo IV) o Ángela de Foligno (siglo XII) son citados como exponentes de este «encontrar a Dios» en cualquier realidad.

4 *Sensación de objetividad y realidad.* El místico fiable no es un psicótico que haya perdido contacto con la realidad. Al contrario, suele aparecer dotado de un sentido común que le permite ser buen testigo de la realidad más profunda tanto como de la realidad más concreta y aparente.

5 *Sensación de acceder a verdades profundas de forma instintiva, más allá del razonamiento.* Rubia cita a Ovidio, Ignacio de Loyola, Abu Hamid al-Ghazzali o Bernardo de Claravall. Esta sensación de inmediatez con los aspec-

tos más radicales de la realidad utilizando la vía intuitiva apunta a un aspecto destacado de las formas de conocimiento emocional, hoy muy estudiadas.

6 *Superación del dualismo y las contradicciones.* Una buena experiencia religiosa facilita ir más allá de las contradicciones lógicas que formulamos con el principio de no contradicción (*a* no es *no-a*), o del tercero excluido (dos proposiciones contradictorias no pueden ser falsas al mismo tiempo). Esta superación de la contradicción es relativamente clásica y se expresa en la *coincidentia oppositorum* conocida en Occidente por los textos de Nicolás de Cusa (siglo xv). Lo mismo dice Eckhart, y cosas similares proponen ciertas corrientes de la tradición cultural y espiritual de Oriente para las que los elementos contradictorios pueden manifestar formas ocultas de similitud.

7 *Pérdida del sentido de causalidad.* Se produciría como consecuencia de la contemplación de los seres particulares como una epifanía de una sustancia central no determinada.

8 *Inefabilidad.* Es una de las características más citadas por todos los místicos. No encuentran palabras para explicar las experiencias. Eso confirma el carácter limitado del lenguaje, y conecta de alguna manera con las referencias de Wittgenstein, que precisamente a propósito de la religión —aunque no solamente en relación con ella— habla de la limitación de las palabras.

9 *Sensación de bienestar, paz y alegría.* Esta sensación acompaña lo que ha sido designado de formas diversas, y modernamente como *peak experience*, indicando momentos de coherencia y felicidad intensa en los cuales la armonía preside el mundo interno. Las citas pueden alargarse y

pasan por todas las místicas occidentales (alemana, castellana, italiana…), orientales (tanto clásicas como modernamente expresadas por contemporáneos como Tagore o Gandhi), islámicas…
10 *Percepción como de luz o fuego.* Hildegarda de Bingen, Teresa de Jesús, Ruysbroeck, Matilde de Magdeburg, Jakob Böhme, Jacopone da Todi…, son otros tantos testimonios que expresan una realidad que les aparece como una iluminación. En las tradiciones orientales la misma palabra *iluminación* indica el descubrimiento central espiritual o religioso.
11 *Transitoriedad.* Todas estas experiencias se citan como fenómenos de corta duración, como una cata, que va desde algunos instantes hasta algunas horas o hasta algunos días en casos más excepcionales.
12 *Cambio positivo de conducta.* Es un criterio fundamental. Todas las grandes vivencias de vida religiosa profunda llevan a los sujetos que las experimentan a un mundo interno más maduro y a una mejor calidad del mundo relacional. Este es un criterio de discernimiento fundamental que puede permitir distinguir a aquellas personas a quienes la presumible experiencia religiosa orienta hacia una cualitativa mejora personal, de aquellas otras que son víctimas de derivas neuróticas o patológicas disfrazadas de experiencia religiosa. La relación entre la neurobiología y el estudio del mundo mental contemplativo aplicado muy concretamente a los estados mentales que considera el buddhismo ha estado recientemente estudiada con mucho detalle por B. Allan Wallace (2007).

4 REGISTROS NEUROBIOLÓGICOS EN ACTIVIDADES DESCRITAS COMO RELIGIOSAS O ESPIRITUALES

Las experiencias personales que pueden ser calificadas como religiosas, trascendentes o espirituales han sido estudiadas en los últimos decenios con sistemas de registro variados y cada vez más informativos y precisos, dando lugar a un conjunto de datos ilustrativo en torno a los fenómenos mentales —que involucran todo el organismo— que constituyen las citadas experiencias. Aunque desde el punto de vista del contenido mental se pueda distinguir la religión —con un objeto mental específico llamado *Dios*— de otras actividades de trascendencia como las disciplinas de tradiciones espirituales no explícitamente religiosas —como el buddhismo—, los fenómenos mentales que corresponden en la práctica de la interiorización o la religión son comunes sea cual sea la tradición a la que se adscriben. Por otra parte, tradiciones no específicamente religiosas —como el buddhismo, ya citado— funcionan de hecho en la praxis social como religiosas independientemente de las distinciones teológicas que se hagan. Un monje buddhista practicante del zen o un monje cristiano seguidor de una disciplina monacal practican un tipo de interiorización o meditación con unos ejercicios prácticamente intercambiables prescindiendo del contenido mental específico que cada tradición explicite. Un monje cristiano y un monje buddhista dan unos registros neurobiológicos muy similares.

El estudio de las experiencias de interioridad ha sido muy intenso en algunas tradiciones concretas. Este es el caso del buddhismo zen, que desde hace años ha sido objeto de análisis rigurosos y metodológicamente muy detallados con el fin de conocer cómo reacciona el organismo en la práctica de ejercicios espirituales serios. Veamos algunos ejemplos extraídos de una de las recopilaciones de este tipo de estudio más sistemáticas y fiables publicadas hasta el momento (AUSTIN 2006).

a   Variables neurofisiológicas

Las variables neurofisiológicas presentan estados diversos de acuerdo con las actividades del organismo. Las actividades relacionadas con el cultivo del mundo espiritual son susceptibles de ser registradas en algunos de sus aspectos. Desde hace unos decenios se han aplicado técnicas de registro cada vez más precisas para obtener datos de cómo las actividades de plegaria o interiorización afectan a las variables neurofisiológicas del organismo:

1   *Registro de la actividad eléctrica encefálica.* Ya hace muchos años que los neurólogos han detectado y registrado los potenciales eléctricos encefálicos amplificándolos convenientemente, cosa que da lugar a lo que conocemos como electroencefalogramas (EEG). Más modernamente también se han registrado los campos magnéticos generados por la actividad cerebral, que dan lugar a los magnetoencefalogramas (MEG). En relación con los EEG, se distinguen los ritmos alfa (8-12 ciclos por segundo), theta (4-7 cps), beta (13-29 cps) y gamma (30-70 cps). El ritmo alfa manifiesta una relación inversa con la actitud mental; por lo tanto, una reducción del ritmo alfa puede indicar un aumento de la función cortical del cerebro, a la vez que

el tálamo manifiesta también un aumento de actividad metabólica. Además, se detectan asimetrías en el ritmo alfa en las regiones corticales frontales, y el aumento del ritmo alfa en la zona frontal derecha se correlaciona con situaciones de estrés.

El ritmo theta parece que se puede relacionar con la memoria de trabajo activo y también con la activación del hipocampo (relacionado con la memoria). Los ritmos beta están asociados con el sueño, pero los ritmos beta rápidos (17-23 cps) parecen asociados también con el «descanso consciente en ausencia de objetivo», y por eso tienen interés en las actividades meditativas. Finalmente, los ritmos gamma están asociados a muchos tipos de actividades corticales específicas y son susceptibles de ser trabajados por medio de entrenamientos mentales de muchos tipos; también por este motivo han sido objeto de interés en relación con actividades de meditación. Los estudios hechos con ondas gamma en personas en situación meditativa o de diferentes estadios de preparación para la meditación parecen indicar que la sincronización de las ondas gamma y la activación de los núcleos caudado y putamen (núcleos del centro del encéfalo) indicaría la formación de hábitos mentales y la aparición de altos niveles cognitivos y conductuales que orientarían hacia actitudes que se podrían definir como *compasivas*.

2 *Ritmo cardíaco*. Las actividades de meditación también implican modificaciones en el sistema nervioso vegetativo, fenómeno lógico y conocido que se manifiesta en el tipo de actividad del sistema vagal, sistema responsable de la relajación general y concretamente de la ralentización cardiaca.

3 *Cortisol.* El cortisol es una hormona glucocorticoide segregada en el córtex adrenal y que facilita las respuestas al estrés, ya que se manifiesta aumentado en estas situaciones. Algunos estudios precisos en personas practicantes de técnicas de meditación presentan una reducción clara del cortisol circulante correlacionada con la disminución de actividad del sistema vegetativo simpático, responsable este de la activación general del organismo. También se constata un efecto comparable en relación con las catecolaminas (norepinefrina), hormonas relacionadas con las situaciones de estrés. Todo ello indicaría una acción benefactora de las actividades meditativas bien planteadas en la fisiología general.

4 *Respiración.* Este fenómeno central de la vida, que depende de un complejo marcapasos situado en el tronco cerebral, es también muy sensible a las actividades meditativas. Las formas anatómicas de respiración —especialmente la forma abdominal— han estado repetidamente señaladas como relevantes en estos ejercicios. En situación de reposo el ritmo respiratorio se modera y el volumen respiratorio crece. También la reacción a la presencia de dióxido de carbono es más eficaz. Cuando se pasa del reposo a la meditación formal todavía se reduce más el ritmo respiratorio.

5 *Óxido nítrico (NO) y óxido nitroso (N_2O).* El estudio del óxido nítrico o monóxido de nitrógeno y de su importante papel en la dilatación de los vasos circulatorios es un fenómeno reciente ampliamente desarrollado a finales del siglo XX. La presencia de NO es notable en núcleos del tronco cerebral y del centro del encéfalo, y su presencia se relaciona con el aumento de la circulación

cerebral y con el aumento correlativo de una serie de indicadores metabólicos muy interesantes y complejos. La enzima NOS-1, uno de los generadores de NO, aumenta la actividad metabólica y la regeneración de neuronas relacionadas con la memoria. Esta complejidad hace que, junto a aspectos beneficiosos, el NO también presente aspectos deletéreos, cosa que lo convierte en un neurotóxico potencial. La referencia conocida de que el nitrito de amilo facilitaba en la relación sexual una activación emocional clara unida a una sensación oceánica y unificadora sugería el interés del estudio del NO en relación con actividades de interiorización. Hay estudios ya en este sentido, pero pendientes todavía de confirmaciones. El óxido nitroso es conocido por su función de liberación de péptidos opioides (hormonas naturales que rigen la satisfacción, segregadas principalmente en la hipófisis), y en este sentido es conocido y estudiado como droga psicoactiva. Su papel en relación con los estados de conciencia todavía es poco claro, pero se piensa que su estudio podrá aportar datos interesantes en estos campos.

b Análisis de experiencias mentales y estados de conciencia específicos

Además del registro de variables neurofisiológicas, la neurorreligión también se preocupa de analizar aspectos más complejos relacionados con la experiencia religiosa, como la activación de redes complejas. Para aquellos a quienes les pueda parecer que en este aspecto la neurorreligión tiene pretensiones desmesuradas, hay que recordar que hoy la neurociencia se interesa por los aspectos más sofisticados del funcionamiento mental humano, a fin de ver —aunque en un nivel de aproximación muy inicial— cuáles son los sustratos neurales de las operaciones mentales más elevadas, como pueden ser las decisiones tomadas en entornos de incertidumbre (DAW 2006). Citamos algún ejemplo a propósito de los intentos realizados con el fin de discernir neuralmente algunas funciones mentales de la meditación:

1. *Memoria.* Los estudios sobre el hipocampo (estructura relacionada con la memoria) sugieren que la consolidación de la memoria se produce en periodos de reposo que siguen a los periodos de actividad memorizadora. Hay registros neurales que parecen apuntar a que las neuronas que trabajan juntas activamente en periodos de memorización se reactivan espontáneamente en periodos posteriores de reposo y actúan de una forma subconsciente. La memoria sería una parte del *insight* que permite nuevos niveles de comprensión. Este *insight* podría verse muy favorecido por momentos de intensa meditación que incluiría consolidación de la memoria. Incluso algunos sospechan que se pueda favorecer cierta renovación neuronal, apoyándose en datos que parecen confirmar que hay producción de nuevas neuronas en el giro dentado del hipocampo.
2. *Tranquilización o apaciguamiento.* Los estudios detallados sobre neurotransmisores —especialmente el glutamato y el ácido gamma-aminobutírico, o GABA— y su papel en situaciones de estrés, permiten suponer, según ciertos trabajos, que el entrenamiento serio en la meditación permite actuar, incluso a nivel celular, en la reducción de respuestas relacionadas con el estrés. Aspectos similares

parecen poder deducirse de estudios relacionados con el metabolismo de la oxitocina y la vasopresina (hormonas ligadas a las conductas afiliativas) y de los opiáceos naturales (endorfinas y encefalinas) que realizan funciones de satisfacción y tranquilización.

3 *Sentimiento de presencia.* En situaciones espirituales de meditación se citan sensaciones de «presencia» —de algo superior a lo que es humano—, que en contextos monoteísticos puede relacionarse con Dios y, en otros contextos, puede quedar a un nivel más difuso, lo que llamamos *panteístico*.

4 *Refuerzo del self.* El trabajo esmerado en el mundo espiritual podría aportar, en relación con las funciones de los lóbulos frontales —que son funciones de consolidación de la armonía del yo, de socialización de los controles y conductas—, un refuerzo de la percepción adecuada y una relativización del *self* en el conjunto del vivir, cosa que a menudo va asociada a una capacidad de humor y paz interior que acompaña a menudo a los grandes espirituales (WU 2010; HAN 2010). En el contexto del zen esta actitud estaría representada por el humor espiritual de los koans; en una espiritualidad de estilo cristiano, por episodios como las florecillas de san Francisco, o en un contexto islámico, por las ocurrencias de sabiduría del mundo sufí, para citar algunos de los ejemplos más conocidos.

5 *Superación del dualismo.* Se trata de una vivencia muy mencionada en la profundización espiritual. Esta expresión se puede entender como «coincidencia de opuestos», «realización de la unidad», «comprensión de la identidad entre realidad última y fenómenos particulares», «iden-

tidad entre relativo y absoluto», etc. Esta identificación con la unidad básica y central del ser conduce a una comprensión integrada de toda la realidad que podría estar en el corazón de lo que muchos —desde los místicos hasta otros espirituales o científicos y artistas— denominan *el misterio*, no como enigma amenazador, sino como realidad acogedora trascendente. Estudios psicofisiológicos de este aspecto de percepción de la unidad fundamental y de superación de la dualidad han estado cuidadosamente descritos y relacionados con aspectos concretos de la meditación y de la maduración de la persona, e incluso con algunas estructuras neurales concretas recientemente estudiadas, como es el caso de las neuronas espejo. La superación de la centralización en el yo, que es un camino que se inicia en el niño cuando empieza a reconocer la alteridad y que va madurando a lo largo de la vida —en la mayor parte de los casos en un proceso que queda a medias, y en muchos casos apenas al principio—, lleva a esta comprensión de la realidad total como algo central en el cual el *self* vive, y eso no representa una regresión negativa hacia una situación oceánica primaria, sino justamente la superación del egocentrismo en apertura a una realidad mayor.

6 *Conciencia cósmica*. El fin de muchos procesos de trabajo espiritual es el acceso a una actitud pacificada de comprensión de una realidad total, de la que formamos parte y en la que estamos y nos reconocemos una vez superada la centralización en las propias necesidades. Yo *soy*, pero en el contexto de una realidad total que *me tiene* y en la que *me vivo* confiada y activamente. Esta actitud se manifiesta en una compasión o benevolencia hacia las

manifestaciones concretas de esta realidad última, y esta es la base de la sensibilidad moral básica orientada por el respeto y el amor. Como expresión de esta actitud central se citan actitudes como las que siguen:
- aceptar el mundo real y trabajar activamente;
- renunciar a los hábitos negativos;
- centrarse en el momento presente y en su calidad;
- apartarse de visiones idealistas de la perfección;
- extender a todos la compasión y la benevolencia;
- vivir la contingencia y la calidad sagrada de las cosas de cada día;
- fijarse más en el mundo interno que en doctrinas intelectualizadas;
- aceptar la flexibilidad y la agilidad adaptativa de la vida;
- esforzarse por la reconciliación de los opuestos;
- vivir el sentido de responsabilidad hacia los otros, y
- vivir la gratuidad hacia la vida.

Estas actitudes y otras similares nos evocan los mejores capítulos de todas las tradiciones y los más luminosos ejemplos espirituales de todas las religiones. Es en estos puntos donde religiones y espiritualidades, disciplinas de maduración y escuelas humanistas concuerdan, y donde los análisis neurofisiológicos empiezan a encontrar correlaciones interesantes. En este acuerdo se podría manifestar la unidad y la variabilidad de la gran aventura de la hominización en la perspectiva de la gran aventura (espiritual, educativa, civilizadora, religiosa, cultural...) de la humanización. Existen hoy diferentes aproximaciones a una visión comprehensiva de la relación entre neurociencia, psicología y religión (JEEVES Y BROWN 2010).

IX

EL DESAFÍO DEL PLURALISMO RELIGIOSO

Nuestra cultura, como todo el mundo puede constatar, asiste a un fenómeno inédito de globalización que afecta al hecho religioso —en paralelo a muchos otros fenómenos— como consecuencia de muchos factores, entre los cuales destaca la aceleración de las comunicaciones en un proceso vertiginoso y la generalización del pluralismo cultural y religioso en el interior de todas las sociedades abiertas. Los fenómenos culturales concretos son tributarios de los globales, y la inédita globalización nos conduce hoy a un hasta ahora desconocido pluralismo religioso que se empieza a implantar, que altera muchas convicciones y que muestra de una forma muy clara que la experiencia religiosa y las religiones concretas están sometidas a procesos de cambio y de intercambio de convicciones.

1 LAS RELIGIONES, FENÓMENOS EVOLUTIVOS

Al referirse a Dios, que por definición no está sometido a modificaciones evolutivas, muchas tradiciones religiosas —que no son Dios, sino creaciones humanas relativas a Dios— creen que también quedan al margen de la sujeción al cambio. En el contexto católico, por ejemplo, esta actitud se manifiesta en aquellas personas o instancias que se niegan a aceptar algo tan evidente como la evolución dogmática. Esta evolución es tan clara que en periodos relativamente breves de tiempo se pueden encontrar afirmaciones religiosas de alto nivel y trascendencia que se contradicen las unas a las otras. González Faus publicó un libro muy bien documentado (1996) en el que se comentan determinaciones doctrinales y morales de numerosos papas y se comparan con la evolución que el pensamiento de estos papas ha sufrido, mostrando hasta qué punto el pensamiento posterior los ha contradicho de una forma clara y expresa. No se trata de interpretaciones personales sino del simple hecho de confrontar textos de diversas épocas. Este hecho es normal dado que no hay nada que no evolucione, pero las doctrinas oficiales suelen partir de la ficción de que las determinaciones de la autoridad son verdaderas y definitivas en cualquier momento. Es una forma de intentar mantener la autoridad, pero es una mala forma de servir a la verdad.

La constatación del hecho evolutivo no excluye que se pueda defender la existencia de un núcleo duro que perdura y al cual eventualmente se puede atribuir un valor «revelado», en el sentido de un dato definitivo resistente al cambio, aunque su explicitación también vaya cambiando. Si habláramos, por ejemplo, de la doctrina moral, el núcleo duro podría estar constituido por algunas de las grandes afirmaciones éticas universales, como «Haz el bien y evita el mal» o «No hagas a los demás lo que no te gustaría que te hicieran a ti», mientras que muchos otros preceptos secundarios quedan sometidos al progreso —o regresión— evolutivo. Los preceptos éticos centrales con valor universal probablemente respondan a registros neurales evolutivamente consolidados que constituyen un núcleo duro de la naturaleza humana por lo que respecta a la ética. Este es un punto de vista sobradamente compartido por muchos neurobiólogos evolucionistas (TANCREDI 2005; HAUSER 2006). En el campo dogmático, cada tradición religiosa presenta unos núcleos que, bien interpretados, pueden iluminar algunos aspectos centrales de la experiencia religiosa y que significan hitos definitivos en el progreso de las religiones.

Enfocar claramente la situación evolutiva de las religiones es una exigencia evidente de la cultura actual. De ser una actitud amenazadora, la consideración evolutiva se ha convertido en un principio de fiabilidad hermenéutica, de forma que los que la admiten o la aplican demuestran estar particularmente preparados para una vitalidad religiosa renovada. Es necesario, por supuesto, hacer un esfuerzo hermenéutico preciso y riguroso para descubrir la naturaleza, el ritmo y el alcance de esta evolución.

2 EN EL INICIO, FENÓMENOS LOCALES

Las religiones, como casi todos los fenómenos culturales de gran alcance y larga historia, se inician como fenómenos locales. Los primeros vestigios de cultura simbólica se consideran hoy generados hace más de 100 000 años. Vanhaeren y su grupo han publicado (2006) indicios documentados de utilización simbólica de estructuras de decoración en épocas muy antiguas. Se refieren conchas de moluscos trasladadas y trabajadas intencionadamente con finalidades simbólicas en los yacimientos de Jabel Qazfeh Cave y Es Skhul (Monte

Carmelo) en Israel, y también en Oued Djebbana, un yacimiento situado en Bir-el-Ater (Argelia). A estos elementos se les atribuye una antigüedad de entre 100 000 y 135 000 años, 25 000 años antes de los que hasta el presente habían sido identificados como señales simbólicas más antiguas en Blombos Cave (región de El Cabo, en Sudáfrica), con una antigüedad de unos 75 000 años. Si tenemos presente que 10 000 años de historia ya comprenden prácticamente toda la historia que habitualmente manejamos en las referencias más frecuentadas, estos primeros vestigios simbólicos —y, por lo tanto, potencialmente religiosos en un planteamiento ampliamente radical de la cultura— son indicios tremendamente locales. Tan locales que probablemente implicaban una movilidad colectiva media de solamente unas decenas de kilómetros en el lapso de una generación en la mayoría de los grupos.

Aparte de las localizaciones que se puedan hacer de restos, es el individuo humano el que, como se ha dicho, está programado para entornos próximos. Eso significa sensibilidad por el parentesco próximo —lo que llamamos *lazos de sangre*—, por los entornos biogeográficos conocidos, y por las ideas y prácticas culturales propias del clan de pertenencia. Es la situación evolutiva normal. ¿De dónde le vendría, a la especie humana, una programación para una cultura amplia o universalista? Y si la programación vital es para entornos próximos, la cultura simbólico-religiosa estará enfocada también inevitablemente a la interpretación de estos entornos. En el momento en que se genera la idea de seres trascendentes, es normal que aparezcan entidades protectoras —o vigilantes o amenazadoras— conformadas al estilo del entorno donde se habita. Los dioses iniciales son dioses locales, y si el problema es la supervivencia en conflicto con otros grupos, los dioses locales se convierten en dioses protectores frente a otros grupos con dioses enemigos, dioses falsos.

Las religiones nacen como fenómenos locales y se extienden amparadas por los mismos contextos y criterios. Convertirse en dioses exclusivistas —que excluyen a los otros dioses— es un riesgo obvio en que caen muchas religiones, en una dinámica que en muchos casos llega al día de hoy. Si quieren una cita curiosa al respecto, comparen los dos textos que siguen:

> Hermanos, camaradas de los ejércitos franceses y de sus gloriosos aliados, ¡el Dios todopoderoso está de nuestra parte! Dios nos ha ayudado siempre en nuestro glorioso pasado. Él nos ayudará otra vez en la hora de nuestra defensa. Dios está cerca de nuestros valientes soldados en las batallas; él templa su brazo y lo fortifica contra los enemigos. Dios protege a los suyos, Dios nos dará la victoria.
> Discurso del cardenal Amette en Notre-Dame de París. 1914

> Pueblo estimadísimo de nuestra patria, Dios está con nosotros en este combate por la justicia al que hemos sido arrastrados a pesar nuestro. Os ordenamos, pues, en nombre de Dios, luchar hasta la última gota de vuestra sangre por el honor y la gloria de vuestro país. Dios sabe, en su sabiduría y su justicia, que el derecho está de nuestro lado, y él nos dará la victoria.
> Declaración conjunta de los arzobispos de Colonia, Múnich y Essen. 1914

La simple confrontación de estos dos textos estremece y, sobre todo, hace reflexionar. Son obispos de la misma Iglesia enfrentados en un mismo conflicto y defendiendo exactamente la visión local para favorecer sus intereses nacionales.

Eso pasaba no en la prehistoria sino en la guerra de 1914. ¡La evolución del pensamiento es afortunadamente evidente!

De repente, la actitud localista y partidista del planteamiento religioso ha entrado en crisis y empieza a extenderse la idea de que hay que someter a revisión este planteamiento. Este es el fenómeno recientísimo al cual tenemos el privilegio histórico de asistir.

3 ALGUNOS PRECEDENTES DE CAMBIOS DE ESTADO

Periódicamente y por razones no siempre fáciles de comprender se producen situaciones de *cambio de estado* significativo con respecto a la calidad de las experiencias culturales y religiosas. En el caso concreto de las religiones es obligado citar una de estas situaciones —tipificada como tal por Karl Jaspers—, que se ha convertido en una referencia obligada en el tema de la evolución de la experiencia religiosa, tal como ya hemos señalado en el punto *c* del capítulo V. Seguramente, como pasa en todos los modelos, la tipificación de Jaspers es discutible, pero en cualquier caso es un buen ejemplo de esfuerzo de interpretación y diagnóstico cultural. Jaspers delimita una época amplia —centrada en el siglo v a. C. y oscilando entre el 800 y el 200— y considera que en ella la sensibilidad cultural y espiritual de la humanidad se beneficia de un paso adelante, de un *cambio de estado* que replantea los temas humanísticos y religiosos según una nueva perspectiva. Jaspers llamó a esta época *Achsenzeit* o época axial, y la caracterizó como un movimiento de profundo fermento espiritual en el cual la humanidad, expresada por sus figuras más destacadas, se colocaba en la situación límite de la humanización: enfrentarse reflexivamente consigo misma y el destino de su aventura, planteándose a fondo el sentido del mundo y de la vida. Era más significativa la pregunta que la respuesta, aunque de esta respuesta todavía vivimos. En puntos y momentos diversos nacían movimientos espirituales diferentes que han mantenido sus peculiaridades hasta hoy, y que parece que en la inicial globalización que vivimos están a punto de vivir juntos una nueva época axial que podría representar una cierta unificación de sus diferencias (parafraseando a M. Garrido en la introducción a JASPERS 2001). En la obra *Origen y meta de la historia* (1999) dice Jaspers:

> En este tiempo se concentran y coinciden multitud de hechos extraordinarios. En la China viven Confucio y Lao-Tse, aparecen todas las orientaciones de la filosofía china, meditan Mo-Ti, Chuang-Tse, Lie-Tse y muchos otros. En la India surgen las Upanischads, vive Buda, se desarrollan, como en China, todas las posibles tendencias filosóficas, desde el escepticismo hasta el materialismo, la sofística y el nihilismo. En el Irán enseña Zarathustra la excitante doctrina que presenta el mundo como el combate entre el bien y el mal. En Palestina aparecen los profetas, desde Elías, siguiendo por Isaías y Jeremías, hasta el Deuteroisaías. En Grecia encontramos a Homero, los filósofos —Parménides, Heráclito, Platón—, los trágicos, Tucídides, Arquímedes. Todo lo que estos nombres no hacen más que indicar se origina en estos cuantos siglos, casi al mismo tiempo, en la China, en la India, en el Occidente, sin que supieran unos de otros. [...]
>
> En esta época se constituyen las categorías fundamentales con las cuales todavía pensamos y se inician las religiones mundiales de las cuales todavía viven los hombres. En todos los sentidos se pone el pie en lo universal.

Se trata de un movimiento simultáneo de humanización y espiritualización que se produce en coordenadas diferentes pero con una cierta simultaneidad y sintonía, y que afecta a gran parte de la humanidad. La respuesta de Buddha como eminente meditador ante el mal, el *ethos* moral y político de Confucio, la identificación del Tao y la praxis vital y colectiva que se deriva, la religión viva de la misericordia y la justicia de los profetas hebreos que retomará Jesús de Nazaret, la asunción de la historia en los poemas de Homero, la sabiduría filosófica de los griegos, constituyen una urdimbre cultural y a la vez religiosa de la cual el mundo sigue alimentándose, aunque parece que esté a la espera de una nueva síntesis que se anuncia y que la existencia de *cambios de estado* previos nos invita a considerar con interés.

4 EL PESO DE LA GLOBALIZACIÓN: NUEVA SITUACIÓN, NUEVO «ETHOS»

El movimiento cultural que designamos como *globalización* es un fenómeno con causas inmediatas muy concretas y sinérgicas, que se desarrolla en un periodo de tiempo extremadamente breve en comparación con otros procesos históricos de referencia.

Hay una serie de parámetros que configuran las condiciones objetivas que han facilitado el paso evolutivo a nuevas maneras de concebir la convivencia humana y de construir y reconstruir los mitos que vertebran las civilizaciones. Estos parámetros están descritos por doquier y solo hay que evocarlos: la aceleración fulgurante del progreso técnico y el desbordante crecimiento exponencial de la capacidad de registrar, tratar y enviar datos; lo que tal cosa implica en la transferencia de conocimiento y noticias de forma instantánea; el desplazamiento rápido y eficaz de bienes, informaciones y personas por todo el mundo; la mezcla creciente de civilizaciones y la convivencia de modelos de vida; el pluralismo social y religioso convertido en forma habitual de convivencia; el impacto en la experiencia personal —especialmente en las estructuras de la identidad personal y social— que causan todas estas modificaciones...

El resultado de esta situación es la aparición de un nuevo *ethos* de vida personal y relacional, que en el aspecto religioso se define por algunos parámetros muy significativos e innovadores, que van constituyendo una nueva urdimbre de referencia.

a Pluralismo

Lo que es nuevo no es la coincidencia en un ámbito territorial concreto de culturas diferentes —eso ha pasado a menudo y hay innumerables ejemplos, como es el caso de Córdoba en la época en que convivieron cristianismo, judaísmo e islam—, sino el hecho de que se acepta como principio de convivencia que la multiplicidad de referencias culturales tienen que convivir en un mismo espacio social compartido en medio de una porosidad general entre los diversos grupos, y que eso es la tónica hacia la que se encaminan las sociedades. Por otra parte, nadie sabe exactamente qué elementos de identidad hace falta reforzar o destacar en un área concreta en este proyecto de pluralismo. Es preciso tener claro, sin embargo, que un humano sin identidad —en el sentido de una estructura memorial que vamos registrando y nos configura— no es nada. Numerosos incidentes que se van produciendo en estos momentos en Europa —y que no son en muchos casos simples problemas de racismo, como a veces se intenta explicar de forma expeditiva— nos lo muestran, como es el caso del velo islámico en Francia, por citar alguno.

Un cierto progresismo que probablemente tiende a simplificar el problema defendería que no hacen falta signos identitarios: en el futuro no los habrá y cada uno puede optar por lo que quiera. Tal cosa suelen defenderla los miembros de culturas hegemónicas, que en el fondo saben que mantendrán su identidad porque son hegemónicos, y además en muchos casos ven finalmente al borde de la extinción las culturas residuales que en el fondo desprecian profundamente. Por ejemplo, es fácil defenderlo siendo de cultura castellana o inglesa —la lengua es un elemento central de la identidad, se quiera reconocer o no—, culturas hoy claramente hegemónicas y que saben que no corren ningún peligro. Además, los miembros de estas culturas, defendiendo el carácter innecesario de la identidad —porque la suya no se ve afectada—, pueden realizar la pirueta psicológica y progresista que significa presentarse como quien no la desea ni la necesita. (En realidad la tienen muy fuerte pero no la sienten amenazada, y por eso opinan así.) El fenómeno es más complejo cuando no hay ninguna cultura hegemónica en un área determinada. Entonces la identidad tiene a menudo serios problemas. El pluralismo generalizado presenta en el horizonte importantes interrogantes, cosa que no quiere decir que no haya que aceptarlo: solo quiere decir que exige lucidez y no simplismos.

En el orden religioso, que significa una identidad profunda —comparable en ciertos aspectos con la lingüística y aún mucho más intensa—, el pluralismo está en una fase de tanteo inicial. Los conflictos son vigorosos: basta pensar en la antigua Yugoslavia y sus tres grandes tradiciones religiosas enfrentadas, o en los conflictos del subcontinente asiático o en la situación del Oriente Próximo. A veces se dice que estos conflictos son más sociales que religiosos, pero eso responde a una perspectiva interesada, pues en muchos casos los conflictos sociales se generaron como consecuencia de las diferencias religiosas, y en el fondo las raíces últimas de toda identidad son «últimas», y entre ellas las religiosas desempeñan un gran papel, incluso disfrazadas. ¿Qué diferencia hay identitariamente entre el centralismo social francés, los valores republicanos y su *grandeur*, y la vieja devoción cristiana al rey de Francia, jefe de la «primogénita de la Iglesia»? El pluralismo dinamitará estas síntesis identitarias y religiosas, y la verdad es que nadie sabe exactamente cómo tenemos que gestionarlo.

b Relativización

La consecuencia inmediata de todo planteamiento pluralista admitido como positivo y deseable es la relativización cultural, religiosa, etc. Los valores centrales tienen que ser efectivamente coactivos —en el buen sentido de la palabra— y, si no lo son, son simplemente valores colaterales u opinables. El pluralismo, pues, conduce inevitablemente a una relativización —excepto en grupos muy cerrados en los que puede generar una respuesta radicalizadora— y a una renuncia a proponer convincentemente como válidamente universal lo que no es compartido. Hace falta ser lúcido en este aspecto y asumir todas las consecuencias de lo que se acepta. A pesar de admitir el principio de una verdad poliédrica de la que cada cual percibe un aspecto, cuando en la práctica las propuestas se diferencian mucho, o se relativizan, o es muy difícil compartirlas.

Dando un paso más allá, habrá que valorar si la aceptación de la relativización —y, por lo tanto, el que el planteamiento de los valores ajenos tenga las mismas oportunidades que el de los míos— es simplemente tolerada o promovida como una situación positiva. La tolerancia va a menudo de la mano de la resignación, y esta actitud emocional es claramente diferente del interés activo. Si la tolerancia es más que resignación y propone una interacción positiva, la actitud tiene que ser muy mesurada y reflexionada para ser profundamente consecuente y renunciar a la apologética y a las imposiciones sociales. Este es el punto delicado en las sociedades plurales.

En el campo religioso, que tiende a revestir de un aura de verdad revelada cuantas más cosas mejor —esta es una gran tentación de las organizaciones religiosas—, la relativización puede ser demoledora, sobre todo cuando no hay cultura de pluralismo. Efectivamente, si no se hace la distinción entre órdenes de verdades y prescripciones —distinguir lo que es importante de lo que es secundario y, por lo tanto, poco importante—, la duda sobre un detalle presenta el riesgo de desbaratar el conjunto. Por eso, la relativización es un hecho que ha cogido a muchas tradiciones religiosas —especialmente las grandes tradiciones monoteístas, y la católica en concreto— con el paso cambiado. Si algo es una invitación tengo la libertad de aceptarla; distinto es si se trata de una obligación. Los sistemas clericales, para ahorrarse problemas, han tendido históricamente a presentarlo todo como una obligación. Hoy, esa actitud entra en grave colisión con sociedades de oferta pública variada, que dan lugar a las «religiones a la carta» que tanto desconciertan a los clérigos, quienes quedan desorientados como las ocas de Lorenz cuando los polluelos, en vez de seguir la voz de su madre, seguían a algún otro estímulo acústico que les sonaba mejor.

c *Secularización*

Sumado al proceso de pluralismo, en nuestras sociedades se produce el de la secularización, proceso este que parece destinado a extenderse a todas las sociedades, aunque en Occidente resulta evidente y ha dado lugar al fin de la cristiandad, mientras que en el mundo islámico parece que no llega a emprenderse, y en otras culturas, por ejemplo la japonesa, funciona con un perfil bastante diferente de Occidente. La secularización comporta que la mayor parte de la actividad social queda en manos de la sociedad civil (Estado o sociedades intermedias), y las instituciones religiosas funcionan como una de estas sociedades intermedias y sin privilegios peculiares por el hecho de ser religiosas. Eso significa que los grupos religiosos dejan de tener poder social, excepto con respecto a la capacidad o prestigio que tengan en cada una de las sociedades para convencer a la ciudadanía, en una competencia libre frente a cualquier otra propuesta social.

En nuestro lado del mundo, a aquellos que, como los clérigos, han tenido históricamente en muchos lugares, y hasta no hace mucho, el poder de imponer a toda la sociedad sus puntos de vista les cuesta aceptar este juego de la secularidad. A todos nos vienen a la memoria ejemplos de todo tipo, pero en nuestras regiones nos resulta muy familiar la imagen de las autoridades religiosas pretendiendo imponer a toda la ciudadanía sus propuestas a partir del argumento de que «son verdad» o bien de que son «la expresión de la ley natural» que obliga a todo el mundo. Pienso sobre todo en los temas que afectan a la sexualidad —aquí hay algún otro problema añadido—, como por ejemplo las condiciones de las relaciones sexuales, el control de la natalidad, el estatuto del embrión, la forma de constituir las parejas reproductoras... La secularidad exige un cambio de mentalidad y un cambio de procedimientos. No se puede aceptar la secularización queriendo mantener las reglas del juego del sistema anterior.

Pluralismo y secularidad suponen una entrada muy viva en el mundo de la relativización, y eso exige un tacto especial para mantenerse en la serena defensa de determinados valores —asegurando que no se haga por pura inercia ni por pereza de pensar y cambiar—, y a la vez saber estar presente en una sociedad que ha aceptado reglas del juego distintas de las que habían regido durante muchos siglos. Hay que ser cauteloso, sin embargo, en la generalización de los procesos de secularización occidentales, considerando que tienen que producirse en todas las culturas. Concretamente en la japonesa, que se ha citado hace poco, parece que las cosas funcionan de otra forma. Danièle Hervieu-Léger, conocida socióloga de las religiones y presidenta de la École des Hautes Études en Sciences Sociales, se reunía en agosto del 2006 con Susumu Shimazono, profesor en Tokio, para estudiar el tema «Secularización y nuevas formas de religiosidad». Sus observaciones son muy interesantes. En el Japón dominan dos religiones —ninguna de ellas teísta—: el sintoísmo —que es una especie de animismo— y el buddhismo —que es una escuela de reflexión y meditación trascendente—; ambas mantienen una excelente interrelación, dando lugar a experiencias «compatibles». En el Japón, desde el siglo XIX hasta 1945, el sintoísmo fue la religión oficial. Actualmente, la sociedad japonesa ha sido marcada por la secularización —sobre todo por sus aspectos científico-técnicos—, pero parece que la vida religiosa no ha sufrido influencias especiales debidas a este impacto. En Occidente, los sistemas religiosos instituidos y sus relatos son sustituidos por grupos reunidos en torno a experiencias o emociones. En el Japón no hay experiencia de grandes religiones instituidas y, por lo tanto, esta sustitución presenta un tono muy diferente, y tanto el sintoísmo como el buddhismo mantienen fundamentalmente las influencias que tenían (PONS 2006).

d   Ciencia y técnica en sinergias sociales asociadas

Añadimos a la situación de cambio de *ethos* el hecho de que el progreso científico y técnico altera de tal forma los conocimientos, que muchas convicciones basadas en observaciones anteriores cambian rápidamente de signo. Los progresos de conocimientos y aplicaciones, al acelerarse conjuntamente, dan lugar a fenómenos de sinergia (aparición de nuevas oportunidades inesperadas o no pretendidas, surgidas de la aceleración conjunta de parámetros). Pongamos algunos ejemplos de cómo el progreso científico obliga a cambiar opiniones morales:

1. En épocas de mortandad infantil numerosa, la consigna para las parejas era la de tener muchos hijos; en épocas de sanidad generalizada y explosión demográfica, la ética pide tener pocos.
2. Cuando las posibilidades técnicas de intervención en la naturaleza tenían como referencia la azada o el arado, la exhortación era a conquistar la tierra; ahora que lo estamos destruyendo todo, hace falta que nos exhortemos a protegerla y defenderla.
3. El hecho de haber descubierto la ley natural selectiva en virtud de la cual el organismo humano aborta al menos la mitad de todas las concepciones porque son defectuosas, podría llevar a considerar el aborto terapéutico de ciertos fetos como una confirmación de la ley natural.
4. En una sociedad de comunicación pública, abierta y rápida, la pretensión de una interpretación autoritativa de la verdad no tiene mucho sentido. La verdad se establece por los datos y comprobaciones que se ofrecen críticamente.
5. El extremo progreso de las técnicas de reanimación de recién nacidos precoces empieza a hacer pensar que algunas de estas técnicas son ensañamientos terapéuticos precoces que se exponen a dar viabilidad a fetos que naturalmente no hubieran sido viables, cosa que podría generar secuelas.
6. Los conocimientos cosmológicos exigen un replanteamiento de toda la mítica religiosa, incluido el imaginario sobre lo trascendente, las causalidades naturales y las representaciones de lo que coloquialmente llamamos *el más allá*.

7 La revisión del carácter social de los géneros y de su relación con la definición sexual de cada uno replantea los roles sociales y eclesiales desde siempre atribuidos a hombres y mujeres por indicación divina.

Se trata de algunos ejemplos de renuncias o reinterpretaciones que se nos han impuesto en un periodo de tiempo muy corto como consecuencia de las variaciones que el progreso científico y tecnológico ha impuesto en las formas de representación y de actuación.

5 EL PROCESO DEL PLURALISMO EN EL MUNDO CATÓLICO

El impacto de la oleada del pluralismo religioso en el mundo católico ha sido muy duro, aunque alegremente se ha dado una imagen de fácil bienvenida. Como otras tradiciones monoteístas, la católica ha sido siempre una tradición que ha defendido con formulaciones dogmáticas la posesión exclusiva de la verdad. La condena de todo lo que no fuera católico o eclesial ha sido el lenguaje habitual de toda la teología prácticamente hasta el siglo xx. Los testimonios son absolutamente abrumadores en este sentido. Citemos algunos espigados con mucha facilidad:

> La sinagoga es el sitio de la incredulidad, la patria de la impiedad, el cubil del delirio, condenada por el mismo Dios.
> SAN AMBROSIO DE MILÁN

> La virtud de los paganos no tiene ningún valor, no sirve para nada; su sabiduría, su caridad, su bondad no tienen ninguna

consecuencia porque no están arraigadas en la fe. Los actos virtuosos de los paganos son pecados.

SAN AGUSTÍN DE HIPONA

Los soldados, en las cruzadas, luchan sin ningún temor de pecar, porque se exponen al peligro de morir o matar al enemigo. Para ellos, morir o matar por Cristo no es un delito, sino un gran honor.

SAN BERNARDO DE CLARAVALL

La Santa Iglesia Romana [...] cree firmemente, confiesa y anuncia que nadie, fuera de la Iglesia católica, ni pagano, ni judío, ni incrédulo, ni nadie que se haya separado de la unidad, tendrá parte en la vida eterna; irá, al contrario, al fuego eterno preparado por el diablo y sus ángeles, si no se adhiere a ella antes de morir.

Concilio de Florencia, 1439

La Iglesia es la comunidad de los hombres reunidos por la profesión de la verdadera fe, la comunión de los mismos sacramentos, bajo el gobierno de los pastores legítimos y principalmente del único Vicario de Cristo sobre la tierra, el Sumo Pontífice Romano [...]. Una comunidad de hombres tan visible y palpable como la comunidad del pueblo romano, el Reino de Francia o la República de Venecia [...]. El número de los reprobados será parecido a la multitud de las olivas que caen al suelo cuando se sacude el olivo.

SAN ROBERTO BELLARMINO

Aunque sea tan difícil salvarse en el estado del matrimonio, y que la mayoría, sin dudar un momento, sean condenados, aquellos a quienes Dios llama en este estado pueden salvarse. Dios es un juez irritado que juzga a los hombres con todo el rigor de su justicia. No es un pastor caritativo que va a buscar a las ovejas descarriadas para perdonarlas: es un Dios vengador que viene a separar para siempre a los pecadores de los justos, a aniquilar a los malos desde su más terrible venganza.

SAN JUAN MARÍA BTA. VIANNEY

Como es imposible complacer a Dios sin fe y ser contado entre sus hijos, nadie ha obtenido nunca la justificación sin la fe y, a menos que persevere en ella hasta al fin, nadie obtendrá la vida eterna.

Concilio Vaticano I, sesión 3.ª

Estas muestras de diferentes épocas ilustran la continuidad de un pensamiento teológico estrictamente exclusivista y excluyente, que se mantiene hasta el siglo XX en el pensamiento oficial generalizado del mundo católico. De golpe, en un lapso breve, todo cambia. El Vaticano II modifica la doctrina sobre la libertad religiosa diciendo:

> Este Concilio Vaticano declara que la persona humana tiene derecho a la libertad religiosa. Esta libertad consiste en que todos los hombres han de estar inmunes de coacción, tanto por parte de individuos como de grupos sociales y de cualquier potestad humana, y esto de tal manera que, en materia religiosa, ni se obligue a nadie a obrar contra su conciencia, ni se le impida que actúe conforme a ella en privado y en público, solo o asociado con otros, dentro de los límites debidos. Declara, además, que el derecho a la libertad religiosa está realmente fundado en la dignidad misma de la persona humana, tal como se la conoce por la palabra revelada de Dios y por la misma razón natural. Este derecho de la persona humana a la libertad religiosa ha de ser reconocido en el ordenamiento jurídico de la sociedad, de tal manera que llegue a convertirse en un derecho civil.
>
> «Declaración sobre la libertad religiosa»

El giro se puede considerar estrictamente copernicano, es decir, se dice prácticamente lo contrario de lo que se decía, y eso en un tema de tal trascendencia supone un cataclismo. Disimular la situación bordea la inconsciencia o el engaño mental.

El papa Juan Pablo II escenifica la nueva situación al reunirse a rogar con los representantes de otras religiones. Pero este gesto fue mal calculado. Fue, como tantas cosas del pontificado de Juan Pablo II, e interpretándolo bien, un gesto para la galería. Ninguna teología aceptada oficialmente apoyaba un gesto de semejante trascendencia, y el papa convirtió el gran cambio en una situación que gestionar y dosificar según las conveniencias oficiales. Pero en nuestro mundo mental y cultural —en el cual, por supuesto, viven los cristianos— estos procedimientos no son viables. Naturalmente, las contradicciones empezaron a ser brutales porque los creyentes reclamaban los derechos que tienen y que se les han reconocido.

Esta situación de contradicciones se hace evidente en dos aspectos relevantes: por una parte, la persecución de la teología del pluralismo. Se desató una desautorización sistemática de los teólogos que intentaban recodificar la teología católica en función de las nuevas coordenadas establecidas. Jacques Dupuis, Hans Küng, Paul Knitter, Michael Amaladoss, José M. Vigil, Joseph Comblin y tantos otros teólogos católicos que intentaban construir la nueva teología correspondiente al giro copernicano proclamado por el Vaticano II y escenificado por Roma, son desautorizados, fundamentalmente porque la Iglesia católica no tiene doctrina oficial coherente sobre su propio cambio y sigue viviendo en una ficción oficial de inmutabilidad doctrinal que no le permite aceptar oficialmente cambios reales. Siempre vuelve a aparecer una doctrina basada en citas que cierra la reflexión en círculo vicioso. Por otra parte, la relativización inevitable derivada de la aceptación del pluralismo no ha querido ser reconocida, y los estamentos oficiales siguen pensando que se pueden defender puntos de vista coactivos como se hacía antes, en doctrinas, praxis morales o hechos rituales. Y la proclamación de la libertad de conciencia no se puede compaginar con este estilo. Existe por parte del sistema eclesiástico la reivindicación de un poder absoluto que sigue invocando a la autoridad divina en una serie de temas que todo el mundo entiende que han cambiado de calificación. Todo implica una crisis de credibilidad disciplinaria y teológica notable.

La teología real y el conjunto de creyentes que sacan las conclusiones lógicas de las nuevas doctrinas formuladas sobre el pluralismo y la libertad de conciencia en la elección religiosa han tenido que recorrer un proceso teológico rápido y sorprendente. En poco tiempo, este proceso ha superado una serie de hitos que se pueden enunciar en tres formulaciones por las que se expresan las doctrinas y las conciencias, y que suponen un camino extraordinariamente nuevo en el pensamiento católico y cristiano. Estas etapas serían:

a *Del exclusivismo al inclusivismo.* En un primer momento, e intentando «salvar los muebles» del exclusivismo sin repetir la formulación, se propuso un modelo teológico que consideraba salvado a todo el mundo por la vía de Jesús, aunque los afectados no lo sabrían. Se trataba de los considerados *cristianos implícitos*: los redimidos en Cristo no conscientes de esta acción redentora en la cual participaban. Así quedaba justificada la necesidad de la pertenencia a la Iglesia como condición de salvación, manifestada unánimemente durante veinte siglos de teología católica.

b *Del inclusivismo al pluralismo.* En un nuevo paso de reflexión, muchos teólogos han visto en el inclusivismo una operación de oportunismo poco leal. Vale más reconocer que la verdad religiosa ha cambiado de estatuto y que cada camino religioso honrado es un camino auténtico de acercamiento a Dios, que ir disimulando la situación para no tener que admitir que hay que cambiar para llevar a cabo una adaptación positiva de la verdad cristiana a las nuevas condiciones universales. Aceptando el pluralismo real, el panorama (Dios) se observa desde diversas perspectivas y nos dirigimos por diversos caminos, pero el panorama es el mismo. En todo caso, puede haber mejores perspectivas o caminos más rectos. Eso supone un trabajo muy interesante y delicado de discernimiento entre opciones religiosas diversas y también entre orientaciones dentro de una misma religión.

c *Del pluralismo religioso a la religión como género literario.* En el capítulo VI he hablado de un estadio interpretativo radical —relacionado con Bonhoeffer, entre otros— que se pregunta si la fe cristiana no es una llamada a la entrega radical hecha históricamente por Jesús en un clima interpretativo inevitablemente religioso —aunque esto no sería imprescindible—; llamada que se realiza aunque el protagonista no sea consciente de que en esta entrega encuentra a Dios, y, por lo tanto, sin necesidad estricta de acceso a un mundo mental explícitamente religioso. Desde este punto de vista, la religión sería un buen género literario —en el sentido profundo del término— para vehicular esta entrega, pero no una condición indispensable para vivirla.

En la tradición cristiana encontramos en el Nuevo Testamento argumentos muy serios que apoyarían esta última propuesta. Son bastante conocidos, aunque no siempre consecuentemente valorados:

a *El buen samaritano* (Lc 10,25-37). Jesús responde a la pregunta sobre cómo hay que alcanzar la vida eterna y amar al Señor. La respuesta es tremendamente concreta: haz esto y vivirás cumpliendo la ley. Lo que sigue es bien conocido. Ante la nula eficacia de clérigos y sabios religiosos, da la respuesta acertada un sencillo benefactor concreto al margen de toda ortodoxia religiosa.

b «*Misericordia quiero y no sacrificios*» (Mt 9,9-13 y 12,1-8). La recuperación que hace Jesús de la divisa profética establece una sorprendente distancia con cualquier propuesta religiosa clásica.

c *La religión verdadera* (Sant 1,26-27). Uno de los grandes discípulos de Jesús deja bien clara la esencia de toda religión auténtica: ser benefactor de los pobres.

d *Evaluación religiosa final de la historia* (Mt 25,31-46). En el gran escenario del juicio religioso de la historia —personal y colectivo— no aparece más que un solo criterio, curiosamente no considerado específicamente religioso, y que es el único que cuenta. Los que lo satisfacen ni tan solo sabían que satisfacían una exigencia religiosa.

e *Solamente una ley* (Mt 22,34-40). Los dos mandamientos únicos son de hecho intercambiables. Amar a Dios es lo mismo que amar al prójimo.

A nadie se le escapa que este estadio es un proceso abierto, inédito —aunque está sugerido claramente en los orígenes cristianos, como acabamos de ver— y de consecuencias imprevisibles. Por otra parte, ofrece una oportunidad espectacular para el desarrollo del pluralismo en la medida en que abre un panorama religioso alejado de los planteamientos de controversia teológica. En función de los nuevos horizontes que se plantean, la gran tarea que se presenta a las religiones es la de establecer pasarelas entre las diversas tradiciones a partir de un delicado discernimiento.

6 ATENCIÓN AL DISCERNIMIENTO

El discernimiento es muy importante. La proclamación del derecho de toda conciencia a seguir la propia decisión religiosa no se produce en zonas culturales neutrales y no puede prescindir de la presencia eventual de fenómenos pretendidamente religiosos, pero que son en realidad reacciones psicológicas sectarias y fanáticas, o bien constituyen experiencias religiosas manifiestamente degradadas. En ambos casos se juega con una situación de toxicidad psicológica. Los aspectos sectarios y fanáticos son, de hecho, una patología mental envuelta en un ropaje religioso. No siempre es fácil detectarlos con precisión —excepto en casos extremos—, porque a menudo en el interior de tradiciones en su conjunto excelentes se esconden grupos sectarios enmascarados con perfiles de perfección y fidelidad genuinas. De todos modos, hay características que definen bastante bien el sectarismo: pasión por la referencia autoritaria acrítica y rechazo de la interpretación —para poder mantener una estructura mental de hecho muy débil, que se colapsaría si se diera entrada a un pensamiento personal libre—, rigidez ritual obsesiva, conductas morales estereotipadas, exaltación emocional perpetua que evite la razonabilidad, etc. Estas características se pueden apreciar en grupos concretos de todas las tradiciones, y en el caso de la comunión católica aparecen bastante claras en ciertos movimientos destacados.

La situación de tradiciones que merecen una valoración negativa porque derivan hacia la magia y la esclavización de las personas en relación con el destino —cosa que sería factible desde ritualizaciones ridículas y desproporcionadas—, se da actualmente en muchos sectores de tradiciones animistas que han emigrado de sus contextos originales. El choque de tradiciones ha generado sincretismos erráticos que van a la deriva, aunque dan lugar a referencias trascendentes significativas para personas en crisis de identidad. Un buen ejemplo pueden ser las formas religiosas afrocubanas (y similares), desarrolladas en América Latina en los últimos siglos como resultado del sincretismo entre tradiciones animistas y tradiciones cristianas en el seno de situaciones culturales de desarraigo. René David Roset, durante muchos años profesor de teología católica en La Habana, ha publicado una aproximación interesante a este mundo (2004). En estas situaciones hay que valorar los rasgos culturales originales que inspiran los itinerarios animistas, orientándolos hacia una situación de liberación del miedo y de la sumisión al destino y la magia. Este trabajo no es muy diferente del que hay que hacer con sectores sectarios de las grandes tradiciones religiosas, dado que siempre se trata de descontaminar unas situaciones espirituales que se han vuelto tóxicas por efecto de degradaciones psicológicas, y tratar de oxigenarlas con la aportación liberadora que puede realizar una buena religión.

7 TENDER PUENTES Y PASARELAS

Más allá de las teologías y las determinaciones institucionales, la vida —la religiosa también— avanza a través de las personas concretas y de su experiencia. Por eso hay que estar más atento a lo que vive la gente —su fe que, como dice santo Tomás en la *Suma teológica* II-I, q. 106, art. 1 y 2, es la misma gracia del Espíritu Santo dada a los creyentes y constituye el valor supremo—, que no a lo que dicen las autoridades. Por eso es bueno seguir el futuro del pluralismo religioso en los itinerarios y las iniciativas concretas de las personas. Y son estas identidades en contacto las que irán permitiendo la porosidad que facilita el intercambio constructivo y complementario.

a Puentes en el pensamiento

En el panorama religioso actual hay algunas pasarelas preferentes entre tradiciones que merecen una atención peculiar, porque unen tradiciones muy importantes y suscitan atención interactiva entre sus miembros. Eso vale tanto en el ámbito intrarreligioso —sería el caso del ecumenismo entre Iglesias cristianas, que es un tema que ya tenía que haber quedado resuelto hace tiempo y que sigue atascado por la contumacia de las autoridades, que siguen pivotando sobre agravios históricos ajenos al evangelio— como en el interreligioso. En este último ámbito son especialmente significativos los intercambios cristianismo-buddhismo y cristianismo-islam. Creo que en este momento la permeabilidad es más viable entre el cristianismo y el buddhismo —aunque las raíces son menos comunes— que entre el cristianismo y el islam. Probablemente se deba a que se trata de tradiciones no vecinas, ¡y ya se sabe qué pasa con los vecinos que han estado enemistados durante siglos!

Eric Vinson, en el número de *Le Monde des Religions* correspondiente a julio-agosto del 2006, hace un intento sencillo pero didáctico y acertado de confrontar positivamente en diez puntos la tradición buddhista y la cristiana. Es un buen ejemplo del tipo de contenidos en torno a los cuales es bueno discernir para llegar a comprender y eventualmente compartir tradiciones entre grupos diferentes. Cito y gloso a continuación los comentarios de Vinson como ejemplo estimulante de diálogo:

1 *Taumaturgo o profesor.* Jesús, un taumaturgo de carisma brillante; Buddha, un maestro reflexivo. Las palabras de Jesús, breves e incisivas, acompañan curaciones y resurrecciones. Las palabras de Buddha, abundantísimas y discursivas —los sutras—, invitan a profundizar en el estado mental. Buddha, ante un muerto, no lo resucita: reflexiona.
2 *Liberado o resucitado.* El buddhismo, en la muerte, toma nota de la fugacidad de la vida y de su dolor, y alcanza la liberación de toda limitación por la extinción de la individualidad. Jesús proclama una resurrección que hay que anunciar más allá de la muerte.
3 *Salvador divino o maestro de sabiduría.* En las dos tradiciones, mensaje y mensajero quedan bastante identificados; de hecho, los buddhistas veneran a Buddha de una forma que en la práctica es muy aproximada a como los cristianos veneran a Jesús. Pero, en el cristianismo, el

mensaje es Jesús mismo como salvador. En el buddhismo el mensaje es la enseñanza de un maestro, y no es adhiriéndose a la figura de Buddha que se llega a ser buddhista, sino adhiriéndose a su enseñanza.

4 *Persona o no yo.* La individualización personal fuertemente enfatizada es fundamental en la vida mental de Occidente, tanto cultural como religiosa. Vinson habla de «marca de fábrica». Oriente se mueve más en la consideración de la vida como un accidente transitorio generador de afecciones y sufrimientos. Aquí surge un punto de dificultad para tender pasarelas. Es difícil compaginar la antropología de base personalista de Occidente con la concepción accidental de la persona que rige en Oriente. La riqueza personal y proyectiva de la cultura occidental es cogida a contrapié por la visión pesimista de toda realización histórica que domina agazapada en el buddhismo.

5 *Dios o el vacío.* Aquí tenemos el definidor religioso. Aunque el buddhismo funciona de forma fenomenológica como cualquier otra religión, originariamente no es una tradición religiosa sino una sabiduría. Como Dios es inefable, se puede superar esta diferencia esencial pensando que vivimos y reflexionamos muy lejos de los límites, y se puede imaginar que asintóticamente hay algún tipo de relación. Un especialista del buddhismo dice gráficamente: en el buddhismo todo se explica sin Dios; en el cristianismo nada se explica sin él.

6 *Caminos espirituales relacionados.* Las respuestas humanas a Jesús y a Buddha no son tan diferentes. Hay que desvelarse, convertirse, entrar en un estilo de vida que permita profundizar en la actuación existencial para responder a unos retos que mueven a superar las necesidades ego-

céntricas. Los modos de vida monásticos, por ejemplo, tienen bastantes similitudes en ambas tradiciones.

7 *Caridad o compasión.* Aunque la actitud de caridad interpersonal cristiana puede resultar muy próxima a la voluntad de compasión universal para liberar a todos los seres del sufrimiento (buddhismo), es cierto que el buddhismo, estrictamente, considera a la persona como una ilusión, y sin personalización el mensaje cristiano queda frenado y desdibujado. También es cierto que la praxis real puede unir muchos planteamientos teóricos diferentes.

8 *Cambio ético.* ¿La exigencia cristiana concreta se puede contraponer a una ética que no califica las acciones moralmente en relación con ningún código y que parece que podría resultar laxista y permisiva? Es posible que, una vez más, las distinciones teóricas sean más contrapuestas que las vidas reales.

9 *Ciencia mental* versus *caridad activa.* ¿Tecnociencia del espíritu *versus* caridad activa? Ante la pobreza metodológica en técnicas espirituales que manifiesta el cristianismo, que simplemente exhorta a intervenir, a actuar, a comprometerse, el buddhismo exhibe una tecnología espiritual puntera que es la admiración de sectores culturales muy diversos, y que ha servido a muchos cristianos y ex-cristianos para reencontrar una disciplina interior seria que su tradición original no les había dado. Hay que decir por otra parte que el buddhismo contemporáneo se ha lanzado a un compromiso activo con los problemas del mundo que permite un acercamiento de cristianos y buddhistas en torno a los grandes problemas que reclaman la atención de la humanidad, desde la justicia hasta la sostenibilidad de la Tierra.

10 *Unidos en la acción conjunta.* La exterioridad conquistadora y la interioridad iluminada parece que, en lugar de excluirse, se reclaman mutuamente. Esta sería aquella sintonía en favor de la paz y la justicia que podría justificar todas las religiones a la luz de la cultura mundial.

La cita indizada del resumen de Eric Vinson puede ser un esquema del trabajo mental que es necesario realizar entre las religiones en un mundo plural. Hay un trabajo concreto que llevar a cabo juntos, al que alude el último punto que Vinson comenta y al que me referiré al concluir este capítulo.

b Puentes en la acción

El establecimiento de puentes entre las formas de elaboración mental de las religiones tiene que ir acompañado imperativamente de una colaboración incondicional que no necesita fundamentos ideológicos previos en la resolución de los grandes problemas que presenta la humanidad. Ninguna tradición tiene que ser ajena a este planteamiento, y ninguna dificultad especial impide una colaboración plena. Dar pan a quien tiene hambre se hace por igual en todas partes, y si se hace, es irrelevante el estado mental o ideológico de quien lo haga: está bien hecho. Por eso, la tarea que, más allá de cualquier otro trabajo por hacer, tienen por delante todas las religiones es la de responder a las necesidades humanas y acompañar la alegría y el dolor —más difícil de acompañar— de las personas.

El conocido teólogo católico Hans Küng ha dedicado a este tema muy buena parte de su trabajo teológico. Tanto su producción personal (1991) como su participación en el Parlamento de las Religiones del Mundo (KÜNG Y KUSCHEL 1994) se han orientado a promover la acción conjunta de todas las religiones hacia la paz y el desarrollo en la justicia. Precisamente la acusación que se hace a las religiones, especialmente a las monoteístas, de haber sido históricamente promotoras de la guerra, puede quedar expurgada por una acción vigorosa conjunta en favor de la paz.

Estos puentes serían la mejor prueba de que la multiculturalidad es positiva para la pacificación de esta difícil aventura humana que tiene en la religión una referencia significativa.

X

¿ESPIRITUALES O RELIGIOSOS?

La tónica progresivamente generalizada en nuestras sociedades es la de una permeabilidad total entre las expresiones de trascendencia, una vez liquidada la coerción social que, en relación con la experiencia religiosa, había supuesto la cristiandad en muchos lugares de Occidente. En esta situación, todas las propuestas disponen de una misma oportunidad y se instaura un mercado libre sin relieves predefinidos. En esta situación, las religiones clásicas se ven en una vecindad poco matizada, con una serie de propuestas que podemos denominar genéricamente *espiritualidades*, cosa que ha llevado a ir redefiniendo temas que antes estaban perfectamente acotados e integrados: antes los *espirituales* eran obviamente religiosos, y viceversa. Esto ya no es así, y la nueva situación ha supuesto un cambio de perspectivas importante en las sociedades occidentales de raíz cristiana.

Hoy la espiritualidad merece un interés general, si bien su delimitación es muy poco precisa. Todo el mundo, sin embargo, coincide en que el cultivo del espíritu es conveniente y beneficioso, dejando al margen el variado tema de las metodologías y de un difícil acuerdo sobre lo que se entiende por espíritu. La religión, en cambio, es observada en nuestras sociedades occidentales críticamente y con tono desconfiado, a menudo no exactamente por razones estrictamente religiosas sino por efectos colaterales pero muy determinantes, como son las conexiones de las religiones con fenómenos no religiosos como el manejo del poder, el control de las conciencias, etc. Veamos algunos aspectos de esta contradicción.

1 DIOS, UN «OBSTÁCULO» PARA LA RELIGIÓN: EL MAL Y LA IMPOSIBLE TEODICEA

Paradójicamente, en nuestra cultura y en el nivel de la reflexión más profunda, una de las dificultades para la religión proviene de Dios. En cierto sentido, un mundo sin Dios resulta más claro. La explicación de la evolución del mundo por un mecanismo evolutivo ciego resulta más coherente —a escala intramundana— que la explicación por una causa trascendente (Dios), que, si tiene las características que nuestro imaginario proyecta en él, debería haber creado un mundo más «ordenado». El mal, como se puede ver, está en el punto de mira.

Hay en este planteamiento una descompensación de la sensibilidad cultural y religiosa tradicional. La relación Dios-persona-mundo siempre ha sido inestable, pero el sistema cultural de referencias la mantenía en un cierto equilibrio. Job, en su larga reflexión, representa una referencia clásica de calidad: Job es objeto de una serie de graves adversidades, no llega a comprender qué pasa dado que no tiene conciencia de obrar mal —alusión a otro gran principio sobre la explicación del mal en crisis: el mal sería el resultado de la mala conducta humana—, pero finalmente sabe que su comprensión es reducida y que la grandeza de Dios siempre es superior. Dios queda absuelto.

La modernidad, sin embargo, ha puesto en el centro del universo mental a la persona, y a Dios como decoración última. Cuando se reproduce la crisis de Job —que se reproduce constantemente—, al fijar la atención como punto focal en la persona, Dios —que por definición es la suma bondad— queda presumiblemente imputado del mal. Reanudando el viejo argumento de Epicuro:

> O Dios quiere eliminar el mal del mundo, pero no puede; o puede, pero no lo quiere eliminar; o no puede ni quiere; o puede y quiere. Si quiere y no puede, es impotente; si puede y no quiere, no nos ama; si no quiere ni puede no es el Dios bueno y, además, es impotente; si puede y quiere —y eso es lo más seguro—, entonces ¿de dónde procede el mal real y por qué no lo elimina?

Como se puede ver, Epicuro no declara culpable a Dios sino que devuelve el tema a la oscuridad habitual. Pero el argumento ha ido calando, y en nuestra sociedad ha acabado dificultando la teología natural. En la corrección del mal físico, en la inmediata modernidad, el hombre ha sido más eficaz que Dios cuando ha podido y ha querido corregir el mal. Este tipo de reflexiones acompaña desde el siglo XVIII todas las reflexiones religiosas, y configura aquello que Estrada llama *la imposibilidad de la teodicea* (ESTRADA 1997).

Se suele situar en la modernidad como referencia típica de este debate las reflexiones a que dio lugar el célebre terremoto de Lisboa el 1 de noviembre de 1755. Newton, Descartes y Leibniz habían generado una oleada de optimismo basado en la confianza en la razón y la perspectiva de un progreso indefinido. Hechos como el de Lisboa derribaban esta ideología de las Luces, y Voltaire era el comentarista. El terror del desastre de Lisboa, dice Voltaire en *Opúsculos satíricos y filosóficos*,

> se alza contra los abusos que se pueden hacer a partir del antiguo axioma «todo está bien» (Leibniz), y adopta aquella triste y más antigua verdad, reconocida por todos los humanos, de que existe dolor en la tierra; confiesa que el lema «todo está bien», tomado en un sentido absoluto y sin la esperanza de un futuro, no es más que un insulto a los dolores de nuestra vida [...]; hay mal en el mundo y ningún filósofo ha podido explicar nunca el origen del mal moral y físico.

Hay que notar que la última afirmación de Voltaire no es exacta hoy. Muchos filósofos explican perfectamente por qué hay mal: formamos parte de una realidad evolutiva que avanza a empellones y de la cual forma parte esencial el mal, la muerte, etc. Lo que es difícil es explicarlo en un contexto teísta. De aquí las conclusiones agnósticas o ateas: sin Dios, el mal se explica mejor. Claro está que entonces no queda explicado el universo en el que el mal se despliega.

Estrada resigue las piruetas filosóficas de alta calidad sobre el tema del mal entreteniéndose en Kant, que aterriza en la *antropoteodicea*, de orientación práctica, intentando coordinar datos religiosos cristianos y reflexiones filosóficas. Después de Kant, Dostoyevski pasa al planteamiento descarado de *Los hermanos Karamazov*:

> Renuncio completamente a la suprema armonía. Esta no vale ni tan solo una lágrima de un niño atormentado que se golpea con los puños el pecho y que desde la profundidad del dolor ruega

con lágrimas de explicación a su «querido Dios». Esta armonía no vale nada, porque estas lágrimas han permanecido irreparables y tienen que ser reparadas para la armonía. ¿Pero con qué se las puede reparar? ¿Es eso posible? ¿Quizás se pueden reparar por el hecho de ser vengadas? A pesar de todo, ¿de qué me sirve la venganza y que los verdugos vayan al infierno? ¿Qué puede reparar el infierno si los niños son atormentados hasta la muerte? ¿Y qué armonía es esta si existe el infierno? [...] Por amor a la humanidad no quiero ninguna armonía. Prefiero permanecer en el sufrimiento no vengado.

El debate ha seguido dando tumbos y está en pleno vigor, como lo recuerdan las constantes alusiones en este tema al dolor de los inocentes. Solo hay que pensar en Camus y tantos otros. Tal como dice Fraijó, «el mal siempre es excesivo».

En el intento de justificar a Dios ante el mal no se puede dejar de citar a Torres Queiruga, uno de los luchadores más duros contra la imputación del mal a Dios, no precisamente «indultando» a Dios de la responsabilidad del dolor, sino atribuyendo a una deficiente concepción nuestra de la realidad, y del mal que constitutivamente anida en ella, el hecho de que tendamos a «inculpar» a Dios de los males del mundo. Torres Queiruga huye del dilema Dios sádico / Dios impotente. Reconoce que las piadosas explicaciones del mal a través de un fideísmo que se niegue a examinar intelectualmente el problema —Dios podría evitar el mal pero no lo hace por razones ocultas— no son la solución, porque eso encalla el tema entre una sospecha teologizada —Dios tiene motivos para esconder las causas por las que no evita el mal— y el cinismo que se expresa en esta sarcástica expresión castellana:

> El señor don Juan de Robles, de caridad sin igual,
> hizo este santo hospital, y también hizo a los pobres.

O también en aquella otra:

> Vinieron los sarracenos, y nos molieron a palos,
> que Dios ayuda a los malos, cuando son más que los buenos.

Torres Queiruga rehúsa también la imagen de un Dios-débil que algunos deducen de la revelación cristiana en la figura de Jesús, y que tanto se ha utilizado a propósito de los dramas de Auschwitz, porque cree que un Dios en debilidad es una mala combinación de infinito-finito, y prefiere adentrarse en una *ponerología*, un tratado del mal, considerando que el mal es constitutivo del mundo real y no puede haber realidad contingente sin limitación-mal («no se puede hacer una tortilla sin romper los huevos»). Torres Queiruga reorienta hacia una *pisteodicea*, no confrontando el mal con Dios sino esperando a Dios a pesar del mal, citando la respuesta de un rabino judío precisamente a propósito de Auschwitz: «De un rabino judío que estuvo en un campo de concentración y sobrevivió, se explica que un ateo le preguntó después de la guerra: "¿Cómo puede alguien que ha sobrevivido a Auschwitz creer todavía en Dios?" El rabino respondió: "¿Cómo puede alguien que ha sobrevivido a Auschwitz no creer todavía en Dios?"» (Torres Queiruga 2000: cap. 4; *cf.* también un tratamiento amplio del tema en TORRES QUEIRUGA 2011.)

No se puede dejar de tener la impresión de que la reflexión de Torres Queiruga, brillante e imaginativa, deja, a pesar de todo —y como todas las que se hacen a propósito del mal—, la viva sospecha de que algunos puntos centrales del tema quedan pendientes. Obviamente, todo el debate sobre Dios y el mal tiene una contrapartida seria desde la fe en la afirmación de que, en el más allá, Dios haga justicia ante el mal y la arbitrariedad, restableciendo el desequilibrio horroroso en contra de los perdedores de este mundo. En este sentido, Fraijó tiene un par de páginas (2004: 72-73) que no me resisto a transcribir, a pesar de la extensión de la cita, por su franqueza y su sensibilidad hacia todos los puntos de vista en juego, en un capítulo dirigido de forma coloquial a Javier Muguerza:

> Se comprende que, habiendo sido en vida diferentes de los animales, no queramos acabar como ellos. «No quiero acabar como el ganado», protestaba Bloch. Deseamos intensamente prolongar las diferencias, mantener las diferencias, mantener nuestro estatus privilegiado. Nos presentamos ante la muerte exigiendo un trato diferente. Pero la muerte es ciega, muda, no conoce diferencias. «Yo no revelo nada», afirma la muerte en una película de Bergman. La gran pregunta es si habrá otra instancia, superior a la muerte, que quiera y pueda marcar las diferencias que deseamos. Recordarás, Javier —lo hemos comentado y escrito diversas veces—, que nuestro «cristiano heterodoxo», José Luis Aranguren, dejaba el tema en puntos suspensivos… También yo me apunto a la fórmula feliz de los puntos suspensivos. No es un mal destino para una cuestión tan ardua. La resurrección de los muertos, como las religiones en general y el cristianismo en particular, se merecen el beneficio de la duda. Ninguno de los dioses conocidos ha estado suficientemente explícito como para aclarar las incógnitas […]. La muerte es la última oportunidad que tienen los dioses para rasgar el velo. Si después de ella no ocurre nada, significará que nunca ha habido nada. Si los muertos no resucitan, es probable que no esté Dios. Creo que, en este

punto, hay que dar la razón a san Pablo, que vincula la existencia de Dios con la resurrección de los muertos. Y eso aunque Aranguren escribiera: «Yo no creo que la religión se lo juegue todo o se lo tenga que jugar todo a la carta de la existencia de la vida eterna.» Personalmente creo que, sin vida eterna, la religión, en este caso el cristianismo, al cual se refiere Aranguren, fracasa en lo esencial. Naturalmente, siempre podrá exhibir grandes consecuciones en múltiples campos. Sobre todo podrá alegar que ayudó a su gente a vivir y morir dignamente y esperanzadamente. Pero si, finalmente, la esperanza última, la esperanza con mayúscula, se frustra, el cristianismo habrá ganado batallas, pero habrá perdido la guerra. Habrá sido una forma de vida temporal, pero no de vida eterna. A su luz ya no será posible evocar la muerte con el lirismo de R. Tagore: «La muerte es dulce, la muerte es un niño que está mamando la leche de su madre y de repente se pone a llorar porque se le ha acabado la leche de un pecho. La madre lo nota y suavemente lo pasa al otro para que siga mamando. La muerte es un lloriqueo entre dos pechos.»

Pocas veces se habrá cantado la muerte con tanta inspiración poética. El cristianismo asegura que la muerte es «un lloriqueo entre dos pechos»; pero se trata de eso, de una aseveración, de una promesa, de una «palabra de honor». Como garantía de tal promesa, el cristianismo remite a su Dios, a quien llama «resucitador de muertos». El destino de este Dios es bien curioso. Los seres humanos nos relacionamos con él en dos tiempos. Primero le reprochamos que haya tanto mal en el mundo; y, en un segundo momento, postulamos su existencia para que ponga remedio. De esta forma, el mal es, casi al mismo tiempo, la gran objeción contra Dios y la condición de posibilidad de su existencia. Parece imposible, al ver tanto sufrimiento, que exista Dios; y sería terrible, a la vista de tanto dolor, que no existiera Dios. Es lo de Pascal: «Incomprensible que Dios exista e incomprensible que no exista.» Necesitamos a Dios para que repare, más allá de la muerte, los daños que antes de ella no quiso o no supo evitar.

El cristianismo espera un nuevo escenario en el cual, por fin, se active la omnipotencia de Dios. La escatología será la encargada de enmendar los fallos de la protología. Lo que es importante es que, al fin, todo encaje y salgan las cuentas. Me viene a la memoria una frase de S. Weil: «Dios existe, dado que lo deseo.» Podría haber dicho: «dado que lo necesito». Es, una vez más, la argumentación postulatoria. Una argumentación a la cual me gustaría continuar apuntándome. Participo del lema de Ortega: «Buscar la verdad, aunque no exista.» Y si, a través de la búsqueda de la verdad, se encuentra a Dios, mejor que mejor. Fue el caso de san Agustín: «Donde encontré la verdad, allí encontré a Dios.»

La citación recoge muchos argumentos de gran actualidad en el debate sobre Dios, el mal y la vida eterna. El teólogo dominico Jacques Pohier (1985) fue fulminado doctrinalmente por el Vaticano porque sugirió que la fe cristiana en una vida personal eterna no tenía que ser la clave de bóveda del sistema religioso (como también sugería Aranguren). Pohier planteaba la posibilidad de admitir que no había compensación definitiva, y que la lucidez analítica tenía que llegar hasta aquí sin negar a Dios. Por otra parte, una cosa es la fe gratuita en la vida eterna, confiados en Jesús, y la otra es argumentar con esta vida eterna para «explicar fácilmente o justificar el mal», argumentación que escandalizó profundamente a muchas generaciones europeas en un cierto momento de la historia de nuestro viejo continente.

He aquí, pues, cómo cierta forma de concebir a Dios, en este debate sobre el mal, puede hacer de Dios un escándalo para la religión. Esta podría ser una razón para pasarse simplemente a la espiritualidad.

2 EL DIOS PERVERSO Y LA TEOLOGÍA CONTAMINADA

Al problema del mal, punzante e inevitable, hay que añadir otro no inevitable pero sí real, y que ha ayudado a hacer de Dios un obstáculo para la religión y para la vida. Me refiero a una perversión de la figura de Dios generada por el afloramiento en el corazón de la predicación cristiana de los sedimentos más arcaicos del mundo mental en su versión persecutoria y que han hecho, la mayor parte de las veces de una manera inculpable pero dramática, una propuesta de la fe que ha acabado siendo una castración de la persona. Se puede hablar aquí de una teología contaminada por los aspectos deletéreos que conviven ambiguamente en los sótanos del mundo mental con nuestras mejores esperanzas.

Un aspecto importante de la deformación neurótica de la imagen de Dios en la predicación cristiana consiste en lo que el sacerdote católico y psicoanalista francés Maurice Bellet (1998) llama *el Dios perverso*. Esta operación se genera fantaseando sobre una figura de Dios exaltada hasta al máximo imaginable. Dios es un amor supremo que nos lo da absolutamente todo. En él todo es gratuidad extrema. Y en la línea desbocada de esta consideración hay una contrapropuesta terrible: si no se responde «con la misma moneda» a tanto amor, queda en el ámbito de una amenaza terrorífica, que es la pérdida absoluta. De repente, en esta dinámica se descubre que el Dios bueno no es bueno sino impertinentemente cruel: nos ofrece un amor nebuloso que lleva en su seno la condena. El amor de Dios se ha convertido en un amor perverso: no hay manera de responder «con la misma moneda». Esta es una formulación esquemática que admite modalidades más suavizadas, pero que Bellet considera que planea o se esconde —como se quiera—, más de lo que parece, en la proclamación del Dios cristiano. La reclamación de parte de Dios de un amor absoluto es presentada, además, y remachando el clavo, en competencia con una de las dinámicas más potentes y delicadas de la vida humana: la sexualidad. Dios exige un amor absoluto que, además, entra en colisión frontal y específica con la sexualidad, que pasa a ser así, de hecho, robada o escatimada a Dios. En este planteamiento —dice Bellet— muchos entran en un sistema de represión interiorizada en el que la sexualidad está en el centro de un aparato de condenación. La afirmación sexual que no se puede aniquilar se convierte en el aparato de condenación. Dice Bellet (1998: 31):

> Allí están el hombre y la mujer; allí está el cuerpo, las pulsiones, el deseo de amor, la violencia. ¿Qué hacer sino acusarse de ello absolutamente? Porque la caída es inconfesable. Equivaldría a hacerlo saltar todo, a hacer tambalearse el mundo donde se creía poder vivir y ser salvado; sería matar a Dios. No queda, pues, otra solución que sentirse pillado, culpable, no de una cosa u otra, sino de ser tal como uno es, culpable de existir, de haber nacido. ¿Qué salida sino la muerte? La bienaventurada enfermedad, quizás la locura, o bien el suicidio directo o indirecto. Y si se evitan estos extremos, un malvivir que lo envenena todo. Dios nos ama, pero su amor es nuestro infierno: he aquí dónde estamos.

Algunos encontrarán escandalosamente duras estas expresiones. Recuerdo que son de un sacerdote que además conoce muy bien el mundo mental. Y quizás no les parecerían tan duras si procuraran interpretar la espectacular crisis católica europea en función de por qué tantos cristianos han huido de la Iglesia para poder encontrar la paz. A menudo decimos que lo han hecho por pereza, desinterés, etc. Más valdría afinar mejor el examen de causas. La fe y el Dios que tenían que haber constituido la prenda de salvación se habían convertido para ellos en ansiedad, culpabilización, alienación e infierno; dejar la fe era un acto de higiene.

Drewermann, también sacerdote y psicoanalista, en sus numerosas obras denuncia el tema en términos similares. Algunos argumentan contra Drewermann a partir de posibles excesos interpretativos, pero su alegato contra el trasfondo neurótico infiltrado en la predicación de la fe es difícilmente desautorizable. En uno de sus textos sencillos (1997) —en realidad es una compilación de entrevistas— expresa diáfanamente la situación. Muchas personas de más de cincuenta años se reconocerán todavía en las críticas de Bellet y Drewermann, y, si no, están los registros escritos de los textos de la época para aclararlo. Drewermann, sublevándose en una línea de correcta inspiración nietzscheana contra la conversión de la fe en un mensaje para personas dóciles, recuerda que la fe no tiene que apoyarse en la ansiedad primordial que desempeña un papel central en la vida animal y humana, sino proveer el coraje para vencer la angustia existencial. Pero eso es impedido cuando la predicación de la fe se mezcla con mecanismos de culpabilización gratuita, amenaza y castración psicológica. Además, esta visión destructiva de la fe acaba siempre también o condenando toda forma de placer y satisfacción, o manteniendo un silencio altamente sospechoso sobre estas dimensiones. Drewermann formula así su comprensión de la fe:

> Lo que en cualquier ámbito de la vida decide vivir de una forma auténtica se expone a menudo a sufrir fuertes hostilidades so-

ciales. La cuestión es entonces saber de dónde le viene la fuerza para hacer frente a tanta hostilidad, incomprensión y mentira. Y esta fuerza es la confianza [...]. Esta confianza supera el miedo. Eso es lo que yo llamo *fe*. La fe no es más que un cierto coraje de vivir de una manera auténtica, una resistencia al miedo y a toda forma de dependencia. A mi entender, la religión, que es relación con Dios, es al mismo tiempo una forma de autopurificación y el coraje de ser uno mismo. No es posible decir que Dios creó al hombre y decir al mismo tiempo que este hombre, por principio, es un ser fracasado.

La tradición cristiana está plagada de comentarios terroríficos sobre Dios. Jean Delumeau, en dos monumentales obras (1978 y 1983), hizo una recopilación abrumadora y con un rigor histórico espectacular. Hoy, la literatura oficial ha abandonado este tipo de lenguaje, pero la estructura inconsciente y emocional de la institución católica no ha hecho un reconocimiento claro de esta estafa y sigue atrapada por el miedo y la condena, especialmente del sexo, de forma que enfrente de las evidentes propuestas degradantes que también transmite la sociedad en muchos aspectos no manifiesta un coraje vital, sino una acusación estéril que no conecta con la vida, enviando a menudo un mensaje que ni suscita coraje ni constituye una contrapropuesta interesante frente a los aspectos degradadores de la sociedad.

La reparación del Dios perverso todavía está pendiente, y la dramática ignorancia de esta situación por parte de los responsables —tanto más grave por el hecho de ser ignorada— sigue provocando en el mundo cristiano occidental una sangría dramática y una imposibilidad permanente de poder reconocer francamente, en el mensaje de Jesús, la liberación que este mensaje supuso y que muchos eclesiásticos pervirtieron. Este *Dios perverso* se suma al *Dios imputado por el mal* para dificultar a los humanos en busca de sentido una percepción salvadora de la religión. Nuestros coetáneos tienen muy clara (¡demasiado!) la conciencia de su contingencia y limitación: no es eso lo que les falta. Sí que les falta, en cambio, una invitación al coraje responsable, a la liberación y a la esperanza. Pero eso no lo pueden esperar de un Dios que se les presenta bajo imágenes perversas. Lo que tendría que ser un llamamiento al coraje para embarcarse hacia alta mar resulta fallido. Entonces uno se refugia en pequeños puertos reducidos que faciliten la navegación de cabotaje: este podría ser uno de los papeles de la espiritualidad como alternativa a la religión.

3 QUEDÉMONOS CON LA ESPIRITUALIDAD

La palabra *espiritualidad*, en el sentido de 'cultivo del espíritu', es una noción clásica normalmente integrada en alguna tradición religiosa o sabiduría espiritual. A menudo, por ejemplo, la espiritualidad ha designado el estilo de una corporación religiosa en relación con su carisma. Hoy, sin embargo, la palabra *espiritualidad* ha pasado a designar a menudo la alternativa a la religión, la actitud que mueve a las personas al cultivo de la dimensión interior como un asunto personal y como respuesta individualizada, en culturas fragmentadas que han perdido la influencia de los grandes relatos y que han dejado de ofrecer una visión estructurada del mundo.

La espiritualidad, en este sentido contemporáneo, tiene tres referencias principales. Una referencia la constituye la preocupación por una cierta «higiene mental» en la perspectiva neuropsicológica. Es evidente que hay que ordenar el mundo mental, y en este sentido se toman de la neuropsicología en general algunas «instrucciones de uso» —que antes se tomaban prestadas de las religiones— para que la vida mental tenga consistencia y coherencia. Otra referencia es la trascendencia, pero una trascendencia imprecisa que no se mueve en los esquemas clásicos y que suele abarcar elementos muy diversos, desde seres espirituales entendidos en las coordenadas animistas tradicionales, hasta pretendidas energías o influencias a menudo postuladas con muy poca fiabilidad. La tercera referencia es el hecho de definirse como alternativa a la religión, que —por los motivos que sea (algunos, los que anteriormente se han comentado)— se vive como caduca, resultando más liberadora y ajustada a los intereses personales una búsqueda espiritual sin apremios muy solemnes ni institucionales. Esta espiritualidad permite un cierto callejeo no comprometido y al gusto de cada uno. En este contexto asistimos a un panorama de floridas propuestas de espiritualidad en todo tipo de perspectivas. Se puede citar la *new age*, una red multiforme de movimientos, asociaciones, grupos, federaciones…, que en una heterogeneidad chillona convocan una especie de convergencia armónica entre todo tipo de propuestas; otros recurren a formas de regresión al pasado mítico griego, egipcio, oriental, de las culturas mesoamericanas, etc., rescatando la significación de grandes relatos mitológicos que parecían vitalmente caducos desde hace tiempo y que hoy se retoman con ingenuidad; en algunos casos es la preocupación por la ecología la que orienta hacia una mística de la naturaleza, en parte como reacción contra la depredación y la destrucción de que es objeto la biosfera; en ocasiones es invocada alguna de las grandes propuestas de la ciencia más innovadora, mezclada acríticamente con todo tipo de datos, como es el caso de los que hablan de la espiritualidad ligada a la «psicología cuántica», en una especie de proyecto de aproximación al propio yo desde las raíces mismas del estado bioquímico, sin hacer más precisiones; si la orientación se produce más directamente hacia el mundo neurobiológico, se habla de neuroespiritualidad; se citan también numerosas propuestas «gnósticas», es decir, próximas a algún tipo de conocimiento arcano accesible a cierto tipo de personas o procedimientos; obviamente, hay que incluir en este repaso numerosas «terapias» que pretenden ayudar al despertar interno y a alcanzar niveles de conciencia depurados; se proponen «vías» de diversa calidad (se habla de *terceras, cuartas, quintas* vías) a menudo en relación con el magisterio impartido por diversas personas a las cuales se atribuyen capacidades o poderes singulares, a veces no alejados del papanatismo; se reactualizan sabidurías religioso-culturales exóticas para los occidentales, como pueden ser la tibetana, la nepalí, el tao, el yoga, de forma no infrecuente aplicadas funcionalmente a problemas hacia los cuales esta sabiduría no está orientada en principio; se incluyen también propuestas de posibilidad de acceso a formas privilegiadas de existencia o conciencia que superarían las fuerzas o estados convencionales.

Hay dos ámbitos desde los cuales la reivindicación de la espiritualidad presenta perspectivas especialmente significativas. Uno de ellos es el de las personas de raíces y adscripción cristianas pero que han quedado decepcionadas por una espiritualidad oficializada, falta de raíces antropológicas realmente liberadoras y de referencias metodológicas consistentes. Este sector intenta recuperar el tono antropológico deficiente trabajando las dinámicas de la sensibilidad, el coraje personal y la liberación, y recurriendo a métodos de cultivo espiritual que a menudo se buscan en las tradiciones orientales, más ricas en este sentido que las tradiciones occidentales, caracterizadas por el predominio del tono organizativo y administrativo. Las propuestas de esta espiritualidad se separan lógicamente de las seguridades dogmáticas y doctrinales que tienden a dibujar la figura de Dios y el acceso a su descubrimiento de una forma autoritaria e institucionalizada en potentes estructuras sociales.

El otro ámbito es el del ateísmo. Hay ateos que empiezan a ser conscientes de que la negación explícita de Dios corre el riesgo de identificarse con la visión nihilista de la vida y el desinterés por el mundo espiritual. Este riesgo es reforzado por la acusación que en este sentido hacen al ateísmo muchas autoridades religiosas. Los ateos espirituales propondrían una espiritualidad laica explícitamente atea y que huiría del aspecto inconcreto de trascendencia que presentan muchas espiritualidades modernas mal definidas.

Un ejemplo del ateísmo espiritual lo propone Comte-Sponville (2006). Este autor protesta claramente porque el ateísmo se identifique con la antirreligión o con propuestas antiespirituales. La reivindicación del ateísmo espiritual limita, por una parte, con las tradiciones religiosas no específicamente teístas de Oriente (buddhismo, taoísmo...), muy ricas en metodologías espirituales, y, por otra parte, con los sectores más radicales de una propuesta cristiana no explícitamente religiosa, al estilo de lo que propuso Bonhoeffer. La reflexión de Comte-Sponville reanuda las dificultades de la teodicea a propósito del mal y valora intensamente las propuestas espirituales de las grandes tradiciones religiosas y de la sabiduría tradicional de las grandes culturas. Se trata de un ateísmo fiel y espiritual.

El panorama de la espiritualidad es tan extenso y heteróclito que se hace muy difícil la sistematización y el discernimiento, y las espiritualidades, como las religiones, por otro lado, se ven sometidas en las sociedades pluralistas a una confusa homogeneización que no permite un análisis cualitativo. Se establece una nivelación a la baja en la que todo el mundo tiene derecho a decir lo que quiera, con el inconveniente, en contra de las espiritualidades, de que las religiones suelen tener unas referencias institucionales que permiten contrastar de forma más estable las correspondientes propuestas.

El panorama de las espiritualidades da la impresión de ser el resultado de una explosión. Las religiones, que pierden velocidad y prestigio en Occidente, han dado lugar a una dispersión de intereses espirituales en la que resulta difícil detectar el sentido. Si añadimos el prestigio del pensamiento débil y disperso y la inevitable conjura con intereses económicos o sectarios, hay que convenir que el panorama de las espiritualidades no es brillante. Como muestra, espectáculos como el de la Iglesia (¡*sic*!) de la cienciología o fenómenos similares, que son una clara advertencia de la debilidad de ciertos movimientos «espirituales» donde todo queda mezclado en una confusión dramática.

La preocupación por la espiritualidad puede, sin embargo, tener la calidad de siempre, porque los deseos de las personas tienen a menudo la calidad que falta a las propuestas que se les hacen. Por eso, lo que llamamos *ansia de espiritualidad*, que a menudo es citada por las autoridades religiosas como la avanzadilla de un nuevo resurgimiento religioso, es un anhelo muy respetable. La respuesta que puede satisfacer este anhelo es sin embargo, a día de hoy, incierta e imprevisible.

4 ESPIRITUALIDADES-RELIGIONES: BALANCE EN TIEMPOS DE INCERTIDUMBRE

¿Qué ganaremos dejando las religiones para acudir a las espiritualidades? A menudo, pasar de las religiones a las espiritualidades significa un cierto repliegue mental, una reducción de escala. No es bueno que la mente humana, a pesar de ser consciente de sus limitaciones, reduzca el ámbito de su reflexión. La espiritualidad enfoca directamente mi campo mental; la religión, bien planteada, enfoca toda la realidad. Por eso digo que la atención a la espiritualidad como sustitutivo de la religión puede significar la renuncia a llegar —hasta donde se pueda— a reflexionar sobre toda la realidad. Dejar la religión puede significar rendirse intelectualmente y pasar a una escala menor y familiar. Atreverse con Dios quiere decir no renunciar a la escala de referencia superior, independientemente de la solución que tal atrevimiento pueda aportar. Decía Unamuno: «No concibo a un hombre culto sin esta preocupación, y espero muy poca cosa en el orden de la cultura [...] de aquellos que viven desinteresados del problema religioso en su aspecto metafísico y solo lo estudian en su aspecto social o político.» («Mi religión», 1907) Sin reflexión sobre Dios —independientemente de adscripciones religiosas concretas y de cuál sea el resultado de esta reflexión—, la reflexión humana queda frenada. Por eso, el panorama de las espiritualidades posreligiosas a menudo causa la impresión de un enjambre de seres vivos que han renunciado a alzar el vuelo.

La reducción de escala que representa renunciar a la reflexión religiosa como tal —la metafísica, como diría Unamuno— está condicionada por la moda de reducirse a «distancias cortas» y a los datos ocasionales en todos los temas. Se explica después de la crisis de las grandes ideologías, pero no parece la mejor alternativa. Y cuando hablo de reflexión religiosa no aludo a las referencias religiosas clásicas, sociales, dogmáticas o rituales de las instituciones. La postura ya citada de Bonhoeffer, por ejemplo, rehúsa las formas religiosas, pero es profundamente religiosa. Esta profundidad es la que no conviene perder, y por otra parte puede ser que se dé en formas de espiritualidad que por motivos de conveniencia no hablan de religión pero que están profundamente interesadas en ella. Estas precisiones evitarán que el rápido enjuiciamiento de las espiritualidades como alternativa de pequeña escala a las religiones pudiera ser interpretado como un menosprecio o desautorización global de estos caminos de interioridad.

¿Cuáles son los riesgos, tanto de las religiones como de las espiritualidades? El riesgo de las espiritualidades es el de quedarse en un sistema de referencias empequeñecido. Proclamamos que la calidad humana es suficiente para generar un sistema de referencia completo que garantice las perspectivas vitales y la corrección ética. Pero eso no es tan claro. En el orden ético, por ejemplo, ¿no necesitamos una instancia o referente externo que nos recuerde el absoluto de la fraternidad? ¿No tiene que haber una ley externa que acompañe la estructuración de la persona? ¿O cada cual se vale por sí mismo? Ivan Karamazov dice a Aliosha: «Nunca he podido comprender cómo es posible amar al prójimo» (*Los hermanos Karamazov,* capítulo IV), y todavía añade la célebre frase «[Si Dios no existe] todo está permitido» en la célebre escena del Gran Inquisidor (capítulo V). Y de la misma manera que solo es inapelable un juicio externo a mí, también solo me justifica un amor y un perdón que supere a los humanos. Esta referencia central y que me trasciende solo la salva Dios. Y no es solamente una referencia ética, sino también una referencia salvadora. Quien me pide cuentas de mi hermano, desde el comienzo de la historia (Gn 4,9-16), es el mismo que en cualquier hipótesis me acoge en su seno. Naturalmente, esta conciencia de trascendencia necesita fe.

El riesgo de la religión es la alienación, sobre todo la alienación asociada a la manipulación religiosa institucional, terriblemente bien dibujada en las insuperables páginas de la «Leyenda del Gran Inquisidor» de *Los hermanos Karamazov,* que se han citado a menudo en este texto. Una estructura que se impone en la religión, la corrompe para mantener sometidos y engañados a los humanos a través de la manipulación del milagro, el misterio y la autoridad. Pero este es el punto de vista del Gran Inquisidor. La religión verdadera está encarnada por el Prisionero que resucita a la niña y cura a los ciegos en las puertas de la catedral y es acusado muy acertadamente por el Inquisidor de haber traído una vez más a los humanos una libertad turbadora. Dostoyevski tiene razón: esta es la verdadera religión, y por ser como es, es presa de las instituciones torpes. La alienación no es el companaje inevitable de la religión, sino su gran negación, aunque eso cueste tanto de evidenciarse.

5 UNA PEQUEÑA PROPUESTA SIN REDUCCIÓN DE ESCALA

Se puede hacer —en nuestra sociedad— una afirmación de fe como ejercicio razonable mental, espiritual y religioso, y sin reducir la escala.

a Toda elaboración y convicción religiosa no pasa de ser el fruto de una chispa de inteligencia con fulgor limitado, hecha por los habitantes de este planeta azul de una de las decenas de millones de estrellas de una de las decenas de millones de galaxias de este Universo, Pluriverso, Multiverso o Flexiverso en el que vivimos. Se impone la moderación y la modestia.

b Es razonable creer en Dios en el sentido de una última y profunda razón consistente del ser, sea cual sea la naturaleza de Dios, como del ser en particular, ambas poco y mal conocidas. Como mínimo es tan razonable creer en Dios como no creer.

c Es sugerente y profundamente enriquecedor creer que Dios solo es bueno e inexplicablemente bueno, más allá de lo que llamamos *bondad*. Esta convicción puede ser alimentada por la confianza en Jesús de Nazaret o en otras grandes formulaciones religiosas positivas de Dios.

d No ceder en el intento de compatibilizar un Dios bueno y un mundo con mal. Más allá de conclusiones intelectuales, uno se puede quedar en la posición abierta de Job, en una conclusión respetuosamente inestable, porque tanto Dios como el mal nos sobrepasan, y en la confianza de que el escandaloso mal del mundo tiene un arreglo desconocido.

e Se puede confiar en una trascendencia, también personal, sin necesidad de imaginarla con el aparato mental (para nosotros, único) de la individualidad psicológica presente.

f Se puede asentir a una religión, incluso institucionalizada, siempre que sea liberadora en el corazón de la aventura humana, reparadora del miedo y la angustia primordiales, fuente de personalización, autonomía y coraje vitales, y generadora de amor desinteresado.

g En consecuencia, cualquier recurso espiritual que ayude a profundizar en estas convicciones y actitudes es bien recibido.

En todo caso, una buena religión y una buena espiritualidad tienen un punto de referencia central y compartido que coincide con la referencia nuclear de una buena maduración humana: superar el egocentrismo primario e infantil para aprender a amar.

XI

SEXO, GÉNERO Y RELIGIÓN

M<small>UCHAS EXPERIENCIAS HUMANAS</small> y muchas observaciones del mundo de los seres vivos evidencian en el interior de cada especie una diferencia que es la más obvia y generalizada: la producida por la distinción de sexos. Otras diferencias son más difíciles de observar o menos generalizables, pero la diferencia sexual es generalmente patente, conocida, constante en sus presentaciones. En el ser humano, a la diferencia propiamente sexual se suma otra: la de género. Una serie de consideraciones de todo tipo se añade con frecuencia a la diferencia sexual, acentuándola o bien desdibujándola con respecto a formas externas, costumbres, conductas, atribuciones, etc. A esta diferencia añadida a la sexual y concomitante con ella dentro de ciertos márgenes a veces importantes, la llamamos *diferencia de género*.

El sexo es un programa universal en la naturaleza. Afecta prácticamente a todo. Casi todas las especies y en casi todos los parámetros —aunque a veces algunas diferencias son sutiles y poco aparentes a primera vista— manifiestan la diferencia sexual. Como decimos a veces gráficamente, la primera cosa que advertimos y la última que olvidamos en una relación humana es el sexo al que pertenece aquel o aquella con quien establecemos una relación. El programa sexual incluye dos tiempos perfectamente lógicos y coordinados. El primer tiempo comporta la diferenciación entre dos sexos —nunca más de dos sexos, aunque pueda haber más de dos tipos de individuos para exhibir las diferencias sexuales. Esta diferenciación es el gran recurso genético para crear la variabilidad en la fusión de los gametos, variabilidad sobre la cual trabaja la selección evolutiva. Esta fusión de los dos sexos requiere el segundo tiempo del programa sexual, que es la atracción entre los sexos. Esta atracción está adecuadamente programada en la neurología.

En los humanos —y en casi todos los vivientes— la diferencia sexual afecta de una forma tan básica a todas las estructuras, que cada célula nucleada de nuestro cuerpo puede ser identificada de forma indudable por el sexo al que pertenece; la mayoría de parámetros (circulatorios, respiratorios, hormonales...) son diferentes dependiendo del sexo del individuo; el cuerpo (músculos, huesos, órganos) presenta variaciones según el sexo; los órganos reproductores presentan diferencias muy claras... Naturalmente, el cerebro también es sexuado. En algunas de sus partes las diferencias son muy marcadas y sabemos a qué son debidas (por ejemplo, en la estructura hipotalámico-hipofisiaria). En otras partes detectamos diferencias cuyo sentido todavía no conocemos del todo. En todo caso, las diferencias sexuales cerebrales son hoy evidentes para las neurociencias y están recogidas y determinadas en la bibliografía científicamente más fiable (CAHILL 2006), de forma que todas las afirmaciones que se hacen en el sentido de decir que el sexo lo determina la historia o es fruto del destino social, etc., solo se pueden atribuir a ignorancia o al intento de destacar algunos aspectos socioeducativos, pero tienen poco rigor científico. La revista *Frontiers in Neuroendocrinology* ha dedicado un número monogràfico (2011, núm. 32: 110-263) a la diferenciación sexual del cerebro y de la orientación sexual del individuo. La neuropsiquiatra californiana Louann Brizendine ha expuesto el tema de la diferenciación sexual del cerebro de forma muy rigurosa y en textos accesibles (BRIZENDINE 2007 y 2010). Por otra parte, menudean constantes aportaciones a detalles concretos de estas diferenciaciones observadas de forma muy específica (MENZLER ET AL. 2011; CHOU ET AL. 2011).

Naturalmente, con estos precedentes no tiene nada de extraño que el mundo mental, configurado por el cerebro, también presente diferencias sexuales. Negar estas diferencias solo se podría atribuir al miedo o a la cautela —justificada por una vergonzosa historia de menosprecio y acentuación interesada de las diferencias— de que estas diferencias, una vez más, sean utilizadas para marginar y despreciar a uno de los sexos, concretamente el femenino.

De hecho, la sociedad actual, sobre todo las sociedades occidentales, llevan a cabo desde hace decenios una lucha que finalmente empieza a dar sus frutos y que constituye una revolución de perspectivas mundiales: consiste en reclamar la igualdad en todos los aspectos de despliegue social de los sexos, cada cual en su estilo, cosa que no significa un igualitarismo a ultranza (hay diferencias, por ejemplo las reproductoras o la diferencia de fuerza física, que no se pueden igualar). Esta igualdad no se reclama, pues, como una aniquilación de la diferencia —las diferencias en todos los aspectos de la realidad constituyen la «gracia» que enriquece la variedad—, sino como una articulación en igualdad de condiciones y valoraciones. Naturalmente, la casuística personal y social del tema es inmensa y nos limitaremos a comentar algunos aspectos con respecto a la experiencia religiosa.

1 HUMANOS Y SEXO

La relación entre humanos y sexualidad con respecto a sexo y género presenta un interés especial a propósito de dos temas concretos: la sexualidad como experiencia vivida, y la relación entre los sexos. Por lo que respecta a la experiencia sexual, hay que recordar que, como todas las grandes experiencias (por ejemplo, la agresividad en las relaciones personales, o la equidad en la distribución de los bienes), la relación sexual siempre es conflictiva, y en general destacadamente conflictiva, ya sea por la seducción provocada por la pasión, ya sea porque el intento de mantener los impulsos bajo control lleva a interiorizar procesos de represión excesivos. A veces, la represión conflictiva es tan fuerte que se contempla como ideal —imposible— que el sexo no existiera, y eso tanto por parte de represores explícitos como por parte de los que, a través de una sutil y afectada ignorancia, querrían superar sexo y género con vistas a establecer unas relaciones sociales en las que la diferencia fuera irrelevante y no hubiera que considerarla.

El segundo gran tema es la relación entre los sexos. En este punto, la tónica general es que el sexo masculino se impone al femenino, en principio a partir de la fuerza física o de sus equivalentes, regla general en la naturaleza, asentada por las excepciones que la confirman. En la especie humana, que inicialmente configura sus relaciones a partir de aspectos conductuales muy animales —como es lógico—, se inicia la posibilidad de elaborar mentalmente unas alternativas igualitarias, posibilidad que se abre paso de forma trabajosa pero que, en la actualidad y por primera vez en la historia, parece que tiene la oportunidad de generalizarse. El estilo arcaico patriarcalista queda, sin embargo, al acecho, y se vuelve a imponer cuando los controles personales y sociales fallan, porque así como es más espontánea la agresividad que la argumentación racional, y solo se mantiene un tono civilizado en las relaciones cuando las personas son cuidadosamente educadas, asimismo es más espontáneo el machismo que la igualdad entre sexos, y cuando fallan las referencias educativas se vuelve a implantar la inercia machista (como muestra dramática, la penosa persistencia de la unilateral y del todo asimétrica violencia de sexo).

El desprecio del hombre hacia la mujer llena los textos de todas las culturas. Hindúes, buddhistas, jainistas, griegos, romanos, judíos, cristianos, filósofos, médicos, literatos, científicos, políticos, eclesiásticos, artistas, revolucionarios, creyentes, ateos, juristas…, la lista de testimonios que con todo tipo de motivos y pretextos insultan, marginan y desprecian a la mujer es inacabable. Entre ellos encontraremos, en la tradición cultural occidental, a los nombres más prestigiosos: Platón, Aristóteles, Cicerón, Demóstenes, Aristófanes, Hesíodo, Eurípides, Plinio, Filón, Livio, Séneca, Pitágoras, san Juan Crisóstomo, san Agustín de Hipona, san Jerónimo, san Alberto el Grande, santo Tomás de Aquino, Petrarca, Huarte de San Juan, Lutero, Richelieu, Quevedo, Erasmo, Schopenhauer, Darwin, Nietzsche, Rousseau, Voltaire, Goncourt, Ortega y Gasset, Freud, Jung, Ramón y Cajal, Einstein, Marañón… La lista es inacabable: a todos los une el desprecio por la mujer.

2 LA RELIGIÓN Y EL SEXO

Una elemental obviedad de la teología lleva a pensar que Dios no está afectado por la diferencia sexual. Esta diferencia es una cuestión de los humanos que depende del gran modelo sexual de la vida en la Tierra. Aun así, y a pesar de la solemnidad que atribuimos a nuestras capacidades mentales, nos resulta muy difícil una cosa aparentemente tan sencilla como imaginar una entidad personal no sexuada. Tanto es así que al hablar de Dios inevitablemente acabamos sexualizándolo sin reservas, y nos parecería extraño no hacerlo.

Esta proyección de la diferencia sexual en la divinidad se produce de mil maneras que se prestan a interesantes análisis e interpretaciones. Hay tradiciones religiosas que hacen a Dios masculino, y el alma suele ser entonces femenina. Estas tradiciones asignan a Dios el poder como prerrogativa y generan religiones de tono patriarcal. Otras tradiciones hacen a Dios femenino —y el alma sería entonces masculina— y se centran a menudo en temas como la fertilidad y la proximidad a la tierra. Esta diferenciación comporta habitualmente el enfrentamiento de dos modelos —de origen animal— canonizados por la filosofía griega en dos conjuntos de características que serían:

- *Masculino:* espíritu, mente, razón, acto, autonomía, fuerza, plenitud, dinamismo, bien.
- *Femenino:* materia, pasión, potencia, dependencia, debilidad, vacuidad, pasividad, mal.

Nos parece obvio atribuir todo esto a la divinidad, cuando en realidad no tiene nada que ver con ella en tanto que diferencia o clasificación de origen sexual. En la tradición judeocristiana, Dios es «adornado» con las cualidades masculinas. Las mitologías y teogonías manejan de innumerables maneras estos elementos en todas las culturas, dando lugar a variadas historias que traducen las fantasías que los humanos proyectamos en los dioses para explicar y/o justificar nuestras conductas. A menudo, en estos avatares mitológicos es evocada la imagen del andrógino, que representa una especie de restauración fantasiosa de la unidad primitiva que habría sido alterada por la diferenciación sexual.

En todo caso, observando los despliegues históricos y culturales del hecho religioso, se descubre claramente con qué facilidad un ítem característicamente humano como la diferenciación sexual sigue una deriva divinizadora, a menudo absolutamente acrítica, a través de la cual el sexo acaba siendo percibido como algo divino. Eso pasa también con otras conductas humanas, como la guerra o el ejercicio del poder, que también son divinizados, aunque en el caso del sexo la divinización se hace con mayor intensidad y penetración. El sexo seduce especialmente y cae muy fácilmente en la tentación de la divinización —positiva o aversiva—, cosa que hace que acabe con facilidad o seducido por la orgía religiosa, o reprimido por una negación desproporcionada.

Las religiones llamadas *del Libro* (judaísmo, cristianismo e islam) están fuertemente sexualizadas en sentido patriarcal. Dios es inequívocamente masculino —aunque eso no se diga siempre explícitamente—, y su presencia entre los humanos se concreta en un patriarcalismo espectacular con pocas excepciones —como la de algunas acertadas excepciones proféticas.

Concretamente, las religiones, como la cultura en general, han manifestado posturas religiosas ambivalentes en relación con el sexo que, clasificándolas de forma convencional, podríamos ordenar desde la fascinación hasta el rechazo, pasando por una cierta positiva indiferencia.

Al hablar de posturas de fascinación se suele citar la tradición tántrica. El tantrismo es una corriente espiritual y religiosa extendida en la cultura hindú en los primeros siglos de la era cristiana, y que en el marco de una gran teoría espiritual y de un acercamiento muy notable al cuerpo, propone pasar de la contemplación a la acción, y del ideal de la liberación a la libertad actuada en plena fruición del mundo. Todo ello está simbolizado por una diosa (Śakti) y concretado en una serie de prácticas respiratorias y sexuales. En el centro de la fascinación por el sexo está la mujer, al igual que su menosprecio estará también en el centro de la represión sexual. Esta ritualización del tantrismo en torno al sexo va unida, pues, a una cierta mitificación de la mujer muy característica de la vía tántrica como camino espiritual (EVOLA 1971). El Kama-sutra es como un breviario de referencia de esta tradición, que en Occidente ha llegado muy manipulado por un oportunismo utilitarista y funcional. Otros aspectos de la fascinación religiosa por el sexo se pueden encontrar en la prostitución sagrada asociada a algunas mitologías clásicas (griega o romana, por ejemplo), u orientaciones similares. En todos estos casos el sexo es considerado una vía preferente de acceso a la divinidad.

En un planteamiento contrario, hay tradiciones religiosas que se oponen a la sexualidad, considerando que la experiencia sexual aleja específicamente de Dios. Esta postura conduce a actitudes de represión sexual específica en nombre de la religión, y se encuentra también representada en diversas culturas. En el mundo «pagano» occidental (griego y romano) hay signos de esta actitud. Pitágoras y Platón citan la sexualidad como origen de la debilidad. Plinio el Viejo hace un elogio del pudor de los elefantes, que —dice— se acoplan a escondidas, muy de vez en cuando, y después de hacerlo se lavan, elogio que en todo caso se orienta a dejar claro que la sexualidad, cuanto más reducida y escondida pueda quedar, mejor. Demóstenes aconseja la abstinencia sexual antes de acudir al templo, Plutarco lo mismo, y exhortaciones similares se encuentran recogidas en frases esculpidas en aras sacrificiales paganas. Lógicamente se presenta la abstención sexual, incluso en el matrimonio, como un valor en sí mismo (Hesíodo, Séneca).

Entre las dos posturas, hay tradiciones que consideran que la sexualidad es un asunto humano serio, pero no citan a propósito de ella ninguna especificidad religiosa: ni acerca a Dios ni aleja de él en tanto que sexualidad. Si su vivencia tiene consecuencias en el ámbito religioso —igual que en cualquier otro ámbito— es porque es vivida para herir, dañar, oprimir o actuar injustamente. Este es clarísimamente el caso de Jesús de Nazaret. De lo que los textos recogen de él nadie puede deducir ninguna recomendación religiosa específica en relación con la experiencia sexual, ni a favor ni en contra.

3 EL ÁMBITO CRISTIANO

En el mundo religioso cristiano la referencia sexual se ha convertido en algo muy importante. Digo que «se ha convertido» porque esta importancia religiosa atribuida a la sexualidad no es un dato original en el cristianismo, sino una contaminación adquirida. Es difícil hacer una valoración exacta de los contenidos neotestamentarios referentes a la sexualidad, pero se puede hacer alguna aproximación para valorar la situación. Si se tiene la paciencia de identificar todos los versículos del Nuevo Testamento que de una forma u otra se refieren a la sexualidad, la pareja, el matrimonio, etc., en el conjunto de los textos neotestamentarios, fácilmente puede darse uno cuenta de que numéricamente la proporción es reducida. En el total de los evangelios el número de versículos referidos más o menos directamente a la sexualidad es aproximadamente del 1,5 %. En los Hechos es de un 0,2 %. En las cartas apostólicas —exceptuando 1Cor, en la que se da un tratamiento muy específico al tema matrimonial y donde la proporción sube a un 11 %— oscila en torno al 5 %. En todo el Nuevo Testamento se puede considerar que el conjunto de versículos que hacen referencia a la sexualidad está en torno al 3 %. Con respecto a las opiniones expresadas en estos textos, en el caso de los atribuidos a Jesús se habla de la seriedad de la unión de pareja, y por el resto se deduce que el sexo, como el uso del dinero o las relaciones entre las personas, tiene que estar presidido por el amor, la justicia, etc. En conjunto presentan una figura de Jesús no preocupada especialmente por la sexualidad. Con relación a Jesús, por ejemplo, nunca se dice expresamente si estuvo casado o soltero, aunque toda la tradición considera que vivió en celibato. Tanto es así que, con respecto a este silencio sobre el estado de pareja de Jesús, cuando san Pablo invita al celibato funcional de cara a la predicación del Reino en razón de las ventajas prácticas —e incluso una pizca ruines— de tal estado, sorprendentemente no pone como ejemplo el caso de Jesús —y sería una ocasión excelente para hacerlo, como lo hace en otros puntos—, sino el suyo propio (1Cor 7, y específicamente 7,7).

Esta mesura del Nuevo Testamento en relación con el tema de la sexualidad se desequilibra progresivamente y gravemente, en parte por la contaminación de ideas y prácticas paganas, y en parte por el afloramiento de las actitudes de miedo o asco hacia el sexo que debían anidar en el subconsciente de muchas figuras eclesiásticas, que eran en otros aspectos figuras eminentes pero que en este punto o despreciaban lo que habían decidido no vivir —quizás para hacérselo más justificable—, o simplemente eran víctimas de miedos ancestrales. El balance es abrumador, y no es excusa el hecho de que la sociedad también despreciara la sexualidad. Todavía hoy llama la atención la frecuencia obsesiva con que los textos referentes a la sexualidad aparecen en cualquier consideración pretendidamente religiosa del sistema eclesiástico. Solo a modo de muestra veamos algunos de los textos con que grandes personalidades eclesiásticas comentan la sexualidad y el matrimonio:

> Similar a Dios solo lo es la naturaleza humana, pero no la diferencia sexual. Se trata de un agregado posterior a una imagen ya completa de un componente animal que propiamente había sido pensado solamente para los animales.
>
> SAN GREGORIO DE NISA

> Según la voluntad de Dios, los hombres vivían en el Paraíso como los ángeles […]. No había ningún deseo del coito, no había ni concepción ni dolores ni nacimiento ni cualquier otro género de corrupción. Vivían en una virginidad limpia.
>
> SAN JUAN CRISÓSTOMO

> Si existiera otra manera de tener hijos, entonces cualquier relación sexual significaría de manera evidente un abandono al placer sexual, y sería evidentemente un mal uso de este mal. Pero como ningún hombre puede ser generado de otra forma, los cónyuges que han tenido una relación sexual para procrear han hecho un buen uso de este mal.
>
> SAN AGUSTÍN

> Habéis aprendido en el matrimonio mismo los inconvenientes que puede presentar. Ha sido para vos como una carne de codorniz de la cual os habéis saturado hasta las náuseas. Vuestra garganta se ha tenido que tragar la bilis más amarga; habéis rehusado el alimento agrio y enfermizo; habéis podido reponer vuestro estómago inflamado. ¿Por qué queréis reanudar otra vez aquello que os ha sido nocivo? Sería como imitar al perro que retorna a su vómito o como el cerdo lavado que otra vez se revuelca en el fango.
>
> SAN JERÓNIMO (hablando de las segundas nupcias)

> La debilidad de la razón provocada por el placer del acto conyugal, aunque no reviste malignidad moral, ya que no es pecado mortal ni venial, cabe decir que proviene a pesar de todo de una cierta malignidad moral, del pecado de nuestro primer padre; esto, en efecto, no existía en estado de inocencia.
>
> SANTO TOMÁS DE AQUINO

> De mil matrimonios, a mi parecer, hay novecientos noventa y nueve que lo son según el demonio.
>
> SAN BERNARDINO DE SIENA

> El deber conyugal no se satisface nunca sin pecado.
>
> LUTERO

Con este bagaje, ¿a alguien le puede sorprender que el sistema eclesiástico todavía esté pendiente de digerir el vuelco que este tema ha dado?

Con respecto al tema de la mujer, la figura de Jesús fue reparadora de los estilos sociales que en este punto dominaban en la sociedad en la que vivió, concretamente el mundo judío. Jesús hace —dentro de las posibilidades de su tiempo— lo que hoy llamaríamos una discriminación positiva de la mujer. Jesús no despotrica contra la mujer, la trata con una benevolencia que hoy consideraríamos compensatoria e incluso provocativa, y en los Evangelios las mujeres figuran destacadamente en los círculos de Jesús y como confidentes privilegiadas de algunos aspectos centrales de su vida (conversaciones especialmente significativas como la de la samaritana, o la comunicación del misterio de la Resurrección). Tampoco en eso la tradición cristiana ha hecho ningún caso de Jesús. La mujer ha sido tratada al estilo de como lo hacía la sociedad del momento, y la innovación de Jesús en este punto naufraga en una orgía de condenas inexplicable y escandalosa, panorama que ayuda a comprender cómo el mundo eclesiástico todavía no consigue salir de esta trampa en la que se ve atrapado. El sistema eclesiástico hace una discriminación negativa de la mujer. Veamos algunas muestras:

> Es el amor de la mujer en sí mismo lo que es deficiente. Es insaciable, y se repone cuando ya se lo creía extinto, se convierte en pedigüeño cuando ya se lo creía satisfecho, debilita el carácter del hombre y le impide pensar en otra cosa que en su pasión.
> SAN JERÓNIMO

> Hay todavía en el mundo muchas ocasiones que amenazan la rectitud del alma. Entre estas está en primer lugar la relación con las mujeres. El obispo, aparte de su preocupación pastoral por el sexo masculino, no debe olvidar a las mujeres, que precisamente por su fácil inclinación al pecado tienen necesidad de una mayor

atención. [...] Porque los ojos de las mujeres tocan e inquietan nuestra alma, y no solo los ojos de las mujeres disolutas, sino también los ojos de las mujeres virtuosas.

SAN JUAN CRISÓSTOMO

Yo no veo por qué tipo de ayuda la mujer ha podido ser creada para el hombre si se excluye el fin de la procreación [...]. Si la mujer no ha sido dada al hombre como ayuda para la creación, ¿para qué otra ayuda podría haber sido dada? ¿Quizás para que los dos juntos trabajaran la tierra? Si para este fin le fuera necesaria una ayuda, entonces el hombre sería una mejor ayuda para el hombre. Lo mismo vale con respecto al consuelo en la soledad. ¡Cuánto es más grato para la vida y el trato que dos amigos vivan juntos, que no que una mujer y un hombre convivan!

SAN AGUSTÍN

La mujer es menos favorable a la moralidad que el hombre. Porque la mujer tiene más líquido que el hombre, y es característica del líquido recibir y transmitir más fácilmente el mal. El líquido es un elemento fácilmente mutable. Por eso las mujeres son volubles y curiosas [...]. La mujer es un hombre no logrado, y respecto del hombre tiene una naturaleza defectuosa e imperfecta. Por eso es insegura. Aquello que no puede obtener por sí sola, busca obtenerlo con falsedad y engaños demoníacos. Por eso, para decirlo brevemente, el hombre tiene que guardarse de cualquier mujer como de una serpiente venenosa y un demonio cornudo.

SAN ALBERTO MAGNO

La mujer, en su concepción, no expresa la primera intención de la naturaleza que mira hacia la perfección (el hombre), sino la intención secundaria de la naturaleza, como putrefacción, deformidad, debilidad senil.

SANTO TOMÁS DE AQUINO

Si hablamos según la naturaleza de las cosas, el padre tiene que ser más amado que la madre. En efecto, se ama al padre y la madre como a principios del nacimiento natural. Pero el padre es más excelentemente principio que la madre, porque él lo es en tanto que agente, mientras que la madre es sobre todo principio pasivo y materia. Es por eso que, de una forma absoluta, el padre tiene que ser más amado.

SANTO TOMÁS DE AQUINO

Con motivo del defecto de razón, evidente también en los niños y en los enfermos mentales, a las mujeres no les es permitido actuar de testigo en cuestiones testamentarias.

SANTO TOMÁS DE AQUINO

En la resurrección, el sexo débil será abolido y la naturaleza se hará una. En consecuencia, solo existirán hombres, como si nunca hubiera habido pecado.

JUAN ESCOTO ERÍGENA

Recuerdo agradablemente, después de cuarenta años, las conversaciones edificantes con mi venerado obispo Mons. Radini Tedeschi [...]. De mujeres o de formas o de cosas de mujeres, nunca una palabra, como si las mujeres no existieran en el mundo. Este silencio absoluto, incluso en la intimidad, en torno a nada que fuera femenino, fue una de las lecciones más fuertes y profundas de mi juventud sacerdotal.

PAPA JUAN XXIII

Una imagen femenina de Dios no puede expresar nunca adecuadamente el *primado* de la paternidad; por eso, la imagen revelada de Dios solo puede ser masculina.

CARDENAL SIMONIS, 1986

La mujer es sustancialmente mísera aunque refinada en el exterior.

CARDENAL BIFFI, 1989

En este corto compendio, que se podría alargar mucho, aparecen todos los temas que forman parte del conflicto: proyección de los propios miedos y temores, conversión en doctrina de lo que son obsesiones personales, réplica de datos de otros autores de prestigio (como hace santo Tomás copiando a rajatabla a Aristóteles al tipificar los defectos femeninos), dejarse llevar acríticamente por la opinión generalizada de los «prohombres» de todo tipo de la sociedad civil que unánimemente decían las mismas barbaridades; en definitiva, atribuyendo a la mujer los defectos de las propias pasiones y limitaciones, y, cosa más grave, convirtiéndolo en doctrina y, si conviene, declarándolo voluntad divina. Esta es la forma de generar opiniones eclesiásticas, cosa que nos ilustra sobre la fiabilidad que merecen las «doctrinas» que amparan algunas o muchas dimensiones eclesiásticas. Hoy miramos con vergüenza los textos citados. En su momento estos textos les parecían doctrina fiable. Pero ¿qué fiabilidad tienen los textos de hoy? ¿No les causarán la misma vergüenza a los que los conozcan dentro de unos años? De hecho, una de las carencias de esta situación es que a las mujeres nunca se les pidió ninguna opinión, situación que sigue produciéndose en la actualidad. Santa Teresa de Ávila se quejaba amargamente en *Camino de perfección*:

> No aborrecistes, Señor de mi alma, cuando andávades por el mundo, las mujeres, antes las favorecisteis siempre con mucha piedad y hallastes en ellas tanto amor y más fe que en los hombres, pues estaba nuestra Sacratísima Madre, en cuyos méritos merecemos [...] lo que desmerecimos por nuestras culpas. ¿No basta Señor que nos tiene el mundo acorraladas [...] que no hagamos cosa que no valga nada por vos en público, que no osemos hablar algunas verdades que lloramos en secreto, sinó que no

havíades de oír petición tan justa? No lo creo Señor, de vuestra bondad y justicia, que sois justo juez, y no como los jueces del mundo que, como son hijos de Adán y, en fin, todos varones, no hay virtud de mujer que no tengan por sospechosa.

Actualmente convivimos con los restos del naufragio, pero estos restos todavía son piezas principales del escenario. Toda la predicación cristiana hasta hace pocos decenios ha sido asfixiada por una incomprensible condena de la sexualidad, y mucha predicación actual —sobre todo la oficial eclesiástica— sigue inspirada por una sensibilidad enfermiza que da lugar a directivas morales neurotizantes, lo que oscurece y esconde el mensaje central evangélico que tendría que estar inspirándolo todo, y que es el de un llamamiento a la liberación y una exhortación a vivir vitalmente y responsablemente la sexualidad disfrutándola en un clima amoroso y en el contexto de coraje y donación que pide la relación humana.

4 PERSPECTIVAS CATÓLICAS

La reparación del patriarcalismo católico es una tarea difícil a la que se han dedicado muchas energías que van acumulando resultados. Elisabeth A. Johnson, religiosa y profesora de teología en la Fordham University de Nueva York, ha abordado este tema en una obra muy completa (2002), planteándose por qué el Dios presentado siempre como hombre no puede ser presentado igualmente como mujer. En este trabajo la han acompañado muchas otras notables figuras de la teología feminista, focalizadas en aspectos concretos de esta importante controversia, como Uta Ranke-Heinemann

(2005), Elisabeth Schüssler Fiorenza (2000), Ivone Gebara (2002) o Susanne Schaup (1999). La suficiencia orgullosa de la teología oficial eclesiástica —tan patriarcalista que incluso se ignora como tal— se resiste a considerar como fiables y dignos de consideración los análisis y conclusiones de la teología feminista, que se consideran sesgados y poco dignos de consideración.

Hoy ya es de dominio público en la Iglesia que la doctrina eclesiástica católica mantiene una mala relación con la sexualidad. Esto es compartido por una gran parte de personas creyentes, es opinión de muchos teólogos e incluso de obispos. Incluso Benedicto XVI, en algún documento público y algunas intervenciones orales, ha dejado entrever —muy cautelosamente, es decir, en el estilo eclesiástico que tiene que ser interpretado de forma aguda por comentaristas atentos y avezados— que estamos inevitablemente a las puertas de un cambio que permita superar el abismo establecido en este punto entre la doctrina oficial eclesiástica y una sana visión cultural. El cambio, sin embargo, tardará, porque los administrativos de segundo orden siguen sin pensamiento propio y repiten la doctrina establecida. La corrección pendiente tendría que tener presentes algunas propuestas sólidas referentes a la relación entre cristianismo y sexualidad —procedentes tanto de las fuentes de revelación como de la cultura—, para proceder en consecuencia a una modificación clara de las normas institucionales que permitiera reparar los desastres cometidos.

a Datos doctrinales y diferencias de género

La mutación que las sociedades occidentales han hecho en relación con la sexualidad no se puede calificar como una degradación de esta experiencia, como a menudo se dice. Hay aspectos de degradación en el uso de la sexualidad como bien de consumo fácil, pero hay un cambio positivo de valoración que no tiene nada degradante sino que es una reparación, y esta reparación la tiene que hacer a su vez el pensamiento cristiano. Se trata de una conversión conceptual. En estos momentos todas las religiones contemplan con más o menos intensidad el tema de la normalización de la presencia femenina en los ámbitos respectivos (HAKER 2006). Dejando de lado análisis culturales más generales, del pensamiento cristiano original se pueden deducir algunas orientaciones muy iluminadoras que pueden acompañar la mutación de la cual se ha hablado:

1 *El sexo no es una realidad específicamente relacionada con Dios.* Eso se puede afirmar con toda seriedad a partir de los datos del Nuevo Testamento, algunos de los cuales han sido comentados anteriormente. La ética de la conducta sexual desde el punto de vista cristiano no necesita una atención especial más allá de la que merecen todas las conductas importantes. Si a propósito, por ejemplo, de los aspectos económicos, consideramos que la ética cristiana ofrece unas orientaciones centrales (justicia, distribución igualitaria, consideración amorosa de los demás) y deja la concreción de estos aspectos al buen sentido de las personas, a su conciencia y a los avances que la cultura va instaurando, no tiene que ser distinto

por lo que respecta a la sexualidad. Resulta, pues, improcedente —por obsesiva— la constante insistencia del pensamiento eclesiástico en una casuística de detalles de conductas relacionadas con la sexualidad, que de ninguna manera se deducen de ninguna orientación del Nuevo Testamento y que tampoco responden a ninguna justa defensa de una pretendida ley natural que solo se invoca en este tema y no en ningún otro de la vida.

2 *La diferencia sexual no justifica ninguna discriminación ante Dios.* Ni la sexual ni ninguna otra. Este es un principio central en el Nuevo Testamento. Cuando el centurión Cornelio visita a san Pedro para conocer la fe cristiana y se prosterna ante él, Pedro le dice: «Levántate, que yo también soy un hombre» (Hch 10,26); es una frase simple que trastoca a pesar de todo las formas religiosas de sumisión generalizadas por doquier; acto seguido, pronuncia un discurso sobre la no distinción de personas ante Dios: todo un programa para ordenar las relaciones religiosas, tentadas siempre por el establecimiento de diferencias. San Pablo reanuda el tema en la carta a los Gálatas, declarando caduco el rito diferenciador central de los judíos, la circuncisión, y en la conocida frase de Gl 3,28 anuncia el fin religioso de las diferencias de nación, clase y sexo, tres de las diferencias más llamativas de su época y de la nuestra. ¿A qué viene, pues, la impresionante distinción de sexos establecida por el sistema eclesiástico en todo lo relativo a gestiones y responsabilidades en la comunidad cristiana, sino al hecho de que en el Nuevo Testamento leemos lo que nos interesa, pero hacemos caso omiso si lo que el Nuevo Testamento dice pide corregir nuestras preconcepciones?

3 *Hay sensibilidades religiosas matizadas por el género.* Las implicaciones género-religión han sido estudiadas desde muchos puntos de vista. La estructura social, la historia, el psicoanálisis, las tradiciones religiosas concretas ofrecen un material muy rico para analizar las variaciones o discriminaciones que las religiones han generado en relación con los roles de género. Valga decir que el aspecto más llamativo de estas implicaciones siempre se ha referido al modelo de dominación masculina, que en muchas tradiciones religiosas ha implicado un patriarcalismo sociorreligioso abrumador. Sexo masculino, poder y divinidad han sido terriblemente asociados, y las religiones monoteístas, normalmente muy patriarcalistas, son un ejemplo estridente de ello. Esta es, evidentemente, una gran deficiencia por superar.

Hay, sin embargo, unas sensibilidades mentales asociadas a las diferencias sexuales que puede tener sentido valorar como diferencias, siempre a condición de haber superado las imposiciones patriarcales. Entonces, estas sensibilidades alternativas podrían significar una riqueza para desvelar aspectos menos manifiestos, de manera que se produjera un control y un estímulo recíproco de las tendencias más espontáneas de cada sexo. Algunos autores señalan, por ejemplo, que el modelo más masculino de Dios y la religión, estereotipado por la fuerza, la dominación, la autoridad y la ley —no solo del hombre hacia la mujer, sino del hombre hacia todo—, podría ser compensado por el modelo más solidario, cooperativo, orientado a la satisfacción, y de fomento y proximidad a la vida, más característico de la mujer —y no solo de la mujer hacia el hombre, sino de la mujer hacia todo.

Naturalmente, la posibilidad de que estas diferencias sean eficazmente enriquecedoras y complementarias depende absolutamente del hecho de que las relaciones e instituciones eclesiásticas —con respecto al tema religioso cristiano— se hayan establecido en un régimen de igualdad que supere las sumisiones y las reivindicaciones autoritarias y exclusivistas de tipo masculino, cosa que en el caso de la comunión católica reviste una urgencia extrema.

b Cambio urgente

Después del cambio mental que hay que hacer para corregir la mentalidad obsesiva en relación con la sexualidad y los prejuicios contra la mujer enquistados en el pensamiento eclesiástico oficial, es imprescindible proceder a algunas modificaciones de amplio alcance que en estos puntos permitan hacer revivir la doctrina y la sensibilidad cristianas originales en medio de la cultura actual. No habría que hacer ninguna operación rupturista con respecto a los orígenes, sino con respecto a las contaminaciones históricas. Excluidas las superficialidades sobre el sexo que pueda expresar la cultura actual —no muy diferentes de las que expresaba la cultura grecorromana—, la sensibilidad respetuosa y libre hacia el sexo y un sentimiento de igualdad entre ambos sexos son valores neotestamentarios del todo compartidos por la gente equilibrada de la cultura actual. Llegar a este acuerdo exigiría por parte del sistema eclesiástico, tomar ciertas decisiones notables. Citemos brevemente algunas:

1. *Reconocer el error.* La Iglesia a menudo exhorta a todo el mundo con razón para que sepan corregir los errores y arrepentirse de aquello que se ha hecho mal; pero ella no sabe hacerlo. La culpa siempre es de los demás. Lástima, porque en el punto que comentamos con relación al cristianismo y la sexualidad ha hecho cosas pero que muy mal hechas. Ha amargado y sigue amargando la vida de las parejas —en la medida en que le hacen caso en este punto— con imposiciones morales absolutamente gratuitas y sin ningún fundamento ni en el evangelio ni en la razón, por ejemplo en las indicaciones que hace sobre el uso de anticonceptivos y las condiciones de las relaciones sexuales. Lo mismo pasa con el trato dispensado a la mujer. Llevada por una vergonzosa inercia de insultos y desprecios, ha convertido este rechazo de la mujer —suprimiendo los insultos— en razones «teológicas». La exclusión del sacramento del orden, por ejemplo, se presenta como voluntad de Jesucristo. La realidad es, sin embargo, que la argumentación de fondo sigue siendo la que utilizaba santo Tomás al decir: «Aunque a la mujer le sean realizados todos los ritos del orden, ella no recibe en absoluto el orden porque, como el sacramento es un signo, en aquello en que se cumple el sacramento se exige no solo la cosa, sino también la significación de la cosa. Ahora bien, como en el sexo femenino no hay nada que pueda ser signo de eminencia de grado porque la mujer se encuentra en estado de sujeción, de ahí que no pueda recibir el sacramento del orden.»

La pirueta de santo Tomás es curiosa, pero el punto final de la argumentación es evidente: la mujer no tiene nada que pueda ser signo de eminencia. Hoy, en la argumentación oficial se habla de la voluntad de Jesús. Quizás era más claro santo Tomás... Y quien dice el sacramento del orden dice tantas otras situaciones institucionales de las que la mujer es jurídicamente excluida.

Esta situación de imposiciones, errores y exclusiones, argumentadas utilizando el nombre de Dios —y, por lo tanto, tomándolo en vano—, evoca aquella durísima reflexión de Karl Rahner, tanto más impresionante teniendo presente quién la hace:

> Forma parte de la historicidad trágica y oscura de la Iglesia el hecho de que ella haya defendido en la teoría y en la praxis, con argumentos falsos, mandamientos morales basados en preconvicciones problemáticas e históricamente condicionadas, basadas en prejuicios. Así resulta tan opresiva la oscura tragedia de la historia intelectual eclesial, porque en estos casos se ha tratado siempre de cuestiones que incidían profundamente en la vida concreta de los hombres, porque tales mandamientos equivocados que no eran objetivamente válidos, o bien que ya habían resultado obsoletos desde mucho tiempo atrás [...], han impuesto a los hombres pesos [...] que no eran legítimos según la libertad del evangelio.

Muchos eclesiásticos temen que si la Iglesia se atreviera a corregir lo que Rahner llama «historicidad trágica y oscura» y «oscura tragedia intelectual eclesial», su prestigio se hundiría. En realidad, el prestigio se hunde por no quererlo hacer.

2   *Restablecer la igualdad de sexos.* La igualdad inicial de sexos en la Iglesia, al menos una llamativa igualdad en relación con los estilos de la época, está atestiguada por estudios hermenéuticos e históricos (KRAEMER Y D'ANGELO 1999). Sin necesidad de grandes profundiza-

ciones, las cartas de san Pablo dejan claro el papel directivo de las mujeres en las Iglesias paulinas. La negativa, pues, a revisar este punto solo se puede atribuir a una contumacia presidida por el orgullo patriarcal revestido de pretendidas indicaciones divinas. Es comprensible que en otras épocas la Iglesia no hubiera podido o sabido corregir la inercia cultural sobre el rechazo del sexo y el desprecio por el género femenino, pero hoy que la sociedad civil ha reparado estos dos graves errores es incomprensible que se mantenga como bastión del inmovilismo y de las posiciones más reaccionarias. Hay que recordar que, aún en el año 1949, una instrucción de la Congregación Romana por la Disciplina de los Sacramentos recordaba que «todos los autores enseñan unánimemente que a las mujeres —sin excluir a las monjas— les está prohibido bajo pena de pecado mortal servir al altar». El 1980, Juan Pablo II, en la instrucción «Il dono inestimabile», decía que no estaba permitida a las mujeres la función de acólito. El Código de Derecho Canónico de 1983 excluye a las mujeres de la potestad de jurisdicción (c. 129), del pleno cuidado de almas (c. 150), del cardenalato (c. 351), de las órdenes menores (c. 230) y de la ordenación sacerdotal (c. 1024). Todo únicamente en razón de su condición sexual. Eso hoy ya no es comprensible en ninguna sociedad civilizada y representa una afrenta para todos los creyentes, y en primer lugar para las mujeres. ¿Quién se extrañará de que las mujeres vayan despidiéndose de su reconocida fidelidad a la Iglesia?

3 *Rehacer las indicaciones morales.* La Iglesia tiene una gran aportación que hacer a la forma de vivir la sexualidad en nuestras sociedades, acosadas en muchos aspectos por

una visión degradada del sexo, y le corresponde recordar que sexualidad y amor serio tienen que formar parte de una misma dinámica relacional entre las personas. Más allá de eso —que es mucho—, tiene pocas indicaciones que hacer en nombre de Jesús.

En los momentos actuales, la Iglesia se ve solicitada por la novedad del progreso científico y técnico en muchos temas próximos a la sexualidad, como los relativos a la reproducción o a la manipulación genética, etc. En estos puntos delicados tiene que saber leer los signos de los tiempos a partir de la inspiración evangélica. Hay muchos fenómenos (cambio de signo de la natalidad, aparición de la sexualidad relacional no reproductora, manipulación embrionaria...) que son novísimos y que no se pueden valorar simplemente haciendo alusión a doctrinas y documentos escritos cuando estos fenómenos no se habían iniciado. Los grandes principios no cambian, pero las aplicaciones secundarias sí.

4 *Corregir las disciplinas.* La estructura actual de la Iglesia está reservada exclusivamente a varones célibes. Esta exclusividad es un llamativo error. Hombres y mujeres, célibes y casados, todos forman esta Iglesia, y de la inspiración de Jesús no se deduce ninguna exclusividad institucional a favor de los varones. La autoridad, el pensamiento, la opinión, la decisión, la sensibilidad exclusivamente masculinas no suponen ningún enriquecimiento para la Iglesia y sí un sesgo para la teología, el gobierno y la institución en su conjunto. Disciplinas como el celibato obligatorio para el ministerio y la jurisdicción tienen que modificarse en función del aire que dio Jesús al grupo de discípulos y no pueden seguir configurándose

por la condición excluyente que ha establecido la historia. En el caso concreto del celibato obligatorio para los ministerios, se incumple expresamente y de forma clara las indicaciones apostólicas paulinas, que establecen el celibato opcional para los servidores de las comunidades a todos los niveles (1Cor 7.9; 1Tim 3; Tit 1).

5 TRADICIONES NO CATÓLICAS

La agrupación en un conjunto no católico no se hace aquí para privilegiar al catolicismo, sino atendiendo al hecho de que me he referido especialmente a él en las páginas que preceden, tanto por proximidad cultural como por la especificidad con que el catolicismo se ha referido al sexo.

Dentro del cristianismo, las tradiciones de las Iglesias orientales o de las nacidas de la Reforma no han manifestado hacia el sexo una actitud de desconfianza y represión tan activa como la de católica. Seguramente ha influido en este punto el hecho de que los clérigos respectivos no fueran obligatoriamente célibes, cosa que evidentemente los ha situado en una tesitura de más normalidad que la católica en relación con la sexualidad.

Con respecto a las tradiciones no cristianas, nos encontramos también con una gran variabilidad, presidida a menudo, sin embargo, por las inercias antifemeninas. El buddhismo, a pesar de haber generado una tradición muy focalizada en el sexo como el tantrismo, en general valora la contención sexual e incluso el celibato como elección minoritaria. En el caso del mundo musulmán, el Corán presenta la sexualidad en un ambiente de satisfacción y de normal contención, abierta a la gratificación mutua. La sexualidad no se contempla como opuesta a la espiritualidad, y en este sentido el clima general del Corán no difiere mucho del clima de normalidad con que Jesús ocasionalmente se refirió a la sexualidad, aunque el Corán es más explícito y detallado que el Evangelio en este punto. La pureza del sexo no se basa en la abstinencia sino en las intenciones personales que orientan la relación sexual. La poliginia que muchos, desde fuera y desde dentro del mundo musulmán, atribuyen al Corán, parece que es claramente un abuso interpretativo.

Con respecto a las cuestiones de género y concretamente a la actitud hacia la mujer, el desprecio por ella y la desconfianza son norma muy general en todas las tradiciones religiosas. De hecho, tanto el buddhismo como el mundo musulmán, igual que la tradición cristiana original, parten de una distinción de géneros con cierto sabor patriarcal que posteriormente deriva de forma escandalosa hacia el desprecio y la marginación de la mujer. El hinduismo tiene en el desprecio por la mujer una tara constante. Toda la cultura hindú está penetrada por el sistema clasificador de castas que determina pureza e impureza, y este sistema se proyecta en el mundo de las relaciones de género acorralando a la mujer.

Se puede decir que la deriva patriarcal es una constante religiosa que las religiones han heredado de toda la sociedad civil. Es toda la sociedad humana la que ha heredado del mundo animal la supremacía del macho. Esta afirmación no ha sido desmentida por las fantasías de una edad de oro en la que habría habido un matriarcado pacifista. Engels intentó apoyar de forma erudita esta idea, pero no hay ningún dato a su favor. La paleontología no conoce ninguna época paradisíaca en la historia de la hominización, y las derivas animales han debido ser penosamente corregidas por los esfuerzos culturales. Con respecto a la igualdad de sexos, apenas estamos empezando.

Es la modernidad cultural la que ha espoleado las tradiciones religiosas a trabajar en pro de la igualdad de sexos. En el judaísmo, la corriente reformista se mueve hacia una igualdad de sexos muy notable, aceptando la atribución a las mujeres de responsabilidades rabínicas. La corriente conservadora manifiesta más tímidamente esta intención. En el mundo cristiano de la Reforma protestante, la igualdad de sexos ha andado mucho camino, y hoy tanto las Iglesias protestantes como la anglicana han reconocido a las mujeres una integración muy plena en todos los niveles.

Con respecto al buddhismo, Buddha mismo se manifestó distante hacia las mujeres, y hoy son a menudo mujeres occidentales las que compensan la situación marginal de la mujer en el buddhismo, intentando aplicar acertadamente desde la visión igualitaria occidental las grandes intuiciones buddhistas. Es, por ejemplo, lo que ha hecho Sylvia Wetzel (2001) con su lectura feminista de los grandes ejes buddhistas.

Algo similar pasa con el mundo musulmán. Aunque el Corán reconoce la calidad espiritual idéntica de ambos sexos, su igualdad social resulta problemática, y en las particularidades de los deberes familiares y sociales la mujer acaba siendo marginada. Esta situación se ha agravado terriblemente a lo largo de la historia, y hoy la mujer musulmana está muy lejos de una igualdad normal en la mayoría de situaciones sociales, y en algunos casos —como el frecuentemente citado hoy de la cultura afgana— la marginación de la mujer presenta características aberrantes. También es en relecturas hechas desde Occidente donde se precisan los horizontes y oportunidades que hay que reconocer de forma reivindicativa a las mujeres musulmanas (BARLAS 2002).

También en otras tradiciones como el taoísmo se ha profundizado en esta exploración de la identidad femenina. Autoras pertenecientes a esta tradición espiritual, y desde los modelos socioculturales occidentales, han hecho relecturas de las fuentes taoístas desde el feminismo y la igualdad de género. Es el caso de Catherine Despeux (2003).

En el mundo cristiano no católico, particularmente en el caso de las Iglesias protestantes y episcopalianas, a pesar de un mayor respeto hacia el mundo femenino que el que exhibe la Iglesia católica, ha habido tomas de postura muy claras hacia la igualdad de sexos que han generado graves disensiones e incluso rupturas.

Decía Tillich en una conocida obra: «Los cimientos se tambalean.» Es cierto, pero quizás aún no se tambalean lo suficiente como para conmover posiciones monolíticas que se niegan a aceptar el reto de una reflexión libre a la luz de los textos originales. Ojalá no sea demasiado tarde para que el temblor sea eficaz y actúe convirtiendo a las palabras originales no estropeadas por la inercia mental y cultural, sino releídas a la luz de los progresos sociales que la aventura humana poco a poco alcanza en el campo concreto de las relaciones entre los sexos.

XII

ORGANIZACIÓN PARA SERVIR O ESTRUCTURA DE PODER

Entendemos por institución una cierta ordenación de la vida social surgida para atender algún tipo de necesidad básica de las relaciones humanas y que se registra en forma de acuerdo consuetudinario o norma legal. El concepto de institución es, pues, muy amplio, y de una forma explícita es una creación humana, aunque la ordenación de las relaciones por mecanismos instintivos forma parte naturalmente de la vida animal en general.

1 LA CONNATURALIDAD DE LAS INSTITUCIONES

Las relaciones entre los seres vivos se establecen a través de unas redes que manifiestan ciertas regularidades, regidas en los animales por los correspondientes estereotipos conductuales, que responden a las programaciones neurales. Esto mismo, básicamente, también se produce entre los humanos. Hay redes neurales que responden a la creación de parejas y familias; redes de estructuración de los grupos para la búsqueda de alimento, la defensa, la colonización de territorios, etc. En los humanos, estas relaciones se hacen conscientes, entran en el ámbito de la reflexión, del acuerdo lógico-emocional, etc. Para favorecer la eficacia y la funcionalidad de estas redes, los humanos tendemos a optimizarlas fijándolas en acuerdos, textos, grupos de decisión... Todo eso son ya instituciones que nacen de nuestra naturaleza cultural. Somos cultura por naturaleza. Hay, pues, una dinámica natural que en su raíz heredamos evolutivamente, pero que enriquecemos y mejoramos, y que explica la inevitable génesis de las instituciones.

Es importante notar este enraizamiento de la institución en nuestra propia naturaleza ante una defensa utópica e ingenua de la anarquía y la evitación institucional como ideal para los humanos. Las programaciones neurales son demasiado fuertes y demasiado importantes como para que pudiéramos permitirnos el lujo de prescindir de ellas, pero por otra parte necesitan obligatoriamente acabar en una determinación cultural añadida a la raíz natural. Un grupo humano sin instituciones manifiesta una carencia, precisamente porque somos constitutivamente culturales, y sin acuerdos culturales que orienten y regulen las programaciones naturales, los grupos humanos quedan defectuosos e indeterminados: se moverían en la confusión, el «ruido» y un nivel de ansiedad demasiado alto. La anarquía acaba siempre en el fracaso y la irrelevancia, y eso vale para cualquier dimensión humana. En realidad, los anarquistas viven como marginales a expensas de los que no lo son; de lo contrario, desaparecerían. Ser anárquico es un lujo que pagan las instituciones; a veces con mucho gusto, tanto por parte de los anárquicos como de las instituciones.

Quedar en un lugar y a una hora determinada para ver a una amiga o un amigo es ya un embrión institucional: un acuerdo que concreta y fija la satisfacción de un deseo o una necesidad. Esta es la estructura inicial de una institución: ordenar la satisfacción del deseo o la necesidad. A medida que se amplían los ámbitos y el volumen de los acuerdos, las instituciones se van enriqueciendo, complicando, etc. Naturalmente, en paralelo se van generando aspectos accesorios en la institucionalización, y tiende a aflorar la burocracia, la esclerosis, las disfunciones, el barroquismo de los recursos... Eso constituye una típica dinámica evolutiva/involutiva que se manifiesta siempre y en todo tipo de instituciones y de sistemas. Los analistas de los sistemas institucionales conocen a la perfección los males de la burocracia, y han hecho correr ríos de tinta para considerar las formas de prevenirlos o evitarlos. Hay numerosos chistes y sentencias que comentan este tipo de riesgos: niveles de incompetencia, disfunciones de la organización, diagramas de flujo para orientar las pérdidas de tiempo o eficacia... Hoy la neurobiología está muy interesada precisamente por la interacción entre genes y cultura (ámbito definido como neurocultura) ante la fundamentada sospecha de que la evolución ha recogido ya en la especie humana algunos registros neurológicos de las estructuras sociales creadas por la cultura humana: poseeríamos en el «disco duro» del cerebro grabaciones que nos inclinarían a constituir ciertas estructuras socioculturales (KITAYAMA Y PARK 2010; WAY Y LIEBERMAN 2010).

El proceso que consiste en empezar con estructuras leves y acabar con estructuras pesadas y deformadas se ha dado en todo tipo de instituciones, y su estudio permite contemplar cuáles son los riesgos asociados a la evolución institucional. Las instituciones nacen óptimamente por acuerdos, no por imposiciones. Pero cuando las instituciones se vuelven complejas tienden naturalmente a jerarquizarse, y la jerarquía, aunque tenga que tender razonablemente a expresar los deseos de todos, en parte no puede hacerlo por la pluralidad de opciones y deseos —la vida social exige renuncias personales—, y en parte no quiere hacerlo porque la jerarquización impositiva es más expeditiva, y sobre todo porque quien manda tiende con cierta lógica a resolver el conflicto en beneficio propio, o bien de forma material —en los casos de más egoísmo—, o bien de forma más sutil, al creer que la opinión propia es la más válida —eso dependiendo de la consistencia del ego del que manda. Este mal asociado a la jerarquización se modula por medio de la democracia. No es una garantía absoluta, pero hasta ahora ha resultado ser la más eficaz para regular conductas y relaciones humanas de una forma civilizada. Los animales se quedan con la jerarquía pura y dura; los humanos, con la democracia. A pesar de la imagen contraria que se quiere dar y que presenta la jerarquía como una forma suprema de humanización, donde la jerarquía funciona bien del todo es en el mundo animal. Las ordenaciones jerárquicas animales, que hoy vamos conociendo bastante bien, son una maravilla.

Las instituciones tienden también a legalizar. Valga decir, pues, que cuando un acuerdo es consensuado y funciona, se traduce en una norma que en principio obliga porque se piensa que manifiesta la mejor forma de resolver un conjunto de relaciones, necesidades, deseos, etc. Las normas o leyes tienen muchas ventajas. Evitan la confusión y la ansiedad relacionada con la indeterminación constante, hacen frente al caos y a la arbitrariedad, y en este sentido protegen a los más débiles, que son los que en el caos y la confusión sufren más. Las leyes tienen el inconveniente de que difícilmente expresan todos los matices de la vida, y además tienden, por comodidad de todos, a adquirir una inercia propia que en ocasiones, y al no ir reflejando los cambios vitales, acaban por ir contra la vida que tendrían que acompañar. Los ejemplos de estas situaciones son innumerables: la vida cambia y la ley no. No hay que decir que en momentos de cambio acelerado como los que vivimos, el proceso de legislación y modificación legislativa tiene que ir muy bien acompasado; de lo contrario, el riesgo de esclerosis legal se agudiza rápidamente. Cuando las leyes se revisten de tonos míticos (pretenden ser divinas, por ejemplo), el riesgo de esclerotización se acentúa gravemente, cosa que hay que tener muy presente especialmente en las instituciones con más riesgo de mitificación, como son las dictaduras de todo tipo en el caso civil y las instituciones clericales o eclesiásticas en el caso religioso.

Otro nivel de regulación institucional es el ritual o expresivo. Los ritos son acuerdos simbólicos que en principio expresan los anhelos profundos de los que los practican y, además, facilitan la cohesión social de los grupos. El material ritual es muy delicado porque, con facilidad, en vez de expresar la profundidad de la persona o el grupo, tiende a arrastrarlos acríticamente. A un nivel individual, los ritos son parasitados por la obsesión o la represión. La obsesión lleva a transferir al rito una virtualidad «automática» basada en la repetición compulsiva, de forma que se atribuye al ritual una eficacia propia del rito como tal, más que al estado de espíritu de la persona, que es la realidad profunda del rito. La represión puede venir como consecuencia del estereotipo. Un rito fijado puede acabar haciendo preso a quien lo practica de una dinámica antiexpresiva, o bien de una dinámica de enigma y magia que bloquea la libertad individual, que es lo que tendría que promover. Por eso, los juegos de expresión, obsesión o represión se tienen que tener muy presentes en las instituciones rituales para evitar que deriven hacia la magia o hacia automatismos obsesivos.

En todo caso, las instituciones tienen que saber que su estatuto es la funcionalidad frente a la tentación de convertirse en parafernalias mitificadas que acaban centradas en sí mismas y en la solución de sus intereses institucionales. Recuerdo, hace unos años, al obispo Pere Casaldàliga participando en una asamblea del Partido de los Trabajadores brasileño, en la que él era ponente y dirigía la palabra a los congregados, unas decenas de personas bajo la sombra de un inmenso y acogedor árbol amazónico. Les decía: «Pertenezco a una institución (la Iglesia) que tiene la misma tentación que podéis tener como partido: preocuparos más de la institución que de aquello a lo que la institución tiene que servir: al país en el caso del partido, al mundo en el caso de la Iglesia.» Efectivamente, este es el gran riesgo de las instituciones.

En el caso concreto de las religiones, suelen nacer con un perfil institucional bajo: un profeta que va por libre, una pequeña comunidad que lo sigue... Los personajes religiosos genuinos no acostumbran a manifestar preocupaciones institucionales. Jesús o Buddha hacían una determinada oferta a quien le interesara escucharla o seguirla. Estos profetas acostumbran a dejar como herencia un movimiento, es decir, un grupo de personas inspiradas por las enseñanzas originales, movimientos que acaban siendo organizados por algún genio institucional que los registra y consolida. Eso pasa tanto en las grandes religiones (Pablo, por ejemplo, en el ámbito cristiano) como en las organizaciones intermedias (por ejemplo, «segundos fundadores» de instituciones que fijan el tono organizativo que los fundadores genuinos no supieron dar). Sea cual sea, sin embargo, el perfil institucional, una religión sin institución no tiene mucho sentido. Incluso hay instituciones religiosas que son creadas contra la institución religiosa madre, que se ha vuelto pesada y balbuciente. Es normal, y eso expresa el vaivén de las ventajas e inconvenientes de la institucionalización. La institución, respecto del genio religioso original que le ha dado origen, conserva una dialéctica parecida a la que mantiene la doctrina hacia la Palabra viva que lo ha generado. Las instituciones y las doctrinas acaban «muriendo de éxito». Lo hacen todo tan elaborado y preciso que ya no sirven, e incluso contradicen el empuje vital que las originó.

2 LA INSTITUCIONALIZACIÓN CRISTIANA

En el caso del cristianismo, la reflexión institucional presenta vigorosas contradicciones en la medida en que los desarrollos históricos han dado lugar a una institución impresionante (la cristiandad) de la que no hay casi vestigios en la situación original. Esta contradicción no debe ser tan grande en el islam, dado que Muhámmad tuvo preocupaciones organizativas mucho más concretas que las de Jesús; el mundo islámico, por otra parte, parece estar de momento en una tesitura alejada del proceso que han sufrido las naciones de raíz cristiana de Occidente (laicización de la sociedad). Las grandes religiones orientales (hinduismo) tienen también otros perfiles y desarrollos. Eso con respecto a las tres citadas, que casi afectan a media humanidad. Quedan todavía los interesantísimos fenómenos generados en otros ámbitos sociorreligiosos, como los animistas y las complejas religiosidades del lejano Oriente.

Con respecto al cristianismo, Jesús fue un profeta con poquísimas preocupaciones institucionales, probablemente, entre otras cosas, porque participaba de la idea de un próximo fin del mundo, o simplemente porque directamente le interesaba la reforma profética de la religión, independientemente del marco institucional en que la religión se desarrollara —¡cosa de gran interés en tiempos de pluralismo! Puestos a identificar elementos potencialmente institucionales de la predicación de Jesús, se podrían señalar:

a generar un grupo de seguidores;
b con un «núcleo duro» apostólico;
c para anunciar el Reino de Dios y los gestos que lo perfilan;
d acompañando el hecho con dos signos rituales, el bautismo y la eucaristía, y
e esperando la venida o retorno del Señor en la parusía.

En general, la teología ha querido forzar el carácter institucional de los textos recogidos en los Evangelios para hacerlos decir más de lo que dicen en este sentido. Por ejemplo, se suele citar como fuertemente institucional el texto de Mt 16,17-19 en el que Jesús anuncia a Pedro las llaves del Reino y le da el poder de ligar y desligar. Pero la exégesis bien hecha descubre que este texto solo lo cita Mateo —los otros dos paralelos sinópticos no lo mencionan—, y en el mismo Mateo, el mismo texto —con las mismas palabras— dos capítulos más allá (Mt 18,18) es dirigido a toda la comunidad de seguidores. Se trata, pues, de una introducción de la comunidad de Mateo, con una intención profética y no jurídica, y que no se dirige específicamente a Pedro —como si fuera la institución del papado—, sino a un poder de toda la comunidad. Una visión exegética seria permite desmontar las atribuciones institucionales excesivas endosadas a Jesús a partir de este texto. De hecho, una lectura sencilla del Evangelio permite darse muy fácilmente cuenta de que Jesús no pretendía fundar ninguna institución, sino reformar la «casa de Israel», y, por extensión, cualquier otra tradición religiosa. La fundación de la Iglesia, pues, estrictamente no puede atribuirse a Jesús, cosa que no quiere decir que no esté del todo justificada la fundación de una institución llamada *Iglesia* con la finalidad central de organizar a los seguidores de Jesús. Pero hay que tener claro que poquísimas piezas de la actual institución eclesial pueden reivindicar un origen directo en la voluntad de Jesús.

Desde el punto de vista del «aire» que tiene que tener la institución eclesial, sí que es importante hacer notar que Jesús manifiesta muy expresamente un igualitarismo provocativo y un recelo hacia la autoridad civil y religiosa que no se aviene mucho con lo que entendemos por instituciones. La conocida escena de Santiago y Juan reclamando el poder (Mt 20,20-28) y la durísima respuesta de Jesús constituyen un texto antológico para valorar la opinión de Jesús sobre organizaciones y poderes. Las exhortaciones a los seguidores de Jesús en favor de dejarlo todo (Mt 19,27-29) o similares no parecen propiciar un futuro institucional potente o brillante. La fraternidad radical y servicial que proclama Jesús tampoco da mucho pie a pensar en grandes montajes jerárquicos. Jesús, definitivamente, no tenía «madera» de fundador.

Este clima de indefinición institucional se extendió a las comunidades seguidoras de Jesús, que en sus formas más urbanas o más rurales, con sensibilidades más judías o más paganas, dan lugar a organizaciones simples y adaptadas a los medios sociales próximos en medio de una cierta indecisión institucional, que fue compensada por la improvisación y la buena voluntad (HORSLEY Y SILBERMAN 2005).

Hará falta la acción genial de un gran organizador para asegurar la institucionalización firme de la Iglesia naciente. Este, como es sabido, es Pablo de Tarso. Este genio religioso comprendió a fondo que las reformas de Jesús no eran compatibles con los estrechos y reducidos esquemas de la religión judía, y se decidió de forma doctrinal —y decantó la opinión cristiana general— a abandonar la Ley y la circuncisión (las grandes instituciones judías a las cuales Jesús no se enfrentó directamente, cosa que sí hizo Pablo), y organizativamente a adoptar un estilo institucional leve, ágil y funcional a base de servicios que Pablo creó con un criterio práctico y gestor muy destacado y adaptable, imprimiendo su empuje en todas las Iglesias y abandonando el carácter timorato del mismo Pedro y de las instituciones cristianas de herencia judía más directa. Este estilo dará cuerda institucional para los primeros siglos.

En el siglo IV es fundamental la influencia del emperador romano Constantino I, que —después de una durísima acción política y militar en la cual, entre otras cosas, hizo matar a colaboradores, a su propia mujer y a su propio hijo— aprovechó políticamente el cristianismo para consolidar el Imperio. En el 325 convocó el Concilio de Nicea contra el arrianismo, aunque al final se inclinó por el arrianismo, y al fin de su vida fue bautizado por el obispo arriano de Nicomedia, Eusebio. A partir de una pretendida aparición celestial en la batalla del puente Milvio, donde venció su opositor Majencio, Constantino puso el anagrama de Cristo en el estandarte y en las monedas. Esta maniobra política encumbró a la Iglesia en la sociedad del momento, y así se dejó tentar por el poder en una clara perversión del espíritu de Jesús. Aquí empezó un viacrucis a la inversa. Los cristianos se vieron atrapados en la trampa del poder, e inevitablemente toda la realidad institucional se orientó en función de mantener esta situación anómala que se llamó *la cristiandad*. (Hablo de anomalía en relación con el evangelio, aunque desde el punto de vista cultural la cristiandad haya podido exhibir aportaciones culturales de primerísimo orden.) Eso ha durado siglos y ahora estamos en el trabajo de *démenagement* de un complejísimo enredo que acarreó doctrinas, realizaciones, etc., tiñendo de forma lamentablemente errónea la gran vitalidad cristiana de los cristianos.

Puede parecer que eso no fue tan grave, pero basta leer algunos textos de las épocas de cristiandad brillante, algunas no muy alejadas, para que uno se dé cuenta del tipo de pensamiento «teológico» que acompañó la perversión de la cristiandad. Vean alguna perla:

> El papa es el único hombre al cual todos los príncipes tienen que besar los pies […]. Su sentencia no tiene que ser reformada por nadie y él puede reformar la de todos.
>
> GREGORIO VII

> Las dos espadas están […] en manos de la Iglesia, tanto la espiritual como la temporal. Pero esta se tiene que empuñar en favor de la Iglesia, la cual se encargará de la otra. La primera pertenece al sacerdote; la otra está en manos de los reyes y de los guerreros,

pero a las órdenes del sacerdote y con su permiso [...]. Declaramos, afirmamos y definimos que es de necesidad absoluta para la salvación que toda criatura se someta al Romano Pontífice.

BONIFACIO VIII

Que los padres católicos que envían a su hijo único a la muerte para la defensa de nuestro principado civil y de la soberanía de la Santa Sede [...] se sientan glorificados y se alegren de la sangre derramada por esta causa.

PÍO IX

El carácter absolutamente grotesco de este maridaje entre poder civil y religioso ha dado lugar históricamente a unas formas de pensamiento que hoy nos parecen absolutamente irreales pero que fueron vigentes. Cito a continuación un texto que lo ilustra. Se trata de un requerimiento de los conquistadores españoles, aprobado por el obispo Fonseca del Consejo de Indias, hecho a indígenas latinoamericanos para imponer el poder político invasor:

De parte del Rey Don Fernando, y de la Reina Doña Juana, [...] dominadores de las gentes bárbaras, nos, sus criados, os notificamos y hacemos saber [...] que Dios nuestro Señor, vivo y eterno, [...] crió el cielo y la tierra y un hombre y una mujer, de quien vosotros y nosotros y todos los hombres fueron y son descendientes y procreadores [...]. De todas esas gentes, Dios [...] dio cargo a uno, que fue san Pedro, para que de todos los hombres del mundo fuese señor y superior, a quien todos obedeciesen y fuese cabeza de todo el linaje humano, doquier que los hombres viviesen y estuviesen, en cualquiera ley, secta y creencia, y diole el mundo por su reino y jurisdicción [...]. Este llamaron papa; [...] después de él fueron al pontificado elegidos y así han continuado hasta agora [...]. Uno de los Pontífices pasados, [...] como señor del mundo, hizo donación destas islas e tierra firme del mar Océano a los dichos rey y reina e a sus sucesores en estos reinos, nuestros señores, con todo lo que en ellas hay [...]. Por ende [...] vos rogamos que entendáis bien esto [...] y reconozcáis a la Iglesia por señora y superiora del Universo mundo, y al Sumo Pontífice, llamado papa, y en su nombre al Rey o a la Reyna Doña Juana, nuestros señores [...] en su lugar como señores y superiores destas islas y tierra firme, por virtud de dicha donación, y consintáis y deis lugar que estos padres religiosos os declaren y prediquen lo susodicho. Si ansí hiciéredes vos dejaremos vuestras mujeres e hijos y haciendas libres, sin servidumbre, [...] y si no lo hiciéredes [...] certifícoos que con la ayuda de Dios, nosotros entraremos poderosamente contra vosotros y vos haremos la guerra.

Al leer eso, uno se queda perplejo pensando que no es posible. De todos modos, a los que lo escribieron les debía parecer lógico, cosa que mueve a pensar mucho sobre diversos aspectos pero especialmente sobre dos: primero, en la ambigüedad de todas las elaboraciones humanas, sin excluir las religiosas; y segundo, que en cada momento, incluido el presente naturalmente, hay que tener la lucidez de relativizar las determinaciones institucionales, incluidas las actuales, porque nada nos permite pensar que el momento institucional actual ya no se vea afectado por estas ambigüedades. De aquí que lo que se llama *la crisis de la cristiandad* tenga una dimensión muy seria y no solo de matiz.

3 EL PANORAMA Y LOS ESCENARIOS DE FUTURO

Con respecto al tema institucional, todo el mundo está de acuerdo en que el proceso de deconstrucción de la cristiandad en curso es irreversible, pero la profundidad que este hecho pueda implicar es discutida. Desde las instancias del poder eclesiástico se tiende a minimizar el impacto de la crisis y no se acaba de tomar nota de lo que está pasando a nivel institucional. En esta situación hay una doble referencia que debe tenerse presente: en primer lugar hay que hacer un cambio mental profundo que no viva de las rebajas de la cristiandad, y en segundo lugar hay que proceder a una modificación concreta de una serie de parámetros institucionales que permitan que la institución eclesiástica refleje lo que sugieren los textos fundacionales adecuadamente leídos hoy. No queda claro hasta qué punto este proceso de deconstrucción institucional de la cristiandad podría presentar similitudes en otros ámbitos institucionales religiosos (islam, Oriente, etc.).

a Conversión mental

Se trata realmente de una conversión porque todavía venimos de un pasado no muy lejano contaminado por la desproporción del papel sociopolítico de las iglesias u otras instituciones religiosas. Recientemente, en una revista bien conocida de reflexión eclesial, un autor se hacía la pregunta sobre si creemos gracias a la Iglesia o a pesar de la Iglesia (TIHON 2004), y se hacía la pregunta constatando que «algo no funciona». Una de las cosas que no funciona —a juicio del autor— es la impresión que da el sistema eclesiástico oficial del cristianismo de una religión tribal del Occidente antiguo y medieval. Esta sensación se extiende progresivamente y habría que ponerle remedio pronto. En este sentido, hay un par de convicciones que habría que analizar a fondo:

1. *Seguimos manteniendo aspectos institucionales directamente contrarios al Nuevo Testamento.* Una observación sencilla y desapasionada de la situación institucional de la Iglesia y una comparación con los textos originales evidencian una contradicción de bulto grotesca. A nadie puede caberle en la cabeza que la traducción actual de las propuestas de Jesús se pueda concretar en un sistema que se refleja del todo en el poder civil —y, concretamente, en las monarquías preconstitucionales—, en el mantenimiento de una faramalla cortesana y áulica expresamente condenada por el evangelio. Corregir eso no significaría un gran cataclismo y, en cambio, suprimiría algunos de los aspectos más estridentes del escándalo.

2. *Hace falta una reforma eficaz para hacer de los sistemas eclesiásticos o religiosos organizaciones homologables con los sistemas sociales de gestión.* Desde el realismo institucional no se puede pretender que las Iglesias sean instituciones irrelevantes. Deben tener un grosor institucional importante, pero eso no quiere decir un grosor institucional no homologable con lo que hoy las ciencias humanas consideran juicioso (la misma admisión de las conclusiones de las ciencias humanas que hemos hecho a propósito de muchos otros temas). La nueva estructura institucional tiene que tener un aire fresco, tiene que combinar las aportaciones de las técnicas de gestión con las inspiraciones del evangelio o, en su caso, de otros textos originales. Esto ya es una realidad en diócesis y territorios que en muchos lugares del mundo han emprendido una gestión de estas características. Los niveles más altos quedan, sin embargo, presos de una inercia difícil de suprimir —aquella supresión que parece que

se había propuesto en el catolicismo el desdichadamente efímero papa Juan Pablo I.

b Pistas concretas en el catolicismo

1   *Desclericalización.* La institución eclesiástica actual manifiesta una definitiva separación entre clérigos y laicos, una situación ajena al Nuevo Testamento. El Concilio Vaticano II intentó corregir esta llamativa anomalía hablando de Pueblo de Dios como entidad esencial. En la práctica real, sus recomendaciones no se han concretado, y la deriva continúa en sociedades donde por encima de todo se pide, se privilegia, se recomienda la participación real. En la Iglesia, quien no es clérigo no sirve para gran cosa en aspectos de decisión y de intervención en los mecanismos eficaces. Todo se va en buenas palabras. Ya no se repiten las palabras de Pío X en la «Vehementer Nos» cuando decía: «En la jerarquía sola residen el derecho y la autoridad necesarios para promover y dirigir a todos los miembros a los fines de la sociedad. Con respecto al pueblo, no tiene otro derecho que el de dejarse conducir y seguir dócilmente a sus pastores.» Los hechos, sin embargo, no avanzan. En el fondo, parece que todavía estén vigentes los comentarios de san Juan Crisóstomo: «Por muy grave que sea la diferencia entre las bestias salvajes y los hombres racionales, esta misma —y no exagero— es la distancia entre el pastor y las ovejas.» Realmente, en el sistema eclesiástico los laicos son poco más que inútiles «bestias salvajes irracionales» frente a los pastores, que son los únicos que tienen racionalidad eclesiástica. Cla-

ro está, muchas de estas «bestias salvajes» dejan el campo libre a la brillante racionalidad de los clérigos, ¡solos! Estas frases hieren gravemente la sensibilidad espiritual actual. Y es grave que esta argumentación tenga tanta fuerza como la que tenía la de Benedicto XV, cuando comentando la situación de la sociedad civil decía en la «Soliti Nos»: «Por lo demás, sepan muy bien los que se encuentran en inferior posición y doctrina que la diferencia de clases en la sociedad civil tiene su origen en la naturaleza humana, y que, por consiguiente, tiene que atribuirse a la voluntad de Dios. Porque Él mismo hizo al pequeño y al grande, y para mayor utilidad y ventaja, sin duda, de los individuos y de la sociedad.» Como se ve, ¡la argumentación sobre la naturaleza humana y la voluntad de Dios da para todo!

2. *Colegialidad*. Fue otra proclamación del Vaticano II, también hasta ahora fallida. Para hacerla bastaba con recurrir al Nuevo Testamento. Ninguna innovación: solo reencontrar la más antigua tradición eclesiástica. Pero de momento puede más la inercia de las monarquías absolutas, donde nadie tiene otra opinión que la del rey. Este rey, por otra parte, ha supuesto *de facto* un deslizamiento de la centralidad de Jesús hacia la del papa. La *Civiltà Cattolica* en la época de la definición de la infalibilidad del papa, ya se permitía una orgía de infalibilidad papal al escribir: «La infalibilidad del papa es la infalibilidad del mismo Jesucristo [...]. Cuando piensa el papa, Dios mismo piensa en él.» Evidentemente, todo queda claro y sencillamente resuelto: ni hay que pensar, ni casi siquiera leer la Escritura; basta con escuchar al papa. Precisamente el «enfriamiento» de la figura del papa puede ayudar

a rehacer la situación. Hemos acabado dando la imagen de que la fe de la Iglesia está constreñida a la fe del papa. La figura del papa tiene aspectos muy importantes, pero para confirmar, no para sustituir la fe de la Iglesia.

3. *Democracia.* No hay que esconder la palabra. La Iglesia tiene que ser democrática porque este sistema es el único decente para gestionar cualquier sociedad. Pero además porque la democracia es una vieja práctica eclesial, bien viva en las comunidades —que ya en tiempos iniciales proponían a los pastores que tenían que regir las Iglesias—, bien viva en las órdenes religiosas —que la han practicado siempre y secularmente con excelentes resultados para elegir a sus superiores— y bien viva durante mil años en la Iglesia para la elección de los obispos, hasta ser considerada como condición de validez (GONZÁLEZ FAUS 1992). ¿Cómo se atreven algunos obispos a decir que la Iglesia no tiene que ser una democracia? Es lo único que tiene que ser. No somos ingenuos iletrados y sabemos qué decimos cuando hablamos de democracia: no hablemos de asamblearismo botarate, sino simplemente de democracia. A veces se llega a pensar que la negación de la democracia por parte de gente ilustrada que conoce la historia de la Iglesia bordea la obsesión jerarquizadora o la mala fe.

4. *Institucionalización pluralista.* Tanto por lo que atañe al pluralismo interno en la Iglesia, cada vez más vivo por la extensión a culturas muy diferentes, como por la necesidad de una relación plurirreligiosa creciente. Esta no es una asignatura nueva —la primitiva Iglesia ya tuvo problemas muy graves de pluralismo—, pero se tiene que replantear en nuevas coordenadas. En todo caso, no es

un tema tabú que la Iglesia no haya asumido. Nos parece nuevo a partir de la uniformación eclesiástica instaurada modernamente y que ignora la pluralidad que había enriquecido siempre la Iglesia, y que ha laminado toda diferencia empobreciendo la fe.

5   *Sexualidad y mujer*. De este tema ya se ha hablado en el capítulo anterior, y solo se cita aquí al evocar los problemas institucionales pendientes. Si los laicos en la Iglesia son platos de segunda mesa, las mujeres no llegan ni a eso. Son desconocidas y potencialmente incapaces de mejora, por razones institucionales en alguna de las cuales Juan Pablo II intentó dar en mala hora características de semidefinición al hablar de la ordenación de mujeres, intento afortunadamente poco logrado. Como ya se ha dicho, no se trata solamente de la presencia física de la mujer, sino de la presencia mental y simbólica de la mujer y la sexualidad en un mundo de hombres célibes que con toda «normalidad» (*sic*) creen que la Iglesia puede seguir perfectamente adelante sin sexo y sin mujeres. A veces parece que se las tolera por educación —y porque hacen trabajos eficaces y a precio bajo—, pero que, en realidad, prescindiendo de ellas todo el mundo viviría mucho más tranquilo en el aparato eclesiástico.

El desafío institucional que la Iglesia tiene planteado en el mundo de hoy tiene muchos frentes abiertos. Contrasta con la figura de Jesús, que no parece que tuviera ninguno. Quizás no hace falta ser purista. Los desarrollos sociales e históricos del mensaje de Jesús no son comparables en volumen con los recorridos de Jesús por unos senderos rurales, subiendo a Jerusalén, donde se jugaban las grandes operaciones instucionales religiosas y civiles. Allí Jesús fue víctima de los que dirigían estas operaciones. Seguramente no se puede ser purista, pero a los seguidores de Jesús, como a los seguidores de cualquier otro genio religioso, aunque sean numéricamente muchos (y ser muchos siempre es poder y riqueza) les corresponde un tono ligero, un instrumental sencillo, un poder muy funcional y comprometido en la liberación. Eso es posible y hay realizaciones de ello en muchos lugares. Sería bueno que todos, en vez de dejarnos engatusar por el relumbrón del poder, buscáramos la sencillez del servicio en el compromiso de liberar a la humanidad; y solo con aquellos elementos institucionales que fueran imprescindibles para este trabajo.

Estas reflexiones valen tanto para la tradición católica como para las Iglesias de la Reforma y la anglicana. Es verdad que, en el caso de la católica, el carácter político del papa agrava la situación de conflicto institucional católico —aunque la figura del papa, bien planteada y «enfriada» de la mitificación doctrinal y práctica en que la mantiene el sistema eclesiástico católico, podría ser un excelente referente de la unidad de los cristianos—; pero no se puede olvidar que las Iglesias reformadas y la anglicana mantienen también vínculos con sus gobiernos que todavía hoy llaman la atención. La reina de Inglaterra sigue siendo la jefa de la Iglesia anglicana, cosa que no deja de ser sorprendente y que convendría recordar a personas o grupos de nuestro país que creen que nuestra situación es el extremo del escándalo del maridaje poder civil – poder religioso. En el Reino Unido los obispos se sientan constitucionalmente en las cámaras políticas, y obispos y pastores cobran oficialmente del Estado sueldos bastante consistentes.

4 INSTITUCIONALIZACIÓN EN OTRAS TRADICIONES RELIGIOSAS

La proximidad con las instituciones cristianas en nuestra cultura (Iglesias, sistemas clericales) hace que la institucionalización religiosa de otras tradiciones nos sea menos conocida. De hecho, sin embargo, los elementos religiosos institucionales, tanto los originales como los despliegues históricos, presentan perfiles muy variados.

En sus más de 3000 años de historia, el judaísmo ha pasado por formas institucionales muy variadas. La pieza central de la institución religiosa judía es la Torá, dividida en la Torá escrita, que incluye los cinco primeros libros de la Biblia, y la Torá oral, formada por la Mishná y el Talmud, que son las tradiciones establecidas por los sabios o rabinos. Al amparo de estas referencias, el judaísmo ha conocido épocas de nomadismo y gobierno carismático (los jueces) y épocas presididas por la seducción de la realeza y el templo, que acabaron en una teocracia diversamente solucionada y espectacularmente conclusa con la destrucción de Jerusalén en el año 70 y la consecuente diáspora. El cruce de todo tipo de tradiciones étnicas, civiles y religiosas en una amalgama difícil de precisar ha acompañado la historia judía, mantenida a pesar de todo dentro de una sustancial cohesión a lo largo de la historia.

Modernamente, el judaísmo ha estado configurado por cinco tendencias religiosas (reforma liberal, reconstruccionistas, conservadores masoréticos, ortodoxos y ultraortodoxos-jasídicos), dos movimientos seculares (sionismo y judaísmo secular) y dos tendencias de raíz nacional (askenazíes en la Europa central y occidental y sefardíes en la Europa mediterránea y en los países islámicos). Rabinos y escuelas rabínicas diferentes dirigen esta variedad de movimientos que van desde la ultraortodoxia visibilizada hoy en algunos puntos de Israel (como el barrio Mea Shearim de Jerusalén) hasta las corrientes étnicas francamente arreligiosas. Naturalmente, eso da lugar a un panorama institucional sorprendente y que recoge la originalidad que el pueblo judío presenta en este aspecto y en muchos otros, muchos de ellos significativamente conectados con una gran excelencia cultural.

El islam tiene como referencia institucional central el Corán y las tradiciones atribuidas al profeta Muhámmad. La autoridad queda en manos de élites interpretativas constituidas por los ulemas. La historia del islam se bifurca fundamentalmente entre chiíes y suníes. Los suníes admiten una sucesión histórica de califas y sus raíces más espirituales dan nacimiento al sufismo. Los suníes se adhieren profundamente a la sharia, o ley sagrada. Los chiíes admiten una sucesión de imanes descendentes de Alí, y cómo estos imanes interpretan la ley. Entre chiíes y suníes hay antagonismos importantes, hoy espectacularmente manifiestos en Iraq y otros estados islámicos.

La autoridad religiosa islámica es difusa, pero tiene una penetración tan importante en el tejido social que en la práctica lleva a un sistema sociopolítico controlado por la religión en niveles superlativos. Es, pues, un sistema institucional contradictorio en cierto sentido: no hay Iglesia ni sistemas clericales que haya que controlar, pero la religión lo es todo, y la controlan los «clérigos». Eso conduce a una compleja y extraña situación cuando el islam se confronta con el proceso secularizador de las sociedades modernas tal como lo conocemos nosotros. Malek Chebel, especialista del mundo árabe, lo explica así:

> Para el islam, la tradición crítica —y de autocrítica— no ha sido nunca una disciplina significativa. El islam siempre ha funcionado sobre el siguiente trípode: los *guerreros* que apelan a la *yihad*, los *teólogos* que les dan legitimación sagrada, y los *mercaderes* que financian. Por encima, los califas; pero, siempre en el margen, los intelectuales, los librepensadores, los filósofos... Este triángulo temible funciona todavía hoy, pero de una forma encubierta: el soberano gobierna; la autoridad religiosa (los ulemas) lo aprueban, emiten fatuas destinadas a facilitar la acción de la política; la financiación de parte de los *mercaderes* siempre dispuestos a asistir a los otros dos con la esperanza de obtener beneficios. En este escenario hoy resulta bien reconocible la Arabia Saudí [...]. Este trípode es el cemento armado del islam. Ha funcionado siempre así desde la época califal y funciona aún así hoy bajo los regímenes militares o semiciviles, siempre autoritarios. Y en el exterior del círculo, siempre: el intelectual, el otro, el extranjero, el judío, el cristiano...
>
> *Le Monde*, 16-17 de septiembre del 2006, p. 3

Esta descripción resume bien el carácter diferenciador de la sociedad islámica y sus enormes dificultades para aceptar los planteamientos de la moderna secularización. Los malentendidos con las sociedades occidentales serán largos.

El buddhismo, como tradición esencialmente espiritual y meditativa, tiene un centro de referencia institucional monástico que recoge una tradición organizativa en cierto sentido «republicana», relativa a la vida social en la cual se originó. Ha habido históricamente asociaciones del monacato con la vida social jerarquizada. En el buddhismo del norte de la India se han seguido las orientaciones de las diversas escuelas monacales, mientras que la institucionalización del buddhismo del sur se ligó más a las situaciones sociopolíticas, de manera que algunos reyes asociaron el buddhismo a su reino convirtiéndose en autoridades complementarias y paralelas a la monacal. De todos modos, el buddhismo nórdico tibetano también ha protagonizado diversos modelos de asociación de la religión y el Estado.

En China, el confucianismo y el taoísmo, con sus consideraciones centradas respectivamente en la armonía social o en la armonía del cosmos, penetran en la vida diaria de la sociedad y, en este sentido, impregnan institucionalmente el tejido social, sin que ni el uno ni el otro tengan una institución social propia sólida. El emperador asumió en algunos casos el título de divinidad o enviado del cielo.

El sintoísmo en el Japón, en medio de un gran sincretismo religioso, exhibe una fuerte participación de las personas junto con una filiación institucional muy baja. Se caracteriza por la creencia en espíritus de la naturaleza, el culto a los antepasados y una fuerte identidad nacional y cultural. El eclecticismo religioso japonés se expresa en aquel comentario que dice: «Los japoneses nacen sintoístas, se casan como cristianos y mueren como buddhistas.» La política institucional social del sintoísmo se ha manifestado muy fuertemente en ciertos momentos, incluso con la divinización del emperador, situación abolida en 1945 con el fin de la Segunda Guerra Mundial.

Es evidente que también en la cuestión institucional el desafío que la evolución social actual plantea por doquier con el secularismo, el pluralismo y la globalización conducirá a modificaciones inéditas de los equilibrios institucionales de cada tradición religiosa con la sociedad correspondiente y de las mismas tradiciones religiosas entre sí.

EPÍLOGO: CATÁSTROFES
Y REELABORACIÓN DE LA RELIGIÓN

LA VIDA FUNCIONA A TRAVÉS de un catastrofismo mesurado, recordaba al profesor Margalef. Todo lo que está vivo oscila con más o menos intensidad y periodicidad. De vez en cuando, estas oscilaciones son especialmente intensas y se pueden definir como catástrofes, no puramente destructivas, pero sí intensamente reordenadoras de todos los elementos en juego. La muerte, por ejemplo, es una catástrofe, como lo es el incendio de un bosque o una erupción volcánica. No es el final de todo, pero implica una remodelación durísima y un zarandeo definitivo. Hacer un huevo frito es una catástrofe para el huevo, pero permite obtener un plato exquisito; hay, pues, catástrofes la mar de creativas.

En la vida mental personal y en la vida cultural, también hay oscilaciones y catástrofes, y en ellas nos vemos obligados a replantear aspectos que parecían definitivamente establecidos. Actualmente asistimos a una catástrofe del planteamiento religioso. Algunas potentes dinámicas culturales han provocado un hundimiento epocal de los modelos con que vivíamos: el impacto científico, la secularización, el advenimiento del pluralismo cultural y religioso, la crisis de las instituciones... están dejando la estructura religiosa de nuestras culturas en una situación de estupor inédita. Las catástrofes no son necesariamente malas, pero son muy duras.

Los humanos seguimos planteándonos las grandes cuestiones básicas de la existencia en formas que no difieren mucho de como se las planteaban las culturas de hace milenios. ¿Por qué existimos? ¿De dónde viene todo y de dónde venimos nosotros? ¿Hacia dónde vamos? ¿Cuál es el sentido de la vida consciente? ¿Qué es lo que tenemos que hacer? ¿Qué podemos esperar? Las respuestas a estas preguntas van variando, y en el punto de esta variación está donde se produce la catástrofe religiosa de la que hablamos.

Desde hace milenios las respuestas a estas preguntas se han hecho integradas en un solo lenguaje oficial que incluía la filosofía, el pensamiento social, la doctrina política y la ciencia, y eso prácticamente valía para todas las culturas. El proceso sociopolítico y científico de los últimos siglos ha provocado una disrupción violenta en la integridad de esta respuesta. Por una parte, la ciencia experimental ha reivindicado una racionalidad estricta al servicio del descubrimiento de aquello que podemos observar y explicar en la naturaleza. Sus respuestas han resultado brillantes y eficaces en el desarrollo de la capacidad explicativa experimental. Otras formas de explicar, u otras posibles realidades no observables, han quedado asignadas (no destruidas ni ignoradas) a la filosofía, el arte, el simbolismo y la religión, los cuales a menudo no han entendido que su importante misión quedaba circunscrita a la razonabilidad general en que intenta atender a las cuestiones primeras dándoles respuestas en lenguaje simbólico. Por aquí ha venido la ruptura. La sociedad laicizada y la ciencia han reivindicado equivocadamente la exclusiva de la racionalidad y la publicidad social, ignorando que ni toda la racionalidad queda restringida a la racionalidad científica, ni la religión es un asunto privado sino un asunto público como cualquier otro asunto público de la cultura, como puede serlo la economía, el deporte o las asociaciones excursionistas. Por otra parte, los responsables religiosos intentan conservar una presencia social traducida en control político, intentando mantener el control de las conciencias, de la ética social, etc., y reivindicando equivocadamente la autoridad de los dioses para organizar estas dimensiones sociales concretas.

Rompiendo con una confrontación estéril y mal planteada, hay que descubrir —mientras la catástrofe disruptiva de la religión va surtiendo sus efectos y la restauración inicia nuevos caminos reparadores— nuevos paisajes y nuevos horizontes para seguir respondiendo a las grandes cuestiones de siempre que ni la secularización, ni la ciencia, ni la crisis de las instituciones han suprimido. Recordemos algunos puntos que pueden orientar la recomposición del panorama:

a   *Respuestas sugerentes a cuestiones reales.* No hace mucho, en una celebración litúrgica de una alta autoridad eclesial, en una situación sociopolítica delicada y conflictiva, escuché unas curiosas digresiones sobre la conciencia divina del niño Jesús. Me causó una profunda sensación de impertinencia religiosa e irrealidad. Las religiones tienen que acostumbrarse a dar respuestas sugerentes a los grandes problemas reales de la existencia. Paradójicamente no hay que ir lejos: lo pueden hacer regresando a sus orígenes. El samaritanismo en el cristianismo, la reflexión sobre los espejismos de la realidad en el buddhismo, la meditación sobre la alternancia de los contrarios en el taoísmo o el sentimiento de amorosa entrega a la trascendencia del islam todavía son grandes sugerencias llenas de actualidad. Hay que ser conscientes de que en el mundo mental nadie tiene ninguna respuesta total a todo. Ni la ciencia ni ninguna fe tienen un modelo absolutamente satisfactorio. Solo tenemos pistas que señalan caminos interesantes. Hay, pues, que moverse en un agnosticismo respetuoso y sugerente, constructivo y contenido, profesando además la confianza con una mente sencilla y abierta.

b *Propuestas articuladas en ofertas liberadoras.* No hay interés religioso que no esté identificado con el interés humano. No son razonablemente imaginables en Dios intereses hacia los humanos que no coincidan con los humanos. Los intereses propios son obra de las necesidades o de la centralización en el yo. Por lo tanto, la gran tarea de la liberación humana integral es la tarea religiosa fundamental, bien expresada por la acertada frase de la época de los Padres de la Iglesia: «La gloria de Dios es el hombre viviente.» No hay ningún otro objetivo que pueda significar una reserva para este. Eso quiere decir que la gloria de los ídolos divinos o la gloria institucional son productos del orgullo humano y con justicia se interpretan hoy como perversiones de la religión. Las direcciones particulares que esta liberación puede tomar son múltiples. Puede ser la liberación del mundo interno afligido por una culpabilidad enfermiza o la ansiedad; puede ser la liberación de la esclavización política o social; puede ser el rescate de la pobreza o la incultura; puede ser la superación de la superficialidad;

puede ser el acompañamiento en el dolor físico o mental; o el fortalecimiento de una debilidad que no puede superar la esclavitud de un placer no relacionador o irresponsable... El horizonte de la liberación contempla la fruición posible de la vida humana en el corazón de la vida y no en su periferia, en una gratificación responsable que aporte fraternidad y justicia.

c *Plataformas.* La oferta religiosa se tiene que hacer desde plataformas organizativas sencillas y funcionales que sepan ser eficaces sin ser poderosas; sugerentes, sin caer en la seducción superficial; públicas, sin querer ocupar espacios institucionales que no les correspondan; simbólicas, sin mitificar sus recursos expresivos; bien fundamentadas en sus raíces para dar razón fiable de lo que proponen; participativas, sin ser anárquicas; sabiendo utilizar los recursos sin estropearlos o acumularlos.

d *Expresión.* Es muy importante definir un lenguaje compatible con el sentido crítico de la sociedad a la cual se habla, no solo por lo que respecta al lenguaje de palabras sino también al de gestos y símbolos. Se tiene que confiar en la capacidad de convicción de las propuestas en sí mismas y no por la artillería espuria (prestigio superficial, coacciones, ausencia de crítica) que pueda acompañarlas. Se tiene que expresar en el espacio público sin complejos, pero siendo sensible a los delicados equilibrios que en una sociedad mantienen las relaciones plurales.

e *En un nuevo paisaje mundial.* Las religiones inspiraron grupos locales, geográficos, culturales, étnicos. La globalización constituye una catástrofe positiva que obliga a reordenar todas las categorías religiosas. En el horizonte está la sostenibilidad de la Tierra, que pide a toda la humanidad abandonar el espíritu de avidez interesada y el ánimo de consumidor insaciable, y entrar en el ámbito de la fruición contenida y animada por la igualdad en la diversidad. La diferencia se convierte en una riqueza integrada. En este horizonte, las religiones se inician en un difícil pluralismo que exige perfilar al máximo la oferta de cada uno, entendiendo que ninguna oferta agota todas las posibilidades, aprendiendo a discernir el interés de cada matiz, adaptándonos al respeto de aquello que no compartimos y sabiendo detectar el sectarismo o la degradación que se esconden en toda propuesta, incluida la propia.

f *En el horizonte de Dios.* Todos los puntos anteriores se pueden aplicar tanto a una buena religión como a una buena espiritualidad. ¿Qué añade como elemento específico la religiosidad? Creo que se trata de la apertura al misterio en forma trascendente, al misterio que llamamos *Dios*. En este punto se trata de un *feeling* en el ámbito de la razonabilidad general, pero no de la racionalidad restringida. No es, pues, la conclusión de ningún razonamiento; es una dimensión a la que uno se adhiere en dos aspectos principales:

- una confianza trascendental que supera los datos observacionales y deductivos a los que tenemos acceso experimental y racional, sin contradecirlos sino más bien aceptándolos y abriéndolos;
- una gratuidad absoluta que permite intuir respetuosamente que el misterio del ser en que nos movemos puede tener dimensiones acogedoras, amorosas y próximas, más allá de cálculos y previsiones.

Estos aspectos permiten asumir la religiosidad más allá de las deficiencias históricas en que las religiones se han manifestado, pero también valorando los grandes tesoros que en la fragilidad del lenguaje y de la vivencia personal y social se han ido vehiculando, y que han enriquecido el patrimonio cultural de la humanidad.

REFERENCIAS BIBLIOGRÁFICAS

ALEXANDROV, Yuri I. / Mikko E. SAMS (2005): «Emotion and consciousness: Ends of a continuum», *Cognitive Brain Research*, vol. 25, núm. 2 (octubre), pp. 387-405.
ÁLVAREZ, Javier (2000): *Éxtasis sin fe*, Trotta, Madrid.
ATRAN, Scott / Ara NORENZAYAN (2004): «Religion's evolutionary landscape: counterintuition, commitment, compassion, communion», *Behavioral and Brain Sciences*, núm. 27, pp. 713-770.
AUSTIN, James H. (2006): *Zen-brain reflections. Reviewing recent developments in meditation and states of consciousness*, MIT Press, Cambridge (Mass.).
AVISE, John C. (1998): *The genetic Gods. Evolution and belief in human affairs*, Harvard University Press, Cambridge.
AYALA, Francisco J. (2006): «Snap out of it», *New Scientist*, núm. 2541 (4 marzo), pp. 48-49.
BAIN, George F. (2007): *Religión, myth and the brain*, iUniverse, Nueva York.
BARLAS, Asma (2002): *Believing women in islam. Unreading patriarchal interpretations of the Qur'ān*, University of Texas Press, Austin.
BARRAQUER I BORDAS, Lluís (1995): *El sistema nervioso como un todo. La persona y su enfermedad*, Paidós / Fundació Vidal i Barraquer, Barcelona.
BEAUREGARD, Mario / Vincent PAQUETTE (2006): «Neural correlates of a mystical experience in Carmelite nuns», *Neuroscience Letters*, vol. 405, núm. 3 (25 septiembre), pp. 186-190.

Bellet, Maurice (1998): *Le Dieu pervers*, Desclée de Brouwer, París.
Berger, Peter L. (ed.) (2001): *Le réenchantement du monde*, Bayard, París.
Bering, Jesse M. (2005): «The evolutionary history of an Illusion. Religious causal beliefs in children and adults», en Ellis y Bjorklund (2005).
Black, David M. (ed.) (2009): *Psicoanálisis y religión en el siglo XXI*, Herder, Barcelona.
Blackmore, Susan J. (2000): *La máquina de los memes*, Paidós, Barcelona.
Bonhoeffer, Dietrich (2004): *Resistencia y submisión. Cartas y apuntes desde el cautiverio*, editadas por Eberhard Bethge, Sígueme, Salamanca.
Boyer, Pascal (2001): *Et l'homme créa les dieux. Comment expliquer la religion*, R. Laffont, París.
Brauer, Jens, *et al.* (2011): «Neuroanatomical prerrequisites for language function in the maturing brain», *Cerebral Cortex*, núm. 21, pp. 459-466.
Brizendine, Louann (2007): *El cerebro femenino*, RBA, Barcelona.
— (2010): *El cerebro masculino*, RBA, Barcelona.
Brooks, Michael (2003): «The impossible puzzle», *New Scientist* (5 abril), pp. 34-35.
Buss, David M. (2004): *Evolutionary psychology. The new science of the mind*, Pearson, Boston.
Cahill, Larry (2006): «Why sex matters for neuroscience», *Nature Reviews Neuroscience*, núm. 7 (junio), pp. 477-484.
Cantlon, Jessica F. / Elisabeth M. Brannon (2006): «Adding up the effects of cultural experience on the brain», *Trends in Cognitive Sciences*, vol. 11, núm. 1 (enero), pp. 1-4.
Chaitin, Gregory J. (2006): «Los límites de la razón», *Investigación y Ciencia*, núm. 356 (mayo), pp. 58-65.
Chomsky, Noam (1998): *Una aproximación naturalista a la mente y al lenguaje*, Prensa Ibérica, Barcelona.
Chou, K. H. *et al.* (2011): «Sex-linked white matter microstructure of the social and analytic brain», *Neuroimage*, núm. 54, pp. 725-733.

CLAYTON, Nicolla / Anthony DICKINSON (2006): «Rational rats», *Nature Neuroscience*, núm. 9, pp. 472-474.
COMTE-SPONVILLE, André (2006): *El alma del ateísmo. Introducción a una espiritualidad sin Dios*, Paidós, Barcelona.
CORBÍ, Marià (2001): *El camino interior. Más allá de las formas religiosas*, Bronce, Barcelona.
DAMASIO, Antonio (1996): *El error de Descartes*, Crítica, Barcelona.
— (2001): *La sensación de lo que ocurre*, Debate, Madrid.
— (2005): *En busca de Spinoza. Neurobiología de la emoción y los sentimientos*, Crítica, Barcelona.
— (2010): *Y el cerebro creó al hombre. ¿Cómo pudo el cerebro generar emociones, sentimientos, ideas y el yo?*, Planeta, Barcelona.
DAW, Nathaniel D. (2006): «Cortical substrates for exploratory decisions in humans», *Nature*, núm. 441 (15 junio), pp. 876-879.
DAWKINS, Richard (1979): *El gen egoísta*, Labor, Barcelona.
— (2007): *El espejismo de Dios,* Espasa Calpe, Barcelona.
DEHAENE, Stanislas, *et al.* (2006): «Conscious, preconscious and subliminal processing: a testable taxonomy», *Trends in Cognitive Science*, núm. 10 (abril), pp. 204-211.
DELUMEAU, Jean (1978): *La peur en Occident (XIVe-XVIIIe siècles). Une cité assiégée*, Fayard, París.
— (1983): *Le peché et la peur. La culpabilisation en Occident (XIIIe-XVIIIe siècles)*, Fayard, París.
— (ed.) (1993): *Le fait religieux*, Fayard, París.
DENNETT, Daniel Clement (2006): *Breaking the spell. Religion as a natural phenomenon*, Viking, Nueva York.
DESPEUX, Catherine (2003): *Taoísmo y alquimia femenina. Inmortales de la China antigua*, La Liebre de Marzo, Barcelona.
DREWERMANN, Eugen (1997): *Dios inmediato. Conversaciones con Gwendoline Jarczyk*, Trotta, Madrid.
DUNN, Barnaby D., *et al.* (2006): «The somatic marker hypothesis: A critical evaluation», *Neuroscience and Biobehavioral Reviews*, núm. 30 (febrero), pp. 239-271.
DUPOUX, Emmanuel (ed.) (2002): *Les langages du cerveau*, Odile Jacob, París.

Ellis, Bruce J. / David F. Bjorklund (eds.) (2005): *Origins of the social mind. Evolutionary psychology and child development*, Guilford Press, Nueva York.

Engels, Friedrich (1974): «Bruno Bauer y el cristianismo primitivo», en *Sobre la religión*, Sígueme, Salamanca.

Estrada, Juan Antonio (1997): *La imposible teodicea. La crisis de la fe en Dios*, Trotta, Madrid.

Evola, Julius (1971): *Le Yoga tantrique. Sa métaphysique, ses pratiques*, Fayard, París.

Fernández Buey, Francisco (2005): *Albert Einstein. Ciencia y conciencia*, Ediciones de Intervención Cultural / El Viejo Topo, Barcelona.

Fisher, Simon E. / Gary F. Marcus (2006): «The eloquent ape: genes, brains and the evolution of language», *Nature Reviews Genetics*, núm. 7 (enero), pp. 9-20.

— / Clyde Francks (2006): «Genes, cognition and dyslexia: learning to read the genome», *Trends in Cognitive Science*, vol. 10, núm. 6 (junio), pp. 250-257.

Fraijó, Manuel (ed.) (2001): *Filosofía de la religión. Estudios y textos*, Trotta, Madrid.

— (2004): *Dios, el mal y otros ensayos*, Trotta, Madrid.

Frömm, Erich (1970): *Espoir et revolution*, Stock, París.

Gauchet, Marcel (2005): *El desencantamiento del mundo. Una historia política de la religión*, Editorial Trotta / Universidad de Granada, Madrid.

Gazzaniga, Michael S. (1993): *El cerebro social*, Alianza, Madrid.

— (2006): *El cerebro ético*, Paidós, Barcelona.

Gebara, Ivone (2002): *El rostro oculto del mal. Una teología desde la experiencia de las mujeres*, Trotta, Madrid.

Gefter, Amanda (2006): «Mr. Hawking's flexiverse», *New Scientist* (22 abril), pp. 28-32.

Gibson, Christopher J. / Jeffrey R. Gruen (2008), «The human lexinome: Genes of language and reading», *Journal of Communication Disorders*, núm. 41, pp. 409-420.

González Faus, José Ignacio (1992): *Ningún obispo impuesto (san Celestino, papa). Las elecciones episcopales en la historia de la Iglesia*, Sal Terræ, Santander.

— (1996): *La autoridad de la verdad. Momentos oscuros del magisterio eclesiástico*, Facultat de Teologia de Catalunya / Editorial Herder, Barcelona.

GREWAL, Daisy / Peter SALOVEY (2006): «Inteligencia emocional», *Mente y Cerebro*, núm. 16 (enero-febrero), pp. 10-20.

HABERMAS, Jürgen (2006): *Entre naturalismo y religión*, Paidós, Barcelona.

HAMER, Dean H. (2006): *El gen de Dios,* La Esfera de los Libros, Madrid.

HAKER, Hille, et al. (2006): «Voces de mujeres en las religiones del mundo», *Concilium*, núm. 316 (junio).

HAN, Shihui., et al. (2010), «Neural substrate of self-referential processing in Chinese buddhists», *Social Cognitive and Affective Neuroscience*, núm. 5, pp. 332-339.

HARDY, Alister C. (1975): *The biology of God*, Jonathan Cape, Londres.

— (1979): *The spiritual nature of man. A study of contemporary religious experience*, Oxford University Press, Oxford.

HARRIS, Sam, et al. (2009): «The neural correlatos of religious and nonreligious belief», *Plos One*, vol. 4, e0007272.

HAUSER, Marc D. (2006): *Moral minds. How nature designed our universal sense of right and wrong*, Ecco, Nueva York.

HAWKING, Stephen W. (2007): *La teoría del todo*, Debate, Madrid.

— (2010): *The grand design*, Bantam Books, Nueva York.

HAYNES, John-Dylan / Geraint REES (2006): «Decoding mental states from brain activity in humans», *Nature Reviews Neuroscience*, núm. 7 (julio), pp. 523 -534.

HORGAN, John (1993): «La muerte de la demostración», *Investigación y Ciencia*, núm. 207 (diciembre), pp. 70-77.

HORSLEY, Richard A. / Neil Asher SILBERMAN (2005): *La revolución del Rēino. Cómo Jesús y Pablo transformaron el mundo antiguo*, Sal Terræ, Santander.

HUGDAHL, Kenneth / Richard J. DAVIDSON (eds.) (2003): *The asymmetrical brain*, MIT Press, Cambridge (Massachusets).

HSU, Ming, et al. (2005): «Neural systems responding to degrees of uncertainty in human decision-making», *Science*, vol. 310, núm. 5754 (diciembre), pp. 1680-1683.

IACOBONI, Marco, et al. (2005): «Grasping the intention of others with one's own mirror neuron system», *Plos Biology*, vol. 3, núm. 3 (febrero).

ISRAËL, Luciën (1995): *Cerveau droit, cerveau gauche*, Plon, París.

IZUTSU, Toshihiko (1978): *Le kôan zen. Essais sur le bouddhisme zen*, Fayard, París.

JAMES, William (1985): *Les varietats de l'experiència religiosa. Estudi de la naturalesa humana*, Edicions 62, Barcelona.

JAMMER, Max (1999): *Einstein and religion. Physics and theology*, Princeton University Press, Princeton (Nueva Jersey).

JASPERS, Karl (1999): *Origen y meta de la historia*, Movimiento Cultural Cristiano, Madrid, 3 vols.

— (2001): *Los grandes maestros espirituales de Oriente y Occidente. Buda, Confucio, Lao-Tse, Jesús, Nagarjuna, Agustín*, Tecnos, Madrid.

JEEVES, Malcom / Warren S. BROWN (2010): *Neurociencia, psicología y religión*, Verbo Divino, Estella.

JOHNSON, Elisabeth A. (2002): *La que es. El misterio de Dios en el discurso feminista*, Herder, Barcelona.

KANDEL, Eric R. (1999): «Biology and the future of psychoanalysis: A new intellectual framework for psychiatry revisited», *American Journal of Psychiatry*, núm. 156 (abril), pp. 505-524.

— (2000): «From nerve cells to cognition», en Eric R. KANDEL et al. (eds.): *Principles of neural science*, McGraw-Hill, Nueva York, pp. 380-403.

KAPOGIANNIS, Dimitrios, et al. (2009): «Cognitive and neural foundations of religious belief», *PNAS*, núm. 106, pp. 4876-4881.

KAST, Bas (2004): «Razón y conjetura», *Mente y Cerebro*, núm. 6 (enero), pp. 89-91.

KITAYAMA, Shinobu / Jiyoung PARK (2010): «Cultural neuroscience of the self: understanding the social grounding of the brain», *Social Cognitive and Affective neuroscience*, núm. 5, pp. 111-129.

KRAEMER, Ross Shepard / Mary Rose D'ANGELO (eds.) (1999): *Women & Christian Origins*, Oxford University Press, Nueva York.

KÜHNEN, Ulrich (2004): «Pensar a la manera asiática», *Mente y Cerebro*, núm. 6 (junio), pp. 84-88.
KÜNG, Hans (1991): *Proyecto de una ética mundial*, Trotta, Madrid.
— / Karl-Josef KUSCHEL (1994): *Hacia una ética mundial. Declaración del Parlamento de las Religiones del Mundo*, Trotta, Madrid.
LABAR, Kevin S. / Roberto CABEZA (2006): «Cognitive neuroscience of emotional memory», *Nature Neuroscience Reviews*, núm. 7 (enero), pp. 54-64.
LEDOUX, Joseph (1999): *El cerebro emocional*, Ariel/Planeta, Barcelona.
LIVIO, Mario (2006): *La proporción áurea. La historia de phi, el número más enigmático del mundo*, Ariel, Barcelona.
LUDERS, Eileen, *et al.* (2009): «The underlying anatomical correlatos of long-term meditation: Larger hippocampal and frontal volumen of gray matter», *Neuroimage*, núm. 45, pp. 672-678.
MARINA, José Antonio (2004): *Teoría de la inteligencia creadora*, Anagrama, Barcelona.
— (2006): *Per què sóc cristià. Teoria de la doble veritat*, Empúries, Barcelona.
MARTINO, Benedetto de, *et al.* (2006): «Frames, biases, and rational decision-making in the human brain», *Science*, vol. 313, núm. 5787 (agosto), pp. 684-687.
MARX, Karl / Friedrich ENGELS (1974): *Sobre la religion*, vol. I, edición preparada por Hugo Assmann y Reyes Mate, Sígueme, Salamanca.
— (1975): *Sobre la religion*, vol. II, edición preparada por Hugo Assmann y Reyes Mate, Sígueme, Salamanca.
MENZLER, K., *et al.* (2011): «Men and women are different: Diffusion tensor imaging reveals sexual dimorphism in the microstructure of the thalamus, corpus callosum and cingulum», *Neuroimage*, núm. 54, pp. 725-733.
MINOIS, Georges (1998): *Histoire de l'athéisme. Les incroyants dans le monde occidental des origines à nos jours*, Fayard, París.
MITHEN, Steven J. (1998): *Arqueología de la mente. Orígenes del arte, de la religión y de la ciencia*, Crítica, Barcelona.

Moll, Jorge, et al. (2005): «The neural basis of human moral cognition», *Nature Reviews Neuroscience*, vol. 6, núm. 10 (octubre), pp. 799-809.

Mora, Francisco (ed.) (1995): *El problema cerebro-mente*, Alianza, Madrid.

Mosterín, Jesús (2006): *La naturaleza humana*, Espasa Calpe, Madrid.

Mulcahy, Nicholas J. / Josef Call (2006): «Apes save tools for future use», *Science*, vol. 312, núm. 5776 (mayo), pp. 1038-1040.

Newberg, Andrew M. / Eugene G. D'Aquilli (2001): *Why God won't go away. Brain science and the biology of belief*, Ballantine Books, Nueva York.

Newberg, Andrew M. / Mark R. Waldman (2006): *Why we believe what we believe*, Free Press, Nueva York.

Nisbett, Richard E. (2003): *The geography of thought. How asian and westerners think differently —and why*, Nicholas Brealey, Londres.

Norenzayan, Aran / Azim F. Shariff (2008): «The origin and evolution of religious prosociality», *Science*, núm. 322, pp. 58-62.

Northoff, Georg, et al. (2006): «Self-referential processing in our brain. A meta-analysis of imaging studies on the self», *Neuroimage*, vol. 31, núm. 1 (15 mayo), pp. 440-457.

Ohlig, Karl-Heinz (2004): *La evolución de la conciencia religiosa. La religión en la historia de la humanidad*, Herder, Barcelona.

Peretz, Isabelle / Robert Zattore (2004): *The cognitive neuroscience of music*, Oxford University Press, Oxford.

Pohier, Jacques (1985): *Dieu fractures*, Seuil, París.

Pons, Philippe (2006): «Le Japon, la modernité plus la religión», *Le Monde* (31 agosto).

Ranke-Heinemann, Uta (2005): *Eunucos por el Reino de los cielos. Iglesia católica y sexualidad*, Trotta, Madrid.

Rappaport, Roy A. (2000): *Ritual and religión in the making of humanity*, Cambridge University Press, Cambridge.

Rizzolatti, Giacomo / Laila Craighero (2004): «The mirror-neuron system», *Annual Review of Neuroscience*, núm. 27 (julio), pp. 169-192.

— / Corrado SINIGAGLIA (2006): *Las neuronas espejo. Los mecanismos de la empatía emocional*, Paidós, Barcelona.
— / Leonardo FOGASSI / VITTORIO Gallese (2007): «Neuronas espejo», *Revista Investigación y Ciencia*, núm. 364 (enero), pp. 14-21.
RIZZUTO, Ana-María (2006): *El nacimiento del Dios vivo. Un estudio psicoanalítico*, Trotta, Madrid.
ROSSANO, M. J. (2010): *Supernatural selection*, Oxford University Press, Oxford.
ROSE, F. Clifford (ed.) (2004): *Neurology of the arts*, Imperial College Press, Londres.
ROSET, Roger David (2004): *Formas religiosas afrocubanas y espiritismo*, Instituto de Ciencias Religiosas P. Felix Varela, La Habana.
ROSS, Philip E. (2006): «La mente del experto», *Investigación y Ciencia*, núm. 361 (octubre), pp. 50-57.
ROY, Louis (2006): *Experiencias de trascendencia. Fenomenología y crítica*, Herder, Barcelona.
RUBIA, Francisco J. (2000): *El cerebro nos engaña*, Temas de Hoy, Madrid.
— (2003): *La conexión divina. La experiencia mística y la neurobiología*, Crítica, Barcelona.
SABAN, Roger (1993): *Aux sources du langage articulé*, Masson, París.
SÁDABA, Javier (2006); *De Dios a la nada. Las creencias religiosas*, Espasa Calpe, Pozuelo de Alarcón (Madrid).
SCHAUP, Susanne (1999): *Sofía. Aspectos de lo divino femenino*, Kairós, Barcelona.
SCHÜSSLER FIORENZA, Elisabeth (2000): *Cristología feminista crítica. Jesús, hijo de Miriam, profeta de la sabiduría*, Trotta, Madrid.
SIKELA, James M. (2006): «The jewels of our genome: The search for the genomic changes underlying the evolutionarily unique capacities of the human brain», *PlosGenetics*, vol. 2, núm. 5 (mayo).
SILK, Joseph (2006): «Our place in the multiverse», *Nature*, núm. 443 (14 septiembre), pp. 145-146.
SMOLIN, Lee (2006): «Never say always», *New Scientist*, núm. 191 (23 septiembre), pp. 31-35.

Sosis, Richard (2005): «Una interpretación darwinista del fenómeno religioso», *Mente y Cerebro*, núm. 12 (mayo-junio), pp. 72-78.
Spong, John Shelby (2011): *Un cristianismo nuevo para un mundo nuevo*, Abya Yala, Quito.
Stroumsa, Gedaliahu A. G. (2005): *La fin du sacrifice. Les mutations religieuses de l'Antiquité tardive*, Odile Jacob, París.
Swain, Harriet (2006): *Las grandes preguntas de la ciencia*, Crítica, Barcelona.
Tancredi, Laurence R. (2005), *Hardwired behavior. What neuroscience reveals about morality*, Cambridge University Press, Nueva York.
Tiger, Lionel / Michael McGuire (2010): *God's Brain*, Prometheus Books, Nueva York.
Tihon, Paul (2004): «Croire grace à l'Eglise? Croire malgré l'Eglise?», *Lumen Vitæ*, núm. 49, pp. 403-414.
Torrance, Robert M. (2006): *La búsqueda espiritual. La trascendencia en el mito, la religión y la ciencia*, Siruela, Madrid.
Torres Queiruga, Andrés (2000): *Del terror de Isaac al Abba de Jesús. Hacia una nueva imagen de Dios*, Verbo Divino, Estella.
— (2011): *Repensar el mal*, Trotta, Madrid.
Tresserras, Miquel (2003): *Wittgenstein: integritat i transcendència*, Publicacions de l'Abadia de Montserrat, Barcelona.
Vanhaeren, Marian, et al. (2006): «Middle paleolithic shell beads in Israel and Algeria», *Science*, vol. 312, núm. 5781 (23 de junio), pp. 1785-1788.
Wallace, B. Allan (2007): *Contemplative science. Where buddhism and neuroscience converge*, Columbia University Press, Nueva York.
Way, B. M. / Matthew D. Lieberman (2010): «Is there a genetic contribution to cultural differences? Collectivism, individualism and genetic markers of social sensitivity», *Social Cognitive and Affective Neuroscience*, núm. 5, pp. 203-211.
Weil, Simone (1994): *La gravedad y la gracia*, Trotta, Madrid.
Wetzel, Sylvia (2001): *Mujer y budismo en Occidente. Un camino de libertad*, Icaria, Barcelona.

Wilson, David Sloan (2002): *Darwin's cathedral. Evolution, religion, and the nature of society*, University of Chicago Press, Chicago.

Wilson, Edward O. (1978): *On human nature*, Harvard University Press, Cambridge.

Wolpert, Lewis (2007): *Six impossible things before breakfast. The evolutionary origins of belief*, W. W. Norton, Nueva York.

Woodhead, Linda (2002): *Religions in the modern world. Traditions and transformations*, Routledge, Londres.

Wu, Yanhong, *et al*. (2010): «Religious beliefs influence neural substrates of self-reflection in Tibetans», *Social Cognitive and Affective Neuroscience*, núm. 5, pp. 324-331.

Zeki, Semir (1999): *Inner vision. An exploration of art and the brain*, Oxford University Press, Nueva York.

Zhong, Chen-Bo / Katie Liljenquist (2006): «Washing away your sins: Threatened morality and physical cleansing», *Science*, vol. 313, núm. 5792 (8 septiembre), pp. 1451-1452.

Zhu, Ying, *et al*. (2006): «Neural basis of cultural influence on self-representation», *Neuroimage* (27 noviembre).

ÍNDICE ANALÍTICO

Aborto: 192
Alá: 149
Antropología: 9, 87, 133, 137, 138, 142
— evolutiva: 9, 147
Arte: 81, 137, 288
Ateísmo: 85, 87, 89, 225, 226
Autoridades religiosas: 190, 202, 225, 227

Brahmán: 149
Buddhismo: 87, 126, 127, 167, 168, 191, 202-205, 224, 237, 259-261, 285, 286, 289

Captación de datos del medio: 36, 37
Catástrofe: 287-293
Cerebro: 29-45, 47-62, 78-83, 112-115, 231-235
—, adaptación positiva del: 139, 140
—, anatomía del: 49, 57, 58
—, hemisferios cerebrales del: 57-59, 161

— religioso: 156-167
Ciencia: 74-76, 133-146, 91-193
— y religión: 74-76, 104-106
Ciencias de la vida: 10
Clerecías: 24, 108
Colegialidad: 279, 280
Conciencia: 30, 54-57, 69-73
Confucianismo: 87, 286
Convite sagrado: 50-53
Corán, el: 258-261, 284
Creencias: 14, 20-27, 142-145
Cristiandad: 77, 86, 189, 209, 269, 273, 275, 276,
Cristianismo: 53, 90-93, 96-99, 111, 123, 124, 128, 129, 185, 202-204, 215-217, 239, 242, 250, 259, 269, 270, 276, 289
Cruzadas: 53, 194

Democracia: 266, 280
Desclericalización: 278, 279
Dios: 9-11, 13-15, 22-24, 26, 27, 34, 42, 45, 51, 52, 75-77, 80, 88-94, 99-109, 113,

115, 118-126, 128-130, 134, 135, 144, 146, 148, 149, 152, 163, 165, 168, 174, 176, 181, 193-195, 198, 199, 204, 210-222, 225, 227, 229, 230, 238-243, 247, 251-253, 256, 270, 274, 275, 278, 279, 290, 292
— y ciencia: 75-77
— y sexo: 251-252
Discernimiento: 200
Dislexia: 152

Ecumenismo cristiano: 202
Emociones: 53, 54, 69-71
Energía oscura: 42
Epicúreos: 88
Epilepsia: 159, 160
Espiritualidad: 14, 19, 20, 92, 108, 109, 149, 150-149, 174, 209, 217, 222-228, 231, 292
— y genes: 150-155
Estoicos: 88
Evolución
— del cerebro: 32, 46, 48, 114, 115
— de las creencias: 133
— de las religiones: 25
— dogmática: 178
Experiencias
— de trascendencia: 14, 27, 62, 71
— del medio: 150
— humanas: 11, 59, 60, 69, 80, 99, 103, 232

— religiosas: 104, 158, 159, 161, 182

Fe: 14, 17-22, 26, 27, 54, 55, 60, 75, 86, 90, 125, 153, 195, 198, 202, 217-221, 230, 252, 280, 290
—, razonabilidad de la: 55, 75-77
Filosofía de la religión: 85, 90, 94
Física: 40, 42, 43, 56, 105, 131
Fundamentalismos: 119

Género: 193, 233, 236, 243, 251, 253, 257, 260, 262
Globalización: 177, 183, 184

Hinduismo: 53, 260, 269
Hiperia: 160
Hipotálamo: 43, 44, 49, 53
Hominización: 32, 34, 138, 176, 260
Homo sapiens: 32, 59

Identidades: 144, 145, 185-187, 202
Ilustración: 9, 76, 101, 102, 105, 133
Infinito: 92, 149, 214
Instituciones religiosas: 24, 108, 110, 111, 189, 228, 254, 267, 269, 272, 283
Interpretación: 119-122
Islam: 53, 75, 185, 202, 203, 239, 269, 276, 284, 285, 290

Jerarquía: 266, 278
Judaísmo: 123, 184, 239, 261, 283

Koan: 127, 174

La nube del no saber: 165
Lenguaje: 16, 17, 22, 27, 80, 81, 103, 104, 113-121, 131, 151, 152, 166, 291,
— religioso: 104, 119-121, 126, 132
Ley: 199, 253, 266, 267, 272, 284
— natural: 190, 192, 252

Mal: 184, 211-219, 222, 225, 230, 238
Matemáticas: 39, 40
Materia: 40-43, 45
— oscura: 42
— y espíritu: 55
Meme: 144
Mente: 29, 30, 43, 47, 56, 60, 63, 64, 66, 68, 73, 74, 78-80, 94, 136, 153, 158, 161, 162, 164
Milagros: 27, 125
Mística: 158, 159, 167
Mitos: 87, 116, 163
Mujer: 52, 109, 193, 237, 240, 245-249, 253-258, 260-262, 281
Mundo
—, este y el otro: 124-125

— desencanto del: 107
Multiverso: 43, 230,

Neurología: 9, 66, 69, 71, 79, 135, 234
Neuronas espejo: 82, 175
Neurorreligión: 11, 80, 82, 147, 172
New age: 233

Operadores cognitivos: 161

Patriarcalismo: 239, 249
Plegaria petitoria: 125
Pluralismo
— religioso: 177, 185, 187, 193, 197, 198, 200, 202, 280, 287, 292,
— en el mundo católico: 192
—, teología del: 196
Psicología evolucionista: 139-141, 143, 145

Razón: 44, 54, 56, 71-78, 88, 89
Relativización: 187, 188, 190, 197
Religión: 9-11, 13, 14, 25-27, 57, 75, 85, 87, 91-99, 101-110, 126-129, 133, 135, 137-139, 142-150, 168, 198, 199, 209, 210, 227-229, 233, 269, 270, 276, 284, 286-289
—, crítica de la: 94-97, 102
— y evolución: 25, 139-146

— y sexo: 233
Religiosidad: 86-89, 91, 92, 108, 118, 137, 143, 144, 148, 160, 292, 293
—, registros neurobiológicos de la: 53, 168
Ritual: 240, 267, 268, 270

Sacrificio: 122-124, 199
Salmos: 121
Sectarismo: 200
Secularización: 189-191, 285
Sexo: 51, 53, 109, 221, 233-263, 281
Sexualidad: 236, 240-252, 254, 255, 257-260, 281
Silencio: 115, 117, 119
Simbolización: 22, 142
Sintoísmo: 191, 286
Sistema límbico: 53, 159, 162

Sistemas clericales: 189, 283-284
Sufismo: 284

Tantrismo: 51, 240, 259
Taoísmo: 87, 225, 262, 286, 290
Técnica: 191-192
Teocracia: 26, 283
Teología contaminada: 218
Trascendencia: 13, 14, 24, 27, 45, 47, 53, 59-62, 85-87, 101-103, 106, 110, 113, 115, 119, 133, 149, 150, 153, 154, 223, 225, 229, 231
— y cerebro: 47-62, 148-150

Vedas: 51
Violencia en las religiones: 53
Vísceras: 30, 53

ÍNDICE ONOMÁSTICO

Abraham: 90
Adán: 117, 249
Adorno, Theodor: 103
Agustí, Ignasi: 33
Agustín de Hipona, san: 194, 237
Alberto Magno, san: 246
Alejandro Magno: 160
Alexandrov, Yuri: 72
Al-Farabi: 77
Alfonso X de Castella: 88
Al-Gazzali: 77, 165
Al-Hallaj: 165
Alí: 284
Aliosha: 109, 229
Álvarez, Javier: 160
Amaladoss, Michael: 196
Ambrosio de Milán, san: 193
Amette, Léon-Adolphe: 181
Angela de Foligno: 165
Aristófanes: 237
Aristóteles: 73, 77, 237, 248
Arquímedes: 183
Atran, Scott: 145
Austin, James H.: 169
Averroes: 77

Avicena: 77
Avise, John C.: 150
Ayala, Francisco J.: 146

Bach, Johann Sebastian: 69
Bain, George F.: 145
Barlas, Asma: 262
Barraquer i Bordas, Lluís: 30
Bauer, Bruno: 96
Beauregard, Mario: 158
Bellet, Maurice: 218-220
Benedicto XV: 279
Benedicto XVI: 75-76, 250
Berger, Peter: 107
Bergman, Ingmar: 215
Bergson, Henri: 134
Bering, Jesse M.: 144
Bernardino de Siena, san: 244
Bernardo de Claravall, san: 165, 194
Bethge, Eberhard: 129, 130
Biffi, Giacomo: 247
Bjorklund, David F.: 82
Black, David M.: 103
Blackmore, Susan J.: 144
Bloch, Ernst: 215

Bohm, David: 105
Böhme, Jakob: 167
Bohr, Niels: 105
Bonhoeffer, Dietrich: 127-130, 146, 198, 225, 228
Bonifacio VIII: 274
Boyer, Pascal: 143
Brahmán: 149
Brannon, Elisabeth M.: 78
Brauer, Bruno: 96
Brizendine, Louann: 235
Brooks, Michael: 43
Brown, Warren S.: 176
Buddha: 110, 184, 203, 204, 261, 268
Buss, David M.: 140

Cabeza, Roberto: 72
Cahill, Larry: 234
Call, Josef: 38
Camus, Albert: 213
Cantlon, Jessica F.: 78
Casaldàliga, Pere: 268
César, Julio: 160
Chaitin, Gregory J.: 44
Changeux, Jean-Pierre: 66
Chebel, Malek: 284
Chomsky, Noam: 81, 115
Chou, K. H.;
Chuang-Tse: 183
Churchland, Patricia: 55
Cicerón, Marco Tulio: 237
Cirac, Joan Ignasi: 42
Clark, J. Desmond: 33
Clayton, Nicolla: 38
Cloninger, C. Robert: 153-155

Comblin, Joseph: 196
Comte, Auguste: 86
Comte-Sponville, André: 225
Confucio: 110, 183, 184
Constantino: 97, 272, 273
Corbí, Marià: 104
Cornelio, centurión: 252
Craighero, Laila: 56, 82

D'Angelo, Mary Rose: 256
D'Aquilli, Eugene G.: 155, 157, 158, 161, 163
Damasio, António: 66-72, 81, 103, 155
Darwin, Charles: 134, 237
Davidson, Richard J.: 58
Dawkins, Richard: 144
Dehaene, Stanislas: 30, 66
Delacroix, Eugène: 160
Delumeau, Jean: 25, 221
Demóstenes: 237, 241
Dennett, Daniel C.: 145, 146
Descartes, René: 89
Despeux, Catherine: 262
Deuteroisaías: 183
Dickens, Charles: 160
Dickinson, Anthony: 38
Dostoyevski, Fedor: 160, 212, 229
Drewermann, Eugen: 220
Dunn, Barnaby D.: 70
Dupoux, Emmanuel: 81, 115
Dupuis, Jacques: 196
Durkheim, Émile: 88, 146

Eckhart, Maestro: 165, 166
Edelman, Gerald M.: 155

Eddington, Arthur S.: 105
Einstein, Albert: 39, 69, 105, 106, 154, 237
Eliade, Mircea: 146
Elías: 110, 183
Ellis, Bruce J.: 82
Engels, Friedrich: 85, 96, 97, 260
Epicuro: 211
Erasmo de Rotterdam: 237
Escoto Erígena, Juan: 247
Esquilo: 33
Estrada, Juan Antonio: 211, 212
Euclides: 77
Eurípides: 237
Eusebio: 273
Evola, Julius: 240

Fernández Buey, Francisco: 105
Fernando el Católico: 274
Feuerbach, Ludwig: 92, 94
Filón de Alejandría: 237
Fischer-Dieskau, Dietrich: 69
Fisher, Simon E.: 152
Flaubert, Gustave: 160
Fonseca, Juan Rodríguez de: 274
Fraijó, Manuel: 213, 215
Francisco de Asís, san: 174
Franck von Wörd, Sebastian: 93
Francks, Clyde: 152
Federico II: 88
Freud, Sigmund: 9, 64, 91, 92, 94, 99, 134, 237
Frömm, Eric: 59, 60, 61, 69, 99

Gandhi, Mahatma: 167
Gardiner, Howard: 66
Garrido, Manuel: 183
Gassendi, Pierre: 89
Gauchet, Marcel: 107
Gauguin, Paul: 160
Gazzaniga, Michael S.: 58, 82, 160
Gebara, Ivone: 250
Geertz, Clifford: 108
Gefter, Amanda: 42
Geschwind, Norman: 159
Gibson, Christopher I.: 152
Gödel, Kurt: 39
Goleman, Daniel: 66
Goncourt, Edmond de: 237
González Faus, José Ignacio: 178, 280
Gregorio de Nisa, san: 243
Gregorio VII: 273
Grewal, Daisy: 72
Gruen, Jeffrey R: 152

Habermas, Jürgen: 77, 78, 103
Haeckel, Ernst: 114
Haker, Hille: 251
Hamer, Dean H.: 152-156
Han, Shihui: 174
Händel, Georg Friedrich: 160
Hardy, Alister: 148, 149
Harris, Sam: 160
Hauser, Marc D.: 179
Hawking, Stephen: 41-43
Haynes, John-Dylan: 80
Hegel, Georg W. F.: 78, 91, 93, 95, 96

Heráclito: 183
Hervieu-Léger, Danièle: 190
Hesíodo: 237, 241
Hildegarda de Bingen: 160, 167
Hipócrates: 77
Hitler, Adolf: 90, 127
Hockheimer, Max: 103
Homero: 110, 183, 184
Horgan, John: 39
Horsley, Richard A.: 272
Hsu, Ming: 72
Huarte de San Juan, Juan: 237
Hugdahl, Kenneth: 58
Huxley, Julian: 148

Iacoboni, Marco: 56, 82
Ignacio de Loyola, san: 160, 165
Isaac de Nínive: 165
Isaías: 110, 183
Israël, Luciën: 58
Izpisúa, Juan Carlos: 105
Izutsu: 127

Jacopone da Todi: 167
James, William: 62, 134-137, 148, 149
Jammer, Max: 105
Jaspers, Karl: 110, 182, 183
Jeeves, Malcom: 176
Jehová: 149
Jeremías: 183
Jerónimo, san: 237, 244, 245
Jesús de Nazaret: 26, 126, 127, 128, 149, 184, 197-199, 203, 204, 214, 217, 221, 230, 241-243-245, 256, 258, 260, 268, 270-273, 277, 279, 281, 282, 289
Job: 122, 210, 211, 230
Johnson, Elisabeth A.: 249
Juan Crisóstomo, san: 237, 243, 246, 278
Juan de la Cruz, san: 16, 17, 52, 160
Juan Evangelista, san: 271
Juan M. Bta. Vianney, san: 195
Juan XXIII: 247
Juan Pablo I: 278
Juan Pablo II: 196, 257, 281
Juana de Arco: 160
Juana la Loca: 275
Jung, Carl Gustav: 237

Kandel, Eric R.: 64, 156
Kant, Immanuel: 62, 74, 90, 212
Kapogiannis, Dimitrios: 160
Karamazov, Ivan: 229
Kast, Bas: 74
Kierkegaard, Søren: 90
Kitayama, Shinobu: 265
Knitter, Paul: 196
Koestler, Arthur: 148
Kraemer, Ross Shepard: 256
Kühnen, Ulrich: 44
Küng, Hans: 196, 207
Kuschel, Karl-Josef: 207

LaBar, Kevin S.: 72
Lacan, Jacques: 22, 117
Lao-Tse: 110, 183

Laplace, Pierre Simon: 75
LeDoux, Joseph: 69
Leibniz, Gottfried Wilhelm: 211, 212
Lenin, Vladimir: 90, 100, 132
Lévinas, Emmanuel: 103
Lieberman, Matthew: 265
Litjenquist, Katie: 51
Livio, Mario: 81
Livio, Tito: 237
Luders, Eilenn
Lutero, Martín: 237, 244

Macario, san: 165
Mach, Ernst: 134
Maddox, John: 45
Majencio: 273
Malebranche, Nicolas: 89
Mao Zedong: 90, 100
Marañón, Gregorio: 237
Marcus, Gary F.: 152
Margalef, Ramon: 287
Marina, José Antonio: 73, 74, 103
Martino, Benedetto de: 72
Marx, Karl: 91, 92, 94, 96, 97, 99, 134
Mateo, san: 270, 271
Matilde de Magdeburg: 167
McGuire, Michael: 145
Menzler, K.: 235
Minois, Georges: 85, 89
Mithen, Steven J.: 138
Moisés: 160
Molière: 160
Moll, Jorge: 82

Montesquieu: 89
Mora, Francisco: 79
Moreau, Jean: 69
Mosterín, Jesús: 83
Mo-Ti: 183
Mozart, Wolfgang Amadeus: 69
Muguerza, Javier: 215
Muhammad: 160, 269, 284
Mulcahy, Nicholas J.: 38

Napoleón I: 75, 160
Newberg, Andrew M: 155, 157, 158, 160
Newton, Isaac: 41, 89, 160, 211
Nicolás de Cusa: 166
Nietzsche, Friedrich W.: 91, 92, 94, 97, 134, 237
Nisbett, Richard E.: 25
Norenzayan, Ara: 139, 145
Northoff, Georg: 68

Ohlig, Karl-Heinz: 137
Ortega y Gasset, José: 217, 237
Otto, Rudolf: 62
Ovidio: 165

Pablo de Tarso, san: 109, 160, 272,
Paganini, Niccolo: 160
Panikkar, Raimon: 104
Paquette, Vincent: 158
Park, Jiyoung: 265
Parménides: 183
Pascal, Blaise: 29, 98, 143, 160, 216

Pasteur, Louis: 148
Paz, Octavio: 57
Pedro, san: 252, 270-272, 274
Pedro el Grande: 160
Peretz, Isabelle: 81
Petrarca, Francesco: 160, 237
Pío IX: 274
Pío X: 278
Pires, Maria João: 69
Pitágoras: 160, 237, 241
Platón: 88, 110, 183, 237, 241
Plinio el Viejo: 237, 241
Plotino: 165
Plutarco: 241
Pohier: 216
Pons, Philippe: 191

Quevedo, Francisco de: 237

Rahner, Karl: 62, 256
Ramón y Cajal, Santiago: 79, 237
Ranke-Heinemann, Uta: 249
Rappaport, Roy: 138
Rasputin, Grigori Efimovich: 160
Rees, Geraint: 80
Ricœur, Paul: 103
Richelieu, cardenal: 160, 237
Rizzolatti, Giacomo: 56, 82
Rizzuto, Ana-María: 22
Roberto Bellarmino, san: 194
Rose, F. Clifford: 81
Roset, René David: 201
Ross, Philip E.: 82
Rossano, M. J.: 145

Rousseau, Jean-Jacques: 237
Roy, Louis: 62
Rubia, Francisco J.: 158, 159, 163-165
Russell, Bertrand: 134
Ruysbroeck, Jan van: 167

Saban, Roger: 115
Sádaba, Javier: 62
Salovey, Peter: 72
Sams, Mikko E.: 72
Santiago: 271
Schaup, Susanne: 250
Schelling, Friedrich Wilhelm Joseph von: 163
Schopenhauer, Arthur: 237
Schrödinger, Ernst: 105
Schüssler Fiorenza, Elisabeth: 119, 250
Schlegel: 164
Schleiermacher, Friedrich: 62, 91, 92
Schubert, Franz: 69
Séneca: 237, 241
Shakespeare, William: 69, 88
Shariff, Azim F.: 139
Shimazono, Susumu: 190
Sikela, James M.: 32
Silberman, Neil Asher: 272
Simonis, Adrianus: 247
Sinigaglia, Corrado: 56
Smith, Joseph: 160
Smolin, Lee: 43
Sócrates: 110, 160
Sosis, Richard: 145
Spinoza, Baruch: 55, 136

Spong, John Shelby: 126
Stalin, Joseph: 90, 100
Stemberg: 160
Stroumsa, Gedaliahu: 123
Swain, Harriet: 45
Swift, Jonathan: 160

Tagore, Rabindranath: 167, 216
Taine, Hippolyte: 136
Tancredi, Laurence R.: 82, 179
Tasso, Torquato: 160
Tedeschi, Radini: 247
Teresa de Ávila, santa: 160, 248
Terrades, Jaume: 33
Thorndike, Edward Lee: 134
Thurston: 39
Tiger, Lionel: 145
Tihon, Paul: 276
Tillich, Paul: 262
Tolomeo: 77
Tomás de Aquino, santo: 202, 237, 244-248, 255, 256
Torrance, Robert: 62
Torres Queiruga, Andrés: 213, 214
Tresserras, Miquel: 116, 118
Tucídides: 183

Unamuno, Miguel de: 227, 228

Valls, Ramon: 91
Van Gogh, Vincent: 160
Vanhaeren, Marian: 137, 179
Vinson, Eric: 203, 204, 206
Voltaire: 212, 237

Waldman, Mark R.: 157
Way, B. M.: 265
Weil, Simone: 118, 217
Wetzel, Sylvia: 261
Wilson, David Sloan: 145
Wilson, Edward O.: 144, 148-150
Wittgenstein, Ludwig: 103, 104, 115-119, 166
Wu, Yanhong: 174

Zhu: 45